교회행정학 개론

교회행정의 이론과 교회법

김 석 한 著

머 리 말

1960년대 초부터 관심해 온 한국 기독교 교회행정학은 그간 학문적으로 많은 발전을 해온 것으로 믿는다. 그것은 한국 교회가 급성장하고 있는 추세에 부응하여 교회를 교회답게 관리하고 확장하고자 하는 일에 필연적인 요구이기도 했다. 목회자가 목회 현장인 교회에서 가장 소중한 목표인 하늘에서 이루어진 뜻이 이 땅의 교회를 통하여 이루어지게 하는 고상한 이념을 바탕으로 그 구체적이고 궁극적인 것은 성도들을 하나님의 백성으로 성숙케 하고 스스로 헌신케 하는 그 원리적 기준을 찾아 그것을 효율적으로 응용하고 합리적으로 실행하여 하나님 나라 확장과 관련한 교회 발전을 도모하는 데 목회자의 목회 기능의 참 뜻이 있다고 본다. 그렇기 때문에 목회자는 바른 교회상을 정립하고 지속적인 교회 성장을 위해서는 거기에 성경적 교훈을 토대로 적당한 목적과 목표와 그리고 이에 따른 계획과 조직과 또한 관리와 운영을 위해서 교회의 정치와 행정이 당연하게 요구되고 있는 것이다.

흔히 교회행정이라고 말할 때 그것은 목회 전반을 이야기하는 것으로 이해되고 있다. 사실 그렇다. 교회행정은 교회의 존재와 교회의 목적과 교회의 기능의 총괄적이면서 구체적인 행동양식으로 나타내는 수단으로서 귀중한 교회사역이다.

교회는 영적 실제와 인간적 실제가 동시에 공존하는 신앙적인 공동체이다. 여기에서 영적 관리와 육적 관리가 정치적, 행정적으로 바로 되지 않으면 교회의 참 모습을 잃게 되는 것이며 목회의 명분도 없어지는 것이다. 오늘날 교회 현실은 목회자의 설교 기능에 많은 비중을 두고 있어 행정보다는 설교에 더 치중하는 경향이 있음이 엄연한 사실이다. 그러나 목회 실패 내지 교회사역의 실패 원인은 설교에서보다 행정에 있음을 지나쳐 볼 수가 없는 것이다. 우수한 행정은 우수한 교회를 이루어 간다는 것을 유의해야 할 점이다.

   교회를 에워싼 현대 사회의 급변상황은 갈수록 복잡 다양해지므로 교회가 이에 대처해 나가지 않으면 안 될 중요한 과제를 안고 있다. 이런 점에서 교역자들이 현대 교회의 목회활동을 원만히 수행할 수 있는 길은 교회행정의 전문화이며 행정 기능의 바른 이해와 습득이라고 할 수 있다.

   이를 통해서 교회와 교회를 둘러싼 사회가 요구하고 기대하는 사실을 수용해야 할 교회 지도자들 즉 교회행정가들은 교회행정에 대한 새로운 인식이 필요하다고 본다.

   이러한 관점에서 본 서는 다년간 신학 강단의 교회행정학 강의 경험을 토대로 목회 현장과 관련하여 행정의 실천이론을 다루었고 목회자는 물론 신학도들의 목회 준비에 지침이 되고자 했다. 그간 원고를 다듬어 주신 분과 출판을 담당해 주신 영문출판사 김수관 사장님께 깊은 사의를 표하며 본서를 읽는 모든 이에게 다소 도움이 되었으면 더 큰 보람이 없겠다.

2004년 8월 연구실에서
저 자

차 례

머리말/ 3

제1부 교회행정의 이론

제1장 교회와 행정학의 의의 11
1. 교회의 개념/ 11
2. 교회행정학의 개념/ 26

제2장 교회행정의 근거와 기본 원리 37
1. 교회행정의 구약적 근거/ 37
2. 교회행정의 신약적 근거/ 41
3. 교회행정의 신·구약 근거의 공통점과 차이점/ 44
4. 교회행정의 기본 원리/ 48

제3장 교회행정의 목적과 목표 및 필요성 53
1. 목적과 목표의 개념 차이/ 53
2. 교회의 목적과 교회행정의 목적/54

제4장 교회행정 기구와 조직 71
1. 교회의 행정 기구/ 71
2. 교회행정과 교회의 조직/ 78

제 5 장 교회(주일)학교 운영 91
1. 교회학교 창시(역사)와 교육목적/ 91
2. 교회교육의 행정/ 98
3. 교회(주일)학교 운영원리/ 102

제 6 장 교회재정 관리 111
1. 교회재정의 개념과 성격/ 111
2. 교회 예산론/ 114
3. 교회예산(재정)의 결산과 회계 감사/ 127

제 7 장 교회행정과 목회자의 심방 131
1. 심방의 개념/ 131
2. 심방의 목적과 가치/ 135
3. 심방에 대한 바른 이해/ 138
4. 심방행정/ 148

제 8 장 교회행정 규정과 교회법을 알아야 할 이유 153
1. 교회행정법규의 근원/ 153
2. 교회법을 알아야 할 이유/ 156

제 9 장 행정능력 및 지도력과 행정은사 165

1. 행정능력 및 지도력/ 165
2. 행정의 은사/ 178

제10장 교회행정가로서의 목회자의 자기관리 187

1. 목사의 명칭과 직능/ 187
2. 목회자(목사)의 성품과 인격/ 190
3. 목회자의 자격과 목회자 개인의 생활관리/ 197

제11장 교회행정 규정 209

1. 제직회 규칙/ 209
2. 교회 처무규정/ 229
3. 교회행정장정/ 236
4. 교회행정과 회의 진행/ 247

제2부 정치편/ 교회헌법

헌법/ 255

1부
교회행정의 이론

제1장 교회와 행정학의 의의
제2장 교회행정의 근거와 기본 원리
제3장 교회행정의 목적과 목표 및 필요성
제4장 교회행정 기구와 조직
제5장 교회(주일)학교 운영
제6장 교회재정 관리
제7장 교회행정과 목회자의 심방
제8장 교회행정 규정과 교회법을 알아야 할 이유
제9장 행정능력 및 지도력과 행정은사
제10장 교회행정가로서의 목회자의 자기관리
제11장 교회행정 규정

교회와 행정학의 의의

1. 교회의 개념

1) 교회의 어원

(1) 구약적 어원

구약에서의 교회는 두 가지 형태의 말이 있다. 그 하나는 "카할"(קָהָל : Qahl)이고 또 다른 하나는 "에다"(עֵדָה : Edah)이다.

① קָהָל은 '회중'과 동의어이다. 일반적 의미는 "무리"인데 가장 자주 나오는 표현은 "이스라엘 회중"이다. 이 말의 70인 역은 "쉬나고게"(συναγωγή : 집회의 장소)로 번역하고 K.J.V는 "회중"(congregation), "교제"(company), "집회"(assembly)로 번역하고 있다.[1]

그리고 이 "카할"(קָהָל)은 "회중", "총회", "무리" 등의 뜻으로 성경 히브리어에는 123회가 나온다. 여기에서 이 "회중"은 종교적으로 언약 하에 결속된 사람들이다(민 15 : 15). 민수기 16 : 3, 33

---

[1] 구약원어 해설사전, 이기문 발행(서울 ; 성서교육개발원, 1986), p.404.

에 나오는 "회중"은 분명히 예배하고 결의를 하는 공동체였다(민 1 : 18, 27 : 17). 그리고 이 말의 또 다른 의미는 "전쟁계획이나 실행을 위한 모임"(겔 17 : 17), "재판이나 심문을 위한 모임"(겔 23 : 45-47), "예물을 드리기 위한 모임"(신 23 : 1), "종교적 목적이나 재판을 위해서 모임"(왕상 8 : 1) 등으로도 사용되었던 말이다.[2]

② '에다'(Edah)는 어원적으로 볼 때 '회중', '무리', '공회' 등의 뜻도 있으나 특정 목적을 위해 '함께 모인 사람들'을 주로 의미한다. 영어에 '회당'의 뜻을 가진 Synagogue와 교회가 유래된 헬라어 '쉬나고게'(συναγωγή)와 '에클레시아'(ἐκκλησία)와 유사한 의미이다. 일반적으로 '에다'(עדה : Edah)는 '무리'를 나타낸다. 이 단어는 구약에서 149회 나오고, 민수기에 가장 자주 사용되며, 출애굽기 12 : 3에 최초로 나오는데 그것은 '카할'(Qahl)과 동의어이다.[3]

③ 구약적 어원의 성경적 근거
가) 카할(Qahl)
모으다(민 1 : 18, 신 4 : 10), 소집하다(왕상 8 : 1, 대하 5 : 2), 모이다(에 9 : 2, 왕상 8 : 2), 집회(창 49 : 6, 시 26 : 5), 회중(출 12 : 6, 레 4 : 13), 떼(겔 38 : 15), 총회(민 16 : 33, 신 5 : 22), 무리(삼상 17 : 47, 겔 17 : 17), 회(대하 30 : 33, 스 10 : 8), 공회(욥 30 : 28, 애 1 : 10), 대회(시 22 : 25, 35 : 18) 등[4]
나) 에다(Edah)

---

2) Ibid., p.354.
3) Ibid., p.404.
4) 김상기, 이재오, 히브리어 원어사전(서울 : 로고스사, 1989), p.204.

공회(왕상 12 : 20, 시 111 : 1), 회중(출 12 : 3, 레 4 : 13), 무리 (민 16 : 5, 욥 15 : 34), 떼(삿 14 : 8), 회(시 82 : 1), 집회(시 7 : 7), 당(시 106 : 17-18) 등[5]

(2) 신약적 어원

신약에서는 교회를 의미하는 말을 일반적으로 또는 전통적으로 "에클레시아"(ἐκκλησία : ekklesia)는 교회로 번역된 말로써 히브리어 '카할'의 번역이며 그 뜻은 하나님이 여러 민족 가운데서 불러 모은 백성이라는 의미를 갖는다. 예수를 중심으로 한 12제자의 단체는 새로운 하나님의 백성으로서 교회의 기초가 되었다(마 16 : 18, 눅 22 : 29, 30). 그리고 이 교회는 "그리스도의 몸"이다. 그리스도는 교회의 "머리"이고 교회는 그 "지체"이다(롬 12 : 5, 고전 12 : 27, 엡 1 : 22).[6]

① 에클레시아(ἐκκλησία)

ἐκ(ek)는 기원을 표시해 주는 기본 전치사 "…로부터"의 뜻을 가진다(마 1 : 3, 막 1 : 11, 눅 1 : 5, 요 1 : 13, 행 2 : 2, 롬 1 : 3).

καλέω(kaleo)는 '부르다' '일컫다' '초청하다' '소집하다' '청함을' '부르신' '청하였으니' '부르사' 등의 의미를 나타낸다.

에크(ἐκ)와 칼레오(καλέω)의 합성어에서 유래된 ἐκκλησία는 "종교적 모임" "집회" "교회" 등의 뜻을 가진다(마 16 : 18, 행 5 : 11).

---

5) Ibid., p.249.
6) 임도성·김용일 편. 성경낱말사전(서울 : 평화사, 1982), p.120.

② 그러니 전치사 'ἐκ'는 '어떤 장소로부터' '밖에서'(마 2 : 15, 3 : 17)의 의미를 나타내는 것으로 "…부터" "말미암아" "…에게서"(마 1 : 3, 21 : 19)의 뜻을 가진다. 그리고 "모인 무리"(행 19 : 32), "모임"(행 19 : 41) 등의 뜻도 있다.[7]

③ 에클레시아(ἐκκλησία)의 신약성경의 근거

불러(마 2 : 7, 눅 19 : 17), 청함을(요 2 : 2, 고전 15 : 9), 청하라(눅 14 : 13), 청한(마 22 : 3, 눅 14 : 9), 부르신(갈 1 : 6, 벧후 1 : 3), 청하였으니(눅 20 : 44), 청하였던(눅 14 : 17, 24), 부르사(살후 2 : 14, 살전 2 : 12), 청하여(마 22 : 43, 벧전 3 : 6)[8]

④ 요약하면 "ἐκκλησία"(ἐκκαλέω : ekkaleo)는 '소집하다'로서 "회중의 무리" 모임이 상징한 기독교 단체로서 전이된 "교회"(고전 14 : 4, 12 : 28, 골 1 : 18), "교회의 지역적인 부분" "지방교회" "기독교의 모임"으로 정리할 수 있다.[9]

2) 교회의 의의(意義)

교회행정학을 논의함에 있어서 먼저 생각하여야 할 일은 교회행정과 관련해서 교회가 어떤 것인가에 대한 설명이 먼저 되어야 함이 순서일 것이다. 교회행정학은 그 근거를 교회와 성경에 두기 때

---

7) Ibid., p.373.
8) Hard Moultan ed, 김상기·문지식 외 7명 역, 『The Analytical Greek Lexion Revised』(서울 : 도서출판 머릿돌, 1990), pp.124-125.
9) Ibid., p.375, 411.

문에 이를 전제로 교회행정학의 근거가 되고 행정의 시행 대상이 되는 그 현장이 바로 교회인 까닭에 그 교회의 정체가 무엇인지를 먼저 밝힌 후에 그 교회에 시행될 행정을 논의해야 하는 것이기 때문에 당연한 것으로 보는 것이다. 그러므로 교회에 적용할 교회행정학의 전개를 위해서 교회의 의의를 두 가지 면으로 고려해야 한다. 첫째는 신적 실제(Divine Entity)로서 교회와 둘째로 하나님의 자녀 된 인간들의 공동생활체(community)로서의 인간적 실제(Human Entity)라는 교회의 양면을 들 수 있다. 따라서 교회는 하나의 공동생활체라는 점에서는 조직과 행정이 필요하게 되며 그것은 하나님의 계획안에서 교회만이 가지는 근본 목적 달성을 위한 행동의 규정, 계획, 조직, 명령, 지휘 통제, 조정의 수단 등을 합리화할 필요성이 생기게 된다.

여기에서 교회라는 의미의 행정학적 재고를 요하는 이유와 교회행정학 성립의 기초가 발견되는 것이다.

교회의 영원한 목적은 신적 계획인 인류 구속의 성취에 있으며 이러한 신적 관계와 함께 주 안에서 인간적 관계의 완성에 있다.

모든 교회행정의 기초가 되는 기반은 기독교 신앙과 교회의 사명의 분명한 이해라는 사실이 강조되어야 한다. 그 이해가 교회행정의 유일한 목적이 교회의 목적을 성취하는 것이기 때문이다.

지상 교회는 구속받은 회중이다. 교회는 인간들을 사랑하시는 하나님의 사랑을 언행으로 증거하는 구속받은 공동체이며 땅 끝까지 복음전파를 위한 하나님이 쓰시는 그릇이다. 즉, 하나님의 주권하에 있고 성령 안에 있는 처소이다. 여기에 하나님과 깊은 영적 교제가 있고 구속받은 거룩한 백성들이 서로 접촉하고 있는 곳이다.

교회는 하나님의 부권(父權)과 인간의 형제 관계가 이룩된 대가

족의 유대를 가지며 그리스도와의 종속적 관계에 있다. 그리고 교회는 성경과 부합해야 참 교회이며 성경의 권위는 교회의 권위보다 앞서며 그것이 교회의 기초이다. 바빙크(H. Bavink)는 "교회가 말씀을 증거하지만 말씀의 권위가 교회 위에 있다. 교회는 누구에게도 믿음을 발생할 수 없고 오직 하나님의 말씀 자체와 성령의 능력이 그 일을 한다"고 했다.

지교회는 연합체이다. 연합은 교회의 중요한 요소이다. 교회가 성립되려면 소수라도 연합해야 된다(마 18 : 19-20 참조). 그래서 각 처에 교회를 세움이 사리에 합당하다.[10]

① 교회의 영원한 목적은 교회를 세우신 신적 계획인 인류 구속의 성취에 있으며, 이러한 신인관계와 함께 주 안에서의 인간관계의 완성에 있다.

② 교회는 인간 생활의 전부이다. 즉, 사회, 산업, 경제, 정치, 윤리, 철학과 영적생활에 영감과 이상을 준다.

③ 교회는 하나님의 기관이다. 하나님의 주권 안에 있으며 성령 안에서 하나님의 거하실 처소(엡 2 : 22)로서 하나님의 영적 임재로 거룩하게 되어진다.

④ 교회는 신령한 가족의 유형적이며 세계적, 인간적 증거이다.

⑤ 교회는 참 길이 되시는 위대한 스승을 따르는 제자들의 집단이다. 제자의 신분으로 특색을 지니며 이 특색으로 그리스도를 존경하고, 책임과 의무를 감당하고 헌신한다.

⑥ 교회는 생명을 주는 실체를 나타낸다. 우주의 영원한 진리의 증인으로 하나님과 역사 안에서 하나님의 목적에 대한 진리

---

10) 김득룡, 현대교회행정학신강(서울 : 총신대출판부), pp.19-22.

의 증인이다. 교회는 속죄의 위력이다. 그리스도의 속죄의 복음을 선포한다. 이 복음이 "모든 믿는 자에게 구원을 주시는 하나님의 능력"(롬 1 : 16)이기 때문이다. 그리고 교회의 활동의 범위는 세계적이며 우주적이다. 따라서 끊임없이 인간의 요구의 성장과 변화에 봉사하고 확장하는 세계의 긴급한 형세에 적응키 위한 응답과 봉사에 있어서 운동적이었다.
⑦ 교회는 영속성(permanency)을 가진다. 교회는 살아 있는 영원한 것이다. 하나님과의 영원한 관계 그리고 하나님의 영구적 목적과 불변하신 하나님의 사랑을 지니고 있다. 교회는 사명에 있어서 불변의 영구성, 즉 인류 구속과 인류 가운데 하나님의 나라(Kingdom of God)가 임하게 하는 사명을 가지고 있다.[11]

3) 교회의 정의

교회는 설립의 근거가 하나님께 있고 세상에서만 존재할 필요성이 있으므로 하나의 기관의 형태를 가지는 것이다. 그러나 단순히 기관으로서 어떤 조직이나 기관이 아니라 유기체(organism)이며 하나의 공동체이며 그리스도 안에서 상호관계를 가지는 하나님의 백성이다.

성경이 말하는 교회는 하나님의 백성으로서의 공동체를 의미한다. 그러므로 교회란 개인적인 개념이 아니라 공동체적인 개념을 가지고 있다. 구약에서는 하나님의 백성으로서의 이스라엘 공동체에서 교회의 개념을 찾을 수 있고 신약에서는 하나님의 백성으로서

---

11) 조동진, 교회행정학(서울 : 크리스챤 헤럴드사, 1964), pp.19-24.

의 그리스도의 공동체에서 교회의 개념을 찾을 수 있다. 좀더 구체적으로 말하면, 구약에서는 하나님의 선택한 공동체로서의 교회의 개념을 가지고 있었고 신약에서는 그리스도의 몸으로서의 교회 개념을 가지고 있다.

이러한 교회를 앞에서 말한 교회의 어원적 근거와 개념에서 요약 정리하면 구약에서 "카할"이나 "에다" 또는 신약에서 "에클레시아" 등은 구약에서의 선민으로서 하나님 앞에 부름 받아 모인 이스라엘의 집단(신 4 : 10, 9 : 10, 10 : 4, 18 : 16) 또는 하나님을 예배하는 사람들의 모임(대하 30 : 13)을 뜻하는 것으로서 이스라엘 공동체로서 교회적 의미를 찾을 수 있다. 그리고 신약에서는 그리스도 안에서 멸망의 백성이 구원의 백성으로 구별하여 부름 받아 하나님의 백성이 된 구속받은 무리들의 모임이 교회인 것이다. 그것이 에클레시아로서 행 8 : 1과 행 7 : 38에 근거를 두고 있다.[12] 그러므로 구약의 "카할"이나 "에다", 신약의 "에클레시아"는 하나님의 백성들이 하나님과 관계에서 선택과 부름 받은 모임이라는 데서 공통성이 있다.

(1) 하나님의 백성으로서의 공동체

구약에서 하나님의 선택하신 이스라엘 공동체로서의 교회의 개념은 세 가지 사상을 담고 있다. 첫째는 교회는 하나님께 속한 것, 둘째, 교회는 하나님의 사랑을 알리는 목적으로 선택된 것, 셋째, 교회는 하나님의 백성인 사람들의 공동체이다.[13]

---

12) 이성희, 교회행정학(서울 : 한국장로교출판사, 1994), pp.40-41.
13) Alvin J. Lindgren, Foundation for Purposeful Church Administration (Nashville : Abingdon Press, 1965), p.39. Ibid., p.41에서 recite

공동체로서의 하나님의 백성 개념은 구약성경에서 분명하다. 하나님의 선민의 개념은 개인보다 공동체였다. 물론 하나님은 선택된 개인에게 관심을 가지시지만 개인보다 공동체로 큰 민족(창 12 : 2)을 이루시겠다는 것이 선택한 그의 백성에 대한 하나님의 계획이다.

신약에서도 공동체로서의 교회의 개념은 지속적으로 발전을 하였고 예수님의 부활을 경험한 사람들의 모임이 교회이며, 그리스도인이 된다는 것은 공동체의 일원이 된다는 의미이다. 그러므로 신약의 교회는 예수의 부활로 말미암아 함께 모여 공동체를 이룬 그리스도인 공동체였다.

에베소서 2 : 19은 교회의 공동체적 성격을 잘 말해 주고 있다. 그래서 신약에서의 에클레시아는 하나님의 말씀을 따라 그리스도 안에서 예배하기 위한 목적으로 부르심을 받아 선택된 종교적 집단을 의미하게 되었다(고전 1 : 2, 계 2 : 7).[14]

(2) 그리스도의 몸으로서의 교회

교회의 상징들 중 가장 중요한 상징은 교회가 그리스도의 몸이라는 개념이다. 고린도전서 12장과 에베소서 4장에서 바울은 교회를 그리스도를 머리로 하는 하나의 몸이라고 하였다. 이 몸이라는 개념은 그리스도가 교회의 머리임을 말하고 있고 교회는 유기체로서 일치된 목적을 가지고 있음을 뜻한다.

특히 교회행정에서는 그리스도의 몸으로서의 교회 개념은 지체

---

14) Alexader Cruden, Cruden's Unabridged Concordance(Grand Rapids : Baker Book House), p.64. Ibid., p.42에서 recite.

로서의 역할과 목적과 목표의 통일 그리고 유기적 조직체로서의 의미 때문에 가장 중요한 개념이다.

바울이 교회를 "그리스도 안에서의 한 몸" 혹은 "그리스도의 몸"이라고 할 때(롬 12 : 5, 엡 1 : 23) 이는 그리스도는 교회의 머리임을 의미한다. 그리스도는 교회를 세우시고 교회의 주인이시다. 교회는 그리스도의 부활에 기초하고 부활을 증거 하기 위하여 모인 공동체로서 믿는 자들은 지체임을 뜻하고 이 지체는 그리스도를 중심으로 상호관계를 가지게 되며 각각의 은사를 수행함으로써 하나의 몸을 이루게 된다.

그리스도의 몸으로서의 교회는 그리스도 안에서 새로운 인격으로의 탄생을 통하여 그리스도가 지배하는 생명과 의의 교제로 모든 그리스도인을 하나로 묶어 준다. 그리하여 모든 그리스도인은 그리스도 안에서 살며(갈 2 : 20), 한 성령의 세례를 받으며(고전 12 : 13), 모든 것을 그를 위하여 하며 그리스도의 몸으로 말미암아 죽음으로(롬 7 : 4) 그에게 속하고, 그리스도와 함께 고난을 받고 영광도 함께 받는 것이다(롬 8 : 17). 그리하여 교회가 그리스도의 몸이라는 것은 그리스도의 모든 일에 함께 동참하는 것을 의미한다. 교회가 그리스도의 몸으로서 그리스도의 죽으심과 부활에 동참하며 세례와 성찬에 동참하게 되는 것이다.[15]

한스 큉(Hans Küng)은 그리스도의 몸으로서 교회는 세례를 교회에 일원이 됨을 의미하였다.[16] 그리스도의 몸으로서 교회의 다른 의미는 주님의 만찬을 통하여 연합됨을 의미한다. 몰트만(Jungen

---

15) 이성희, op. cit., pp.43-44.
16) Hans Kng, The Church(Garden city : Doubleday & Co.)

Moltmann)은 성찬이란 개방된 초청이며 개방된 축제이다. 성만찬은 교회의 가장 기본적인 친교이며 누구나 이 친교에 초청되었다. 그리스도는 이 친교에 참여할 수 있도록 화해케 하기 위해 죽으셨다고 그의 만찬에서 화해하시려고 세상을 초대하신 것이다.[17]

(3) 친교로서의 교회

교회 본질의 또 다른 개념은 친교이다. 엄밀히 말하면, 교회는 그리스도 안에서 구속된 공동체 그 자체이다. 교회의 궁극적 관심이란 어떤 교리나 정치가 아니라 하나님과 사람, 사람과 사람, 그리고 사람과 사회의 관계이다. 그러므로 교회는 관계적 기관이며 교회의 궁극적 관심도 사람이며 행정이 다루고 있는 문제도 결국 사람이다. 교회의 목적이란 하나님의 사랑을 세상에 전달하는 것 이상의 아무 것도 아니다. 이런 관점에서 볼 때 교회란 친교의 자리이며 친교는 교회의 궁극적 관심이다.

하나님의 백성으로서의 이스라엘의 관계는 대화의 관계요, 친교의 관계였다. 타락 이후의 하나님은 아담에게 "네가 어디 있느냐?"(창 3 : 9)의 질문과 가인에게 "네 아우 아벨이 어디 있느냐?"(창 4 : 9)의 질문에도 인간과 하나님과의 친교의 단절에서 빗나간 인간에게 던진 질문이었다. 이를 회복키 위해서 그리스도께서 세상에 오셨고 말씀이 육신이 되셔서 대화적 관계로(친교적 관계) 오신 것이다(요 1 : 1, 14).

교회는 상실된 대화를 그리스도의 구속을 통하여 회복하는 친교

---

17) Jungen Moltmann, The Church in the Power of the Spirit(New York : Harper & Row, 1975), pp.245-246.

의 자리이다. 즉, 교회는 하나님과 사람의 친교의 자리요, 사람과 사람의 친교의 자리이다. 사람은 하나님의 사랑의 대상이며, 사람들은 서로가 같은 사랑과 대화의 대상이다.

초대 교회는 오순절 성령 강림으로 시작되고 강림한 성령은 성도의 삶을 변화시킨다. 그것은 곧 친교의 삶이었다. 그러므로 성령의 강림은 친교의 삶을 제공한 것이며 교회는 친교의 삶에 근거하였다. 원래 신약에서 코이노니아(Koinonia)란 말은 남녀를 공통적인 삶으로 하나 되게 묶어 주는 것을 의미하였다. 신약에서의 친교란 그리스도인들이 하나님(요일 1 : 3), 그리스도(요일 1 : 3, 빌 3 : 10), 성령(빌 2 : 1), 하나님 속에 감추었던 비밀(엡 3 : 9), 복음(빌 1 : 5), 교회의 사명(고후 8 : 4), 그리고 교회 안에서 다른 사람들(행 2 : 42, 요일 1 : 3)과의 친밀한 관계를 의미한다.[18]

초대 교회가 가졌던 요소는 첫째, 예수 그리스도를 경험한 사람들이 함께 나누는 친교에서 비롯되었다. 둘째, 그리스도인의 친교는 하나님의 이스라엘의 역사에 대한 지속적 행동이면서도 새로운 행동으로 이해되었다. 셋째, 그리스도인의 친교란 남녀 구분 없이 누구나 그리스도의 충만 안에서 성숙되어지는 내면성의 내용이 있다.[19]

모든 존재가 하나님과의 개인적 관계를 나누는 것이거나 모든 존재가 서로 이해하고 받아들이고, 존경과 우애하는 것은 그리스도인의 친교 때문이다.

---

18) Wallace. Alston. Jr, The Church(Atlanta : John Knox Press, 1984), p.34. 이성희, pp.46-47에서 recite.
19) Ibid., p.47.

(4) 사회적 기관으로서의 교회

그리스도의 몸으로서 교회는 살아 있는 유기체로서 이에 속한 지체로서의 모든 성도는 교회사역에 상호작용 한다. 그리하여 지체는 하나의 몸으로 연합되고 결합된다.

몸으로서 교회는 각 지체가 적절한 업무를 수행하되 공동의 목적과 이익을 위해서 하는 것이며 교회는 사회에 대한 바른 목적을 수행하기 위해서는 사회 요청에 대한 지체의 기능이 사회에 대한 교회의 목적을 향해 있어야 한다.

교회는 다른 어떤 것에 의존하지 않는 완전한 사회이다. 사회로서의 교회는 가시적 구조와 직원의 권리와 능력을 가지고 있다는 것을 의미한다.

존 포터(John Potter)는 사회로서 교회가 가지는 특성을 정리하기를 첫째, 교회란 단순한 자발적 사회일 뿐 아니라 개체가 구성원이 되는 의무를 가진다. 둘째, 교회란 영적 사회이다. 셋째, 교회는 동시에 외향적이며 가시적인 사회이다. 넷째, 교회는 우주적 사회이다.[20] 그에 의하면, 교회란 하나님이 지정한 사회이다.

교회가 영적 사회라는 말은 교회는 세상의 어두움의 나라에 반대하여 세워졌다는 것을 뜻한다. 그리고 교회란 세상적 사회로부터 분명하게 구분되며 처음 교회가 세워질 때부터 교회는 모든 나라에 확산되며 세상 끝날 때까지 존속하게 세워졌다.

사회적 기관으로서의 교회는 교회가 가지는 조직과 그 운영의 결과로 분석된 것이다. 교회란 사회로부터 영향을 받고 동시에 사

---

20) John Potter, A Discourse on Church Government(London : Samuel Bagster, 1839), pp.8-9. Ibid., p.48에서 recite.

회는 교회로부터 영향을 받는다. 즉, 사회적 기능으로서 교회는 사회 안에서 사회적 기능을 가지고 있다.

모버그(David Moberg)는 그의 책 『사회적 기관으로서의 교회(The Church as a Social Institution)』에서 "기능적 분석"(Functional Analysis)의 방법을 이용하여 교회의 사회적 기능을 다음과 같이 열거하였다.

교회란 ①사회화의 동인(動因)이며, ②사회적 교제를 제공하며, ③상호적 연대감을 향상시키며, ④사회적 안정을 주며, ⑤사회 통제의 동인이며, ⑥사회적 개혁의 동인이며, ⑦사회복지의 기관이며, ⑧사회의 박애기관이다.[21]

(5) 치리(治理)적 기관으로서의 교회

교회는 항상 신적 기관으로서 하나님의 신비한 능력을 백성들에게 부여하면서 동시에 교회의 공통적 목표를 향해서 나아가는 규정된 권위로 다스려 지는 백성들의 집단이라는 치리적 기관으로서 인성(humanity)을 분명히 포함하고 있다.

현대에 와서 치리(정치)적 기관으로서 교회의 기능은 사회변화와 일반 정치의 발달로 인하여 교회는 정치적 결정이 다양성을 갖게 되었고, 실제로 교회의 제반 갈등이 정치적 동기인 것을 인식하므로 교회정치(치리)는 발달하게 되었다.

교회의 정치적 구조는 성경적 전승에서 발견되며 현대에 와서는 다양한 사회변화를 체험하는 공동체 속에 있는 교회로서는 교회의

---

21) David D. Moberg, The Church as a Social Institution(Grand Rapids : Baker Book House, 1984), pp.127-157. Ibid., p.50에서 recite.

치리 구조는 더욱 필요하게 되었다. 특히, 성경에서는 족장시대의 아브라함의 재산을 관리하던 엘리에셀이라는 "늙은 종"이 있었고 이 늙은 종은 장로(Elder)와 동의어를 사용했으며(창 24 : 2) 장로의 직으로 발전했다. 출애굽 시대의 이스라엘의 백성 위에 권위를 가진 "이스라엘의 장로회"(70인회)라는 치리 기구를 가졌고 이것이 이스라엘 공동체가 가지는 의회제도의 효시이다.

그 후 회당의 출현과 회중이 선출한 장로들은 산헤드린의 임명을 받아 회당 정치를 관장하였는데 그 임무는 '가르치는 일'과 '다스리는 일'을 하되 가르치는 일은 서기관, 다스림과 경영 관리 및 훈련은 장로들이 하였다. 회당 장로회의 상회기관인 예루살렘 산헤드린은 대제사장과 제사장들, 서기관과 장로들로 구성하여 71명의 이스라엘 공동체의 대표자들이었다. 이런 이스라엘의 공동체의 의회정치제도는 교회의 정치(치리)적 구조의 근거가 되며 교회정치원리에 영향을 주었다.

사회적 기관으로서의 교회는 치리적 기구를 가진다. 일반적으로 현대 교회들이 가지고 있는 치리 형태를 보면 감독제(Episcopal), 회중제(congregation), 그리고 장로제(Presbyterian)로 나눌 수 있다.

첫째, 감독제 교회는 사도직 전승의 중요성을 강조하여 체제의 권위를 높이려 하고 감독은 목회를 위해 하나님의 권한을 부여받았고 사역을 위하여 사도의 직을 계승하고 있다고 한다. 감독제의 전형적인 교회는 로마 가톨릭 교회이며 영국의 성공회, 감리교 등이 감독제 교회이다.

둘째, 회중제란 교회 내의 평등주의적이며 민주적 과정을 사용하고 있는 교회정치 제도이다. 회중제는 교인들에 의해서 다스려진다는 칼빈주의자들에 의하여 성립되고 그들은 스스로 목회자를 선임키를 원하고, 회중들 자신이 영적 책임과 결정의 권위를 가진다고 생각한다. 교회는 그리스도만이 다스릴 수 있다고 본다. 그러므로 회중들 위에 다른 법적 구조를 가지고 회중의 결정을 판결하는 것을 원치 않고 회중의 독립을 원한다. 회중제 교회의 권위는 회중에게 있고 성직자와 지도자들은 회중이 위임해 준 범위에 한하여 행사한다. 회중제의 교회들은 회중교회, 침례교회 등이다.

셋째, 장로제란 교인들이 선택한 대표자들에 의하여 다스리는 제도로서 장로교회가 이에 속한다. 장로에 의하여 다스려지는 정치 형태이다. 장로제의 기본 원리는 ①장로 동등, ②치리에 참여하는 대표자들을 통한 교인의 권리, ③신앙과 직제와 상하회(上下會) 사법적 기구에 있어서 교회의 연합이다.[22] 장로제의 정치의 중심은 장로이며 기본 원리는 치리(목회)에 있어서 동등성(Parity of the Ministry)을 가진다. 이 제도를 시행하고 있는 교회는 모든 장로교회와 개혁 교회들이다.

2. 교회행정학의 개념

1) 교회행정의 어원

교회행정이라는 용어는 '교회'와 '행정'의 복합어라 하겠다. 그러므로 교회행정학은 교회와 행정을 함께 논의하지 않으면 안된다.

---

22) John H. Leith, The Church. a Believing Fellowship(Atlanta : John Knox Press, 1981), p.58. Ibid., p.54에서 recite.

그래서 앞에서 교회의 의의와 정의에 대해서 언급한 바 있다.
교회행정이란 복합적인 요소를 지니고 있어서 우선 교회행정의 어원을 밝혀 두는 것이 순서일 것이다.

(1) 일반 언어적 어원

① 라틴어에서는 Administrare인데 접두어 Ad와 부정사 ministrare의 합성어로서 Ad는 "앞에"(before)라는 뜻을 가지고 ministrare는 "봉사하다"(to serve)라는 의미를 각각 지니고 있다. 따라서 교회행정이라고 할 때 그것은 "교회 앞에 봉사 한다" 또는 "교회에 봉사 한다"는 뜻으로 해석된다. 그리고 라틴어 "minuere"는 "가장 작다" "저하시키다" "감소시키다" 등의 뜻을 찾아볼 수 있다. 그러므로 성경에 "자기를 낮추는 자는 높아지리라"(눅 18 : 14)라고 한 말씀은 행정의 근본 원리를 말해 주고 있다.

또한 라틴어 Administrare는 "돕다"(to help), "보조하다"(to assist), "관리하다"(to manage), "통치하다"(to administer), "지도하다"(to direct) 등의 뜻을 가지고 있다.

② 영어에서 Administration은 라틴어 Administrare에서 파생되었다. 그 뜻은 "to serve" 즉 "섬김" "봉사"라는 뜻이다. 이렇게 라틴어나 영어에서는 행정을 섬김이나 봉사를 의미하고 있다. 물론 사전적으로 볼 때도 영어의 Administration은 행정, 통치, 관리, 경영의 뜻을 가지고 있다. 그래서 우리는 행정(administration)을 통치(government)와 같은 뜻으로 사용해 왔기 때문에 행정의 봉사적 의미가 퇴색되고 통치적 기능이 부각되어 왔다.

우리말로 목사라고 번역되는 minister는 장관, 외교사절, 대행자, 앞잡이, 하인 등의 뜻도 동시에 내포하고 있는 단어로서 라틴어의

minister, 즉 봉사자에서 연유된 것이다. 우리는 이 어원을 통하여 사역(ministry)이라는 말 자체가 봉사임을 명심할 필요가 있다.

예수님께서도 '인자가 온 것은 섬김을 받으려 함이 아니라 도리어 섬기려 하고 자기 목숨을 많은 사람의 대속물(代贖物)로 주려 함이니라.' (마 20 : 28) 여기에서 섬긴다고 하신 주님의 뜻은 바로 '행정한다'는 뜻이다. 그러므로 교회는 섬김과 봉사로서 의의 싸움을 싸워야 하고 이 섬김과 봉사가 행정이라는 것을 인식해야 한다.

(2) 성경 원어적 어원(헬라어)

① διαχονία

이 말은 라틴어 Administrare의 헬라어로서 '섬기는 자' '봉사자' '종'의 뜻을 가지고 있는데 이 말이 행정의 의미로 사용된 신약의 예는 고전 12 : 5의 "직임은 여러 가지나"라는 말과 고후 9 : 12에 '봉사의 직무' (Administration of this service)라는 말로 두 번 나타난다. 즉, 교회의 목회적 업무로서 '직임'과 '직무'를 행정이라는 의미로 사용한 것이다. 다시 말해서, 헬라어 διαχονία는 διαχονος에서 나온 말인데 이는 "섬기는 자" "종"을 말하고 있다 (마 20 : 26, 요 2 : 5, 9). 또한 이 διαχονος는 영어로 minister로 번역되었는데 이 minister는 목사를 말한다. 즉, 하나님을 "섬기는 자" "사람들에게 봉사"라는 뜻이다. minister는 장로들에게는 해당되지 않은 말로서 "말씀의 사역자" "설교자"로 언급되었다(고전 3 : 5, 고후 6 : 4, 골 1 : 23). 특히, 이러한 자를 "행정가" "사도의 직무"(고전 4 : 1, 5 : 3, 행 17 : 25, 20 : 24, 21 : 19, 롬 11 : 13, 딤전 1 : 12)를 말하였고 "성령에 의하여 다스리는 자"를 말하였다(고

후 3 : 8). 그리고 "하나님과 의롭게 살도록 가르치는 자"(고후 3 : 9) "하나님과 화해케 하는 자"(고후 5 : 18), "말씀을 선포하는 자" (고후 11 : 8)를 말하였다.

② ὑπερέτης

"휘페레테스"는 ὑπό(휘포)와 ἐρέτης(에레테스)의 두 단어인데 "휘포"(ὑπό)는 "아래"를 뜻하고, "에레테스"(ἐρέτης)는 "노를 젓는 다"는 뜻이다. 즉, ὑπερέτης는 "아래서 노를 젓는다"는 뜻이다. 이 단어는 옛날 노예들이 전함이나 상선에서 노를 젓는 데서 나온 말이다. 그들에게는 재량권이 없이 저으라는 대로 노를 저을 뿐이 다. 이와 같이 교회행정은 하나님 아래서 노를 젓듯이 한다는 뜻이 다. 그러니 사람 아래서가 아닌 하나님 아래서 봉사자, 섬기는 자, 목사 또는 행정가를 의미한다. 교회행정이란 교회의 목적 업무에 봉사하고 준비하며 목회의 주체자이신 하나님을 기쁘게 하는 목적 을 가지고 있다.

그 이외에도 "휘페레테스"는 "산헤드린의 직무 수행자"(마 26 : 58-68, 막 14 : 54, 65, 요 7 : 32, 18 : 3, 12, 22, 19 : 6, 행 5 : 22, 26), "남을 도와주는 자"(행 13 : 5, 눅 4 : 20)과 "복음을 선포하는 자"에게도 이 용어가 사용되었다(행 26 : 16, 눅 1 : 2, 고전 4 : 1).

③ κυβέρνησις

"쿠베르네시스"라는 말은 고대어에서는 지도하는 능력, 조종, 다 스림 등의 의미를 가지고 있었는데 고린도전서 12 : 28에서만 나오 는 말인데 "다스리는 것"(to govern)으로 번역되었으며 교회에서 지 도자의 직(directorship)을 의미하였다. 명사 쿠베르네테스

(κυβέρνητης)는 사도행전 27 : 11과 계시록 18 : 17에 나오는데 "배의 선장"(pilot), 타수(helmsman)의 의미를 가진 것으로서 하나님 아래서 종으로서, 섬기는 자로서 순종하며 봉사하며 다스리는 직무를 수행하는 데 특성이 있다. 이러한 어원이 가리키는 행정의 의미는 교회의 목적을 이루기 위하여 하나님께 순종하며 교회가 순종하는 길로 바르게 운행되게 하기 위하여 이끌어 주는 능력이다. 이것이 일반 행정과의 큰 차이점이며 교회행정의 본질이며 특징이다.

2) 행정의 의의

(1) 일반 행정의 의의

행정의 의의를 얘기함에 있어 광의와 협의의 두 가지 정의를 내릴 수 있는데 먼저 광의적인 정의는 행정을 조직적 협동행위 또는 공동목표를 달성함에 필요한 협동적 단체 행동이라고 정의한다. 그리하여 행정이라는 술어를 널리 경영관리라는 술어와 동일시하여 공공행정, 기업행정, 학교행정, 병원행정, 교회행정 등에 적용하고 있다.[23]

따라서 행정이란 조직을 의미하고 동시에 조직은 행정활동을 요구한다. 일반 행정에서는 행정(administration)과 통치(government)를 같은 의미로 사용해 왔기 때문에 행정을 봉사적 의미보다는 통치적 의미가 강하게 표현되어 왔다. 그러나 행정의 어원에서 보면 행정이라 함은 봉사적 의미가 강하게 나타나 있을 뿐 아니라

---

23) 김득룡, 현대교회행정학신강(서울 : 총신대학출판부, 1985), p.25.

'government' 라는 말도 통치나 지배의 의미가 있으나 그보다도 봉사와 섬김의 의미가 더 많이 포함되어 있다.

일반적으로 볼 때 행정이란 국민 앞에 봉사한다는 의미를 가지고 있다. 이렇게 볼 때 일반 행정은 공 행정으로서 국민에 대한 봉사의 체계를 질서 있게 반영하여 국민 앞에 공공정책을 수행한다고 할 수 있다.

이에 대하여 행정의 협의적 정의는 윌슨(Woodrow Wilson)이 말한 대로 "행정이란 상세하고 조직적인 증명의 집행이다"라고 할 수 있다. 이는 하나의 국가 통치권의 작용으로 보았다. 국가 통치권의 작용은 입법, 사법, 행정으로 나누고 행정을 내무, 외무, 국방, 재무, 법무 등(현재 우리나라의 행정 기구는 변경됨)으로 분류하여 공공성과 공익성을 전제로 하여 국가와 정부가(해당 기구의 해당 업무에 관한) 행정을 수행한다.

다시 말하면, 일반 행정의 협의적인 뜻은 국가적 개념을 전제하여 국가의 업무를 수행키 위하여 국가 조직체 구성원인 공무원들이 국가 행정이라는 대 과목에 소속된 하나의 분과에서 공공적인 업무를 수행하는 것이라고 볼 수 있다.

(2) 교회행정의 의의

아브라함 카이퍼(Abraham Kuyper)는 그의 신학백과 사전학 제3권 실천신학 분과의 둘째 항인 다스림의 부분에서 목회학 다음에 교회행정학을 두면서[24] 그는 여기서 교회행정학이란 "교회에서 합

---

24) A. Kuyper, Encyclopaedie der Heilige Godgeleerdheid, Deel drie (Amsterdam : Wormser, 1894), p.530.
정성구, 실천신학개론(서울 : 총신대학출판부, 1980), p.258에서 recite.

법적인 직분을 받은 자가 교회를 다스리는 문제에 대한 최선의 지혜로 연구하는 학문"이라고 말한다.[25]

이러한 학설을 도입하면서 교회행정학의 두 가지 측면을 생각해 볼 수 있는데 그것은 교회를 하나의 기구(institution)로서 보는 측면과 교회를 하나의 그룹과 공동체로 보는 측면이 있다. 이렇게 볼 때 조직과 다스림(행정)이 요구되어지는 것이다. 이것은 하나님의 계획안에서 교회만이 가지는 근본 목적의 달성을 위한 행동의 규정, 계획, 조직, 명령, 통제의 수단을 합리화할 필요성이 생기게 된다. 따라서 교회라는 의미의 행정학적 재고를 요하는 이유와 교회행정학의 성립 기초가 되는 것이다.[26]

이러한 관점에서 교회행정학의 정의를 살펴보면 다음과 같다.

첫째, 아더 아담스(Arther Adams)는 "교회행정이란 주님의 사업을 수행하기 위하여 교인들을 통하여 그리고 그들과 함께 일하는 것"[27]이라고 정의했다.

둘째, 알빈 린그렌(Alvin Lingren) 박사는 "옳은 교회행정은 교회의 본질과 복음 선교의 발전을 포함하며, 교회로 하여금 인간 교회의 모든 자산과 인적 자원을 유용하게 사용할 수 있게끔 하게 하는 경험을 제공하는 데 대한 일관성 있고 이해력 있는 태도를 포함

---

25) Ibid., p.355.
    Ibid., recite.
26) 조동진, 목회행정학, 크리스챤 헤럴드(서울, 1977), p.19.
    정성구, 실천신학개론(서울 : 총신대학출판부, 1980), p.287에서 recite.
27) Arther M. Adams, Pastoral Administration(Philadelphia, pen : The Westminister Press, 1964), p.1.
    김장대, 교회행정학(서울 : 도서출판 솔로몬사, 1995), p.23에서 recite.

한다"[28]라고 말하였다.

위의 두 정의를 종합하여 보면, 교회행정이란 교회 본질에 대한 인식을 촉진하는 것, 경험과 활동을 고무하고 협동하는 것, 자산과 인적 자원을 발굴하고 활용하는 것이라고 볼 수 있다. 즉, 교회행정이란 교회의 보살핌에 맡겨진 사람들의 재능에 대한 청지기 역을 의미한다.[29]

셋째, 로버트 데일(Robert Dale)은 교회행정의 정의를 "어떤 방법이 아니라 목회 그 자체이며 서류 작성이 아니라 사람 그 자체이며, 비인격적인 정책이 아니라 인격적인 과정이며 교묘한 조작(manipulation)이 아니라 관리다"라고 하였다. 그리고 그는 교회행정이란 어떤 조직의 사람을 발전하게 하는 방법이며 그 조직이 가지고 있는 자원들을 효율적으로 활용할 수 있도록 해 주는 것이라고 하였다. 뿐만 아니라 그는 특별히 교회행정은 단순히 어떤 일을 하는 것이 아니라 사람을 육성하는 것이라고 강조하였다. 그리고 그는 또 교회행정을 "하나의 과학이며 예술이며 은사이다"라고 하였다(참고 고린도전서 12 : 28, 다스림은 행정 ; 바울은 다스리는 것은 성령의 은사 중의 하나로 보았다. 사람에게 주신 직분은 은사이다).

넷째, 찰스 티드웰(Charles Tidwell)은 그의 책 『목회학에서의 효율적 지도력으로서 교회행정(*Church Administration, Effective Leadership in Ministry*)』에서 교회행정을 지도력 곧 리더십이라고

---

28) Alvin J. Lingren, Foundation for Purposeful Church Administration(N.Y., Nashville : Abingdon Press, 1965), p.22.
   Ibid., p.23에서 recite.
29) 김장대, 교회행정학(서울 : 도서출판 솔로몬, 1995), p.23.

하여 "교회행정은 교회가 교회되게 하고 교회가 교회 일을 할 수 있게 갖추어 주는 지도력이다. 또한 행정이란 교회의 영적, 인적, 물리적, 재정적 자원을 이용하여 교회가 추구하는 목표와 교회의 영구한 목적을 수행해 나갈 수 있도록 교회 지도자들에 의해 제공되는 안내이다. 그리고 교회행정이란 교회를 구성하는 하나님의 자녀들이 그들이 될 수 있고 할 수 있는 그것을 하나님의 은혜로 될 수 있고 할 수 있도록 해주는 것이다"라고 하였다.[30]

다섯째, 레오나드 메이러(Leonard Mayor)는 교회행정을 "직능을 결정하며 그 직능을 명확하게 하고 정책을 공식화하여 이를 수행해 나가며 권위를 위임하며 관리자를 선임하여 직원을 훈련하고 그것을 위한 모든 유효한 조직과 목적 달성을 위한 방법과 자원의 동원"이라고 하였다.[31]

이상의 학설을 참고로 하여 교회행정을 총괄적인 정의를 내린다면, 교회행정학은 교회의 목적과 의사를 실현시키고 맡겨진 과업을 수행하기 위한 조직, 직원, 운영의 기술과 능률의 학문이라 할 수 있다.[32] 달리 말하면, 교회행정학은 "현재의 교회 안에서 이루어지고 있는 성령과 말씀의 구체적인 형성과정을 다루는 학문"이라고 할 수 있다.

---

30) Charles A. Tidwell, Church Administration, Effective Leadership in Ministry(Nashville : Broadman Press, 1985), p.27.
    Ibid., p.76에서 recite.
31) Leonard Mayor, Handbook of Church Management(New York : Prentice-Mall, 1958), p.78.
    이성희, 교회행정학(서울 : 한국장로교출판사, 1994), p.75에서 recite.
32) 조동진, 목회행정학(서울 : 크리스챤 헤럴드사, 1977), p.54.

이러한 교회행정학적 개념의 관점에서 교회행정의 정의는 "하나님의 사업을 위하여 하나님이 일꾼을 모아서 좋은 인간관계를 수립하고 회중이 함께 공동체를 이루어 행정기능을 계획하고 조직하여 유기적 관계 속에서 자신의 책임을 완성시켜 나아가는 것이다. 즉, 교회의 목적을 성취하기 위하여 교회를 인도하는 데 관련되어지는 교회 지도자들의 필요한 제반 목회활동"이라고 할 수 있다. 그렇다고 할 때 교회행정가의 관심은 교회의 본질에 대한 명백한 이해와 행정가의 활동 분야의 포괄적 이해로서 방법과 수단을 목적 달성에 기여할 수 있는 결정을 할 것과 무엇을 하든지 사랑과 희생으로 해야 한다는 점이다.

교회행정의 근거와 기본원리

교회를 다스리는 규칙의 체계를 교회정치라 하며 이에 따른 제반 업무를 교회행정이라 한다. 모든 교회 정치와 행정은 인간의 필요성에 대한 요청에 적절하게 응답하기 위하여 형식화되는 인간적 조직이지만 그 교회의 정치와 행정체계의 근거는 어디까지나 성경에서 출발한다. 어떤 형태의 교회행정이든 그 근본 구조와 내용이 성경에 의해 입증되고 성경에 근거해야 할 것이다. 만일 성경에 근거를 두지 못하면 교회행정과 일반 행정의 구분이 없어지고 교회의 구조가 사회구조와 동일시되는 과오를 범하게 된다.

구약과 신약에서는 좋은 교회행정의 성경적 근거를 예시해 주고 근거를 제공해 주고 있다.

1. 교회행정의 구약적 근거

교회는 그 근거가 하나님께 있고 세상에 존재 필요성이 있는 기관으로서 형태를 가지게 된다. 이 기관은 유기체이며 공동체이며 하나의 사회이며 그리스도 안에서 상호관계를 가지는 하나님의 백성이다.

구약에서의 하나님의 백성은 오랫동안 하나님의 백성으로서의 계속성을 가지고 공동체를 형성해 왔다. 구약의 언약 백성으로서 하나님과의 관계를 의미하는 표현은 '아브라함의 집', '야곱의 집' 혹은 '이스라엘의 집' 등이며 그 외에 '하나님의 집', '야훼의 집', '장막', '야훼의 전', '이스라엘의 회중', '백성의 회중', '야훼의 회중' 등이 나타나 있다.

구약에서는 하나님의 백성을 대표하는 두 가지 개념이 나오는데 이것이 곧 교회의 개념을 대표하는 말이다. 그 하나는 집이라는 개념으로서 교회이며 다른 하나는 회중 혹은 성회라는 개념으로서의 교회이다.[1]

1) 구약의 장로직의 대의정치

장로직은 구약의 족장시대부터 나타난 직분이다. 장로라는 말은 히브리어의 '자켄'(Zaken : זקן)에서 온 말로 공적 인물을 의미했으며 구약 전체에 100번 이상 사용되었고, 오경에만 44번 나타난 말이다.

장로란 말의 최초에 쓰인 곳은 창세기 24 : 2의 "자기 집 모든 소유를 맡은 늙은 종"이라고 하는 아브라함의 신실한 청지기를 일컫는 말이었다.

"이스라엘 장로들"이라는 말은 출애굽 이후에 나타난 말로서 백성들 가운데 잘 알려진 집단이었고, 그들의 권위는 인정받았다. 그들은 이스라엘의 장로의회(The presbytery of Israel)를 형성하여 경

---

1) 이성희, 교회행정학(서울 : 한국장로교출판사, 1994), p.55.

륜과 지혜로서 백성들을 다스리고 백성들은 이들의 권위를 인정하고 이들을 중심으로 하여 대표자에 의한 회중정치가 시작되었다. 이러한 정치제도를 대의정치(Representative government)라 한다. 이러한 장로에 의한 이스라엘 회중정치는 신약의 교회정치의 근거가 되는 것이다.

모세와 아론은 70인 장로를 세워 그들로 하여금 출애굽의 경고를 이스라엘 회중에게 주게 하였으며(출 12 : 3, 6, 12) 그 후 모세에 의하여 이스라엘 장로들의 총회가 소집된다(출 4 : 29). 그리고 신명기는 모세가 이스라엘 장로들에게 전해 준 고별설교이다. 모세는 마지막으로 장로들에게 모든 율법을 써서 전해 주었다(신 31 : 9). 또한 모세를 전승한 여호수아도 장로들을 백성의 대표자로 세웠고(수 23, 24장), 사무엘 때에는 백성의 대표자로서 사무엘에게 나아가 왕을 달라고 하였다(삼상 8 : 4). 이스라엘의 전 역사를 통하여 장로제도는 지속되며 장로의 직은 성경의 중요한 직분 명으로 나타난다.[2]

2) 교회행정의 구약적 근거의 구체적 내용

구약성경에 교회행정의 뚜렷한 근거는 출애굽기 18 : 13-27이다. 이 성경 구절은 교회행정의 구약적 모형(model)을 제시해 주고 있다. 그 내용을 보면 대략 다음과 같다.

모세는 광야에서 백성들의 송사문제를 해결하기 위하여 아침부터 저녁까지 소일하게 된다. 그를 방문한 장인 이드로는 이것을 옳

---

2) Ibid, p.56.

지 못하게 여겼다. 이드로는 재덕을 겸비하고 하나님을 두려워하며 진실한 자를 택하여 천부장, 백부장, 오십부장, 십부장을 백성 위에 세워 그들로 하여금 재판하게 하고 더 큰 재판은 모세가 하게 하였다. 모세는 이드로의 권면대로 백성의 지도자를 세우니 이러한 모세의 제도를 모든 사람이 만족하게 되었다.

이러한 성경의 배경은 출애굽 백성들이 훈련되지 못한 채 광야 생활을 함께 한다는 것은 많은 문제점이 있게 된 것이다. 그들은 정착되지 못한 생활로 사람 사이에 문제가 발생한 것이다. 이 문제를 모세가 해결해 줘야 했고, 모세 혼자서는 백성들의 필요를 동시에 만족시킬 수 없는 너무 과중한 업무였다.

모세에게 있어 업무의 최선의 것과 차선의 업무에 혼돈이 있어 지도자와 집단은 갈등을 겪게 된다. 그의 장인 이드로는 이런 상황 중에 백성들의 지도자를 백성 가운데 선택하였고 모세는 장인의 제안에 따라 이를 시행하였다. 모세가 세운 지도자를 통하여 백성들의 필요가 해결되었고 그들의 공동체 생활이 만족하게 되었다.[3]

3) 모세의 교회행정의 구약적 실천 모형

모세는 그의 장인 이드로(Jethro)의 제안에 따라 형성한 행정의 모형에서 실제로 이루어 낸 결과는 매우 긍정적이었다.

이스라엘 집단의 문제

광야에서 많은 사람이 동시에 살게 되었고, 모세는 업무가 과중하였다. 이러한 과중한 업무의 진행이 모세와 백성들 사이에 문제

---

3) Ibid., p.57.

를 야기 시켰다.

모세와 백성들 사이의 문제점 해결

이드로의 권면대로 모세는 자격기준을 정하여 지도자를 뽑아 세워 일의 경중에 따라 지도자들에게 맡겨 재판하게 하고 그들이 해결하기 어려운 큰 일은 모세가 맡아 해결하였다.

문제 해결의 결과

모세는 세운 지도자들을 통하여 그의 업무를 보조받게 되었고 백성들은 그들의 필요와 요구가 해결되어서 만족하게 되었다.[4]

상기한 바와 같이 이드로가 모세에게 제안하여 구성한 교회행정의 견본적 모형은 어느 시대를 막론하고 교회행정에 많은 가치를 제공한다. 특히, 모세의 교회행정의 견본적 모형은 교회 내에서 민주적 정치체계를 모든 시대에 적용할 수 있으며 이드로의 착안과 제안이 모세 시대의 문제 해결의 방법이었음은 물론 현재에도 교회행정의 중요한 교회의 문제 해결의 방법으로 응용되고 있는 것이다.

2. 교회행정의 신약적 근거

1) 신약의 공회를 통한(공회원) 정치(회당정치)

신약의 회당은 이스라엘 회중이 지역화한 것이다. 이것은 이스라엘의 바벨론 포로시대에 시작하여 그 전통은 신약시대까지 전승

---

4) Sung Hee Lee, Updating the Book of order in the Presbyterian Church of Korea(San Anselmo : San Francisco Theological Seminary, 1991). pp.9-11. Ibid., p.58에서 re-quote.

되어 왔다. 모든 회당은 장로회에서 다스렸으며 장로 중 한 사람을 장로회 장으로 임명하여 회당장이 되었다. 이 회당의 장로들에게는 두 가지 기능이 있었는데 그것은 가르침과 다스림이다.

이 회당은 예수님 당시까지도 이스라엘 백성들의 종교생활의 중심이었다. 예루살렘의 장로의 회인 공회(Sanhedrin)는 또 다른 이스라엘의 집단이었다. 이 예루살렘 공회는 대제사장의 관할 하에 있는 제사장들, 서기관, 백성들의 장로로 구성된 영향력 있는 집단이었다. 이 집단을 흔히 장로의 회, 백성들의 장로회 혹은 공회라고 불렀다. 공회는 제사장, 서기관이나 전문 율법교사, 장로들의 세 구성원으로 조직되어 있었다. 그리고 그 수는 71명이었다.[5]

2) 교회행정의 신약적 근거의 구체적 내용

교회행정의 신약적 근거의 분명한 성경 구절은 사도행전 6 : 1-7이라고 할 수 있다. 교회행정의 신약적 근거는 사도들에 의하여 회중에게 제의되었는데 그 내용은 대략 다음과 같다.

예루살렘 교회의 제자의 수가 갑자기 증가하게 되자 사도들은 그들 주 업무인 말씀 전하는 일이 구제하는 일 때문에 소홀하게 되었다. 그 업무의 우선순위가 바뀐 것이다. 급증하는 제자의 수 때문에 모든 제자들의 필요를 만족시킬 수 없었다. 헬라파 유대인들은 그들의 과부가 매일의 공궤에서 제외되었다는 이유로 인해 불평이 생기게 되었고 이에 따라 사도들은 회중들을 소집하여 구제의 일을 전담 할 수 있는 일곱 사람을 택하여 안수하여 세우고 그들로 하여

---

5) cp.cit., 이성희, pp.58-59.

금 구제하는 일을 전담케 하고 사도들은 기도와 말씀 전하는 일에 전력하였다. 이에 교회는 점점 성장하게 되었고 많은 제사장들도 그리스도를 믿게 되었다.[6]

3) 사도들을 통한 신약적 교회행정의 견본적 실천 모형

사도들과 회중의 모형(Apostle-congregation Model)에서 보여주는 견본적 실천 모형은 다음과 같다.

신약교회의 문제

교회의 제자의 수가 급증함으로 인하여 자치제도의 문제가 제기되었다. 헬라파 유대인들이 규제에서 제외된 것이다. 이것이 헬라파 유대인의 불평의 원인이 되었고 사도들은 그들의 일차적인 책임을 소홀히 하게 되었다.

구제 분배의 문제점 해결

열두 사도들의 제자들에게 그들의 주 업무를 알려 주고 제자들에게 자격 있는 일곱 사람을 택하여 제자들의 필요를 채워 주게 하였다. 회중은 일곱 사람을 뽑았고 사도들은 그들에게 안수하여 임직케 하여 확인하였다.

백성들(제자들)의 문제 해결의 결과

백성들의 필요가 충족되었고 헬라파 유대인들의 불평도 해소되었다. 그리고 사도들은 그들의 고유한 일에 전념할 수 있게 되었으며 교회는 날로 성장하게 되었다.[7]

---

6) Ibid., pp.60-61.
7) Ibid., p.61.

3. 교회행정의 신·구약 근거의 공통점과 차이점

교회행정의 구약과 신약의 근거에 나타난 원리적 유사점에도 불구하고 현저한 차이점도 발견된다. 신·구약의 근거의 시간적 차이, 상황의 차이 등 주변 환경이 달랐지만 문제의 성격, 문제해결의 방법, 그리고 결과는 유사하다.[8] 여기에서 구약 근거와 신약 근거의 유사점과 차이점을 다음과 같이 정리할 수 있다.

1) 교회행정의 신·구약 근거의 유사점

문제 발단의 공통점

공통적으로 업무 과중이 공통점이었다. 모세와 사도들은 과다한 회중과 제자 수의 과다로 업무가 과중하였다. 이로 인하여 모세와 사도들의 업무가 소홀해지고 백성들은 지도자에 대한 불만이 있게 되었다. 지도자의 위기는 최선과 차선의 선택의 혼돈에서 발생한다.

문제 해결의 방법의 공통점

① 문제 해결의 우선순위를 지도자를 세우는 일에서 시작하였다.
② 우선적 역할에서 모세는 하나님과 백성 사이의 역할을 중요시했고 사도들도 기도와 말씀 전하는 것이 우선적 역할로서 하나님과 관계에서 같았다.
③ 모세의 백성들의 재판하는 일과 사도들의 백성들의 구제하는 일로써 백성들과 관계에서 같았다.

---

8) Gene A. Getz, Sharpening the Focus of the Church(Wheaton : Victor Books, 1989), p.188.

2) 교회행정의 신·구약 근거의 차이점

지도자의 자격기준, 선택의 방법, 임직의 방법이 다르다.
① 모세는 지도자를 백성 가운데서 직접 선택하여 임명하였다(천부장, 백부장, 오십부장, 십부장 등의 천거 과정이 없었다).
② 사도들은 교회의 일곱 지도자들을 직접 선택하지 않고 회중이 지도자를 선택하였다. 회중의 회의(congregational meeting)에서 직접 선택하였다.

지도자의 지도체제의 차이점
① 모세는 백성들 가운데 권위와 힘을 가진 카리스마적 존재였고 임명된 지도자는 전제적 직원(autocratic officers)이었고 계급적 정치체제였다. 체제의 근본 특성은 권력구조(power structure)였다.
② 모세의 체제에서는 사회적, 종교적 계층이 현저하게 나타났다. 광야생활의 사회적으로는 관료적(bureaucratic)이고, 종교적으로는 계급적(hierarchical)으로 계층(stratification)이 분명하였다.
③ 사도들은 일곱 집사 선택이 공화적(republic)이었고 회중은 선택의 참여권이 주어졌고 지도자와 사도들 사이에는 계급적인 구분이 없었다. 직분의 서열은 있었으나 권력적 서열이 아니라 기능적 서열이었다. 신약사회의 특징은 기능적 구조(functional structure)이었다.

지도자 임직방법의 차이점
① 구약에서는 모세가 지도자들을 택하여 그들을 임명하고 그 지위와 권위를 가지게 하였다. 천부장, 백부장, 오십부장, 십부장 임직의 특별한 절차나 의식이 없이 모세의 임명으로 절

차와 의식을 대신하였다.

② 신약의 예에서는 사도들의 회중들에 의해서 선택된 지도자를 세우고 회중 앞에서 손을 얹고 안수하였다. 이 안수의식은 신약시대 이후 교회의 임직의 전형적(典型的)인 형태로 발전하였고 하나님의 부르심을 공중 앞에서 인정받는 예식이 되었다.[9]

구약과 신약에 나타난 교회행정의 근거의 차이점 비교
① 성경의 근거
　구약 : 출애굽기 18장
　신약 : 사도행전 16장
② 발단
　출 18 : 13 수적 증가
　행 6 : 1 수적 증가
③ 발단된 문제
　출 18 : 14 업무 과중
　행 6 : 1 업무 과중/불평
④ 역할 우선과제
　출 18 : 16 하나님의 율례와 법도
　행 6 : 2 말씀과 기도
⑤ 문제해결
　출 18 : 21 지도자를 세움
　행 6 : 3 지도자를 세움
⑥ 지도자 선택 자격
　출 18 : 21 재덕이 겸전한 자, 하나님을 두려워함, 불의한 이를

---

9) 이성희, 교회행정학(서울 : 한국장로교출판사, 1994). pp.62-63.

미워하는 자
행 6 : 3 성령과 지혜가 충만, 칭찬 듣는 사람
⑦ 지도자의 선택방법
출 18 : 21 모세에 의해서
행 6 : 5 회중들에 의해서
⑧ 지도자의 임직
출 18 : 25 임명
행 6 : 6 안수
⑨ 반응적 결과
출 18 : 27 만족
행 6 : 7 교회의 성장
⑩ 구약 · 신약의 비교[10]

구약(출애굽기)	신약(사도행전)
전제적(autocratic)	공회적(republic)
계급적(hierarchical)	민주적(democratic)
수직적(vertical)	수평적(horizontal)
권력구조(power structure)	기능구조(functional structure)
개인적 갈등(personal conflict)	문화적 갈등(cultural conflict)

---

10) Ibid., p.63.

4. 교회행정의 기본 원리

1) 헌법에서 본 교회행정의 기본 원리

교회행정의 기본 원리는 교회정책과 제도의 구체적 표현인 교회 헌법에서 찾아보는 것이 순서이다.

헌법이란 본래 규범적인 것일 뿐만 아니라 비교적 안정성을 가지고 있는 것이기 때문에 기본 원리를 찾기는 어려운 일이 아니다. 헌법에서 본 교회행정의 기본 원리로서는

법치행정의 원리

법치행정이라 함은 모든 행정이 법에 의거하고 법이 정하는 범위 내에서 이루어지는 것을 원칙으로 한다는 것이다. 법치행정의 원리는 성문주의(成文主義)와 양식주의(樣式主義)를 수반하게 된다.

기회균등의 원리

이 원리는 행정하는(治理) 권한이 장로들에게 있는데 장로는 각 교인의 투표로 택하여 세우고 장로로써 치리하는 당회를 조직하므로 각 회원에게 보통권한이 있다. 교인 누구든지 압제받는 줄 알면 상회에 공소할 수 있다.

적도집권의 원리

집권주의(centralization)와 분권주의(decentralization) 사이에 적도(適度)의 균형점을 찾는 것이다. 즉, 중앙집권과 지방분권은 민주주의적 권한의 위양(委讓)과 참여 기회를 보장하는 지표가 된다고 할 수 있다. 곧 이것은 적도집권을 의미하는 것이다.

자주성 존중의 원리

교육행정의 원리에 근거한다. 장로교 행정은 제일 원리에 따라 양심의 원리이다.

2) 운영 면에 본 기본 원리

타당성의 원리
교회행정은 그 자체의 목적을 가지고 목회활동을 위하여 봉사하는 수단적 활동이며 바람직한 신앙을 얻게 하고 신앙지도의 성과를 얻게 하는 데 그 목적이 있다. 교회행정은 항상 올바른 목표를 세우고 그 목표 달성에 필요한 충분조건을 정리 확립하여야 한다는 것이 곧 타당성의 원리이다. 타당성의 원리는 합목적성의 원리라고도 할 수 있다.

민주성의 원리
이 원리는 교회행정 실천면에 있어서는 독단과 편견을 배제하고 교단은 물론 교회 각종 정책 수립에 있어서 광범위한 참여를 통하여 교인의 공정한 의견을 반영케 하며 계획된 정책 집행에 있어서 권한의 위양을 통하여 전횡권을 막는 것을 의미한다. 당회와 제직회와 교육위원회를 두어 시책의 결정과정에 있어 중지를 모아 협조와 이해를 기초로 하여 사무를 집행해 나가는 민주성의 원리에 근거하는 것이다.

능률성의 원리
이 원리는 모든 합리적 활동에 있어서 강조되는 하나의 노력, 시간 투자, 재정적 원리인데 목회활동에 있어서도 최소한의 노력과 경비를 투입하고 소비를 극소화시키고도 최대한의 효과를 요구하는 것이다. 교회행정에 있어 능률성의 원리는 단기적 평가보다 장기적 평가에 의한 능률성과 외부적 능률보다는 내부적 능률을 강조하여야 한다.
적응성의 원리
교회행정 운영상의 중대한 원리로서 적응이라 함은 새로이 발전되어 가는 사태에 신축성 있게 대응하여 조화적 관계와 능률적 성과를 계속 확보해 나가는 것을 의미한다. 사회변화를 질서 있게 교단 교리와 조절해 나갈 수 있는 목회를 하기 위해서는 교회행정상 적응성의 원리가 큰 역할을 해야 한다.

안전성의 원리
이 원리는 적응성의 원리에 대하여 반작용한다. 목회활동에 대하여 지속성, 타당성을 주기 위하여 전통을 계승하고 좋은 부분을 강화 발전시키려는 좋은 의미의 보수주의가 필요하다. 변화에 지나친 적응성을 강조하고 과감한 실천을 하다 보면 안전성의 원리를 망각하여 부작용을 초래한다. 따라서 교회행정은 안전성의 원리가 존중되어야 한다.

균형성의 원리
이 원리는 균형 판단의 원리라고 한다. 교회행정의 시책 수립과 집행의 과정에서 경중을 분별하여 선후의 순위를 밝히고 노력과 예산의 공정한 분배를 하여야 한다. 교회행정은 고도의 지성과 숙련된 경험을 요하는 하나의 기술임을 의미한다. 따라서 균형성의 원리를 잘 지켜야 한다.[11]

3) 교회행정의 기본 원리에서 본 교회행정의 기본 개념

---

11) 김득룡, 현대교회 행정학신강(서울 : 총신대출판부, 1985), pp.53-56.

① 개인의 양심의 자유는 조직보다 더욱 중요하다. 이 원리는 민주주의의 원리이다. 성경은 하나님께서 양심의 주제가 되사 인간에게 양심의 자유를 주셨다. 이것은 개인의 기본권을 뜻한다. 개인의 기본권은 인간적인 교훈과 명령에 따르는 단체의 조직 때문에 희생될 수 없는 것이다.
② 그리스도의 몸에 속한 지체인 신자는 할 수 있는 기능과 각각 봉사의 달란트를 가지고 있다(고전 12 : 4-27).
③ 교회행정의 종국적 목적은 하나님의 영광을 위해 대접하는 봉사에 있다(엡 4 : 12). 즉, 그리스도의 종(롬 1 : 1)이나 교회의 종(고후 4 : 5)으로 봉사의 직무를 다하여 하나님께 영광 돌리는 데 있다(고전 10 : 31).
④ 교회의 지도자들은 교회행사 계획 진행에 대한 책임을 항상 지니고 있어야 한다.
⑤ 적합하고 빈틈없는 조직이 기본이다(고전 14 : 40).
⑥ 교회 조직상의 모든 부서의 직책은 매우 중요하다(고전 12 : 22-23, 출 18 : 22, 행 9 : 1-4).[12]

---

12) Ibid., pp.56-57.

교회행정의 목적과 목표 및 필요성

I. 목적과 목표의 개념 차이

우선 교회행정의 목적과 목표에 대한 구체적인 논의에 앞서 목적과 목표의 차이를 미리 밝히고자 한다.

영어에서는 purpose, objectives, goals 등이 구분되어 있다. purpose로 갈수록 상위 개념에 속하고 goals로 갈수록 하위 개념에 속한다.[1] 우리말에는 purpose를 목적으로 부르고 objectives를 목표로 부르고 있다. goals도 목표로 해석함으로써 objective와 구분하기 어렵다.

목적이나 목표는 미래 지향적이라는 점에서 같지만 목적은 목표보다 상위개념에 속한다. 목적은 광범위하고 추상적인 것에 비해 목표는 보다 구체적인 성격을 띠고 있다. 목적은 계량화하기 힘들지만 목표는 계량화가 가능한 경우가 많다. 목적은 조작적 정의가 이루어지는 일이 드물지만 목표는 효과성 판단 등에 사용하기 위해

---

1) Carlisle, H. M., Management Essential : Concepts and Applications(IL : Science Research Association, 1979).

조작적으로 정의되는 수가 많다. 목적은 그 진술에 있어서 대안이 성취될 것으로 기대되는 효과에 대하여 시간을 도입하는 경우가 드물지만 목표에 관한 진술에서는 시간 개념이 도입된다. 목적에 있어서는 대상 집단을 넓게 규정하지만 목표에 있어서는 보다 구체적으로 규정한다.

(1) 목적과 목표의 비교

	용어의 정의	구체화 정도	시기 설정	측정 절차	대상 집단 규정
목적	공식적	광범위하고 추상적	불특정	비계량적	포괄적 대상
목표	조작적	구체적	특정	계량적	구체적인 대상 규정

(2) 목적과 목표

교회행정에 있어서 목적은 하나님의 나라와 그의 의를 구하는 것이라고 할 때, 목표는 그 나라와 그 의를 구하기 위해 구체적으로 어떻게 해야 하는가를 규정한다. 그리고 그 하위 목표가 되는 goals 에서는 교회전체, 각 기관, 개인이 어떻게 동행해야 하는가를 세부적 목표(target)를 정하여 전개해 나간다.[2]

2. 교회의 목적과 교회행정의 목적

교회행정의 목적이 교회의 목적을 이루게 하는 것이기 때문에

---

2) 양창삼, 교회행정학(서울 : 대한예수교장로회 총회교육부, 1998). pp.43-44.

교회행정의 목적을 언급하기에 앞서 교회의 목적을 먼저 언급하는 것이 순서일 것 같다.

교회는 부름 받은 자의 모임이다. 그러므로 이 모임은 독특한 목적을 가지게 되고 그 목적을 이루어 가는 것이 교회의 모습이다.

교회행정은 교회의 목적을 이루게 할 뿐 아니라 교회로 하여금 교회의 목적을 바르게 이해할 수 있도록 해 주는 것이다. 왜냐하면 교회행정은 교회의 제반 기능을 효율적으로 수행하도록 돕는 역할이기 때문에 이를 통해서 교회의 목적을 이해하게 된다.

1) 교회의 목적

교회의 목적은 교회의 본질과 사명에 반영되고 나타난다.[3] 교회가 추구하는 본질과 사명이 교회행정을 통하여 가능하게 되는데 흔히 교회의 목적은 예배, 전도, 친교, 봉사 등으로 정의한다. 크누드센(Raymond Knudsen)은 여기에 삶의 질서를 유지해 주는 것과 구속받은 새로운 세계를 첨가하고 있다.[4]

(1) 첫째 목적은 예배

교회의 제일 되는 목적은 예배이다. 일반적으로 교회는 예배구조로 설계되고 교회의 물적·인적자원은 90%가 예배에 집중되어 있고 목회자의 삶도 예배에 초점이 맞추어져 있다. 그러므로 이 예

---

3) Charlse A. Tidwell, Church Administration Effective Leadership for Ministry(Nashville : Broadman Press, 1985), p.58.
4) Raymond B. Knudsen, New Models for Church Administration(Chicago : Follett Publishing Company, 1979), pp.23-28.

배를 위한 행정적 뒷받침이 있어야 하고 사려 깊은 배려가 뒤따라야 한다. 특히 현대인의 긴장된 삶을 위해 교회는 예배의 시간과 형식, 설교내용에 관심을 두고 조절해야 한다.

(2) 둘째 목적은 증거

증거(witness)는 교회의 목적이며 동시에 그리스도인 개인의 삶의 확인이다. 증거란 교회의 매일의 업무이고 세계적 업무이며 증거 하는 삶은 복음을 높이며 사는 삶이다.[5] 교회의 증거 내용은 하나님의 나라이다. 이것은 예수님의 첫 선포의 내용이었고 사도들의 끊이지 않는 선포의 내용이었다(막 1 : 45, 행 1 : 3, 28 : 31). 사도들은 예수님의 부활을 증거의 중심으로 삼았으며 이것은 복음의 중요한 내용이었다(행 2 : 32, 5 : 30-32 등).

교회는 이러한 복음의 핵심을 바르게 그리고 효율적으로 증거될 수 있도록 도와주어야 한다. 그렇게 하기 위해서는 복음에 대한 새로운 이해와 제도적인 방법, 그리고 이 시대의 증거의 기능에 응용될 수 있는 전달의 기술이 개발되어야 한다.

(3) 셋째 목적은 봉사

교회의 3대 요소를 케리그마, 디아코니아, 코이노니아라고 하는데 케리그마의 내적 기운이 코이노니아라면 외적 작용이 봉사(diakonia)이다. 즉, 케리그마는 디아코니아와 코이노니아에서 완성된다. 초대 교회는 봉사의 집단을 세워 디아코니아를 하게 하였다. "교회가 있는 곳에는 디아코니아가 있다."고 할 만큼 디아코니아는

---

5) Ibid., p.80.

교회의 본질적 사명이며 교회의 목적이다.

(4) 넷째 목적은 친교

하나님의 백성으로서 교회의 내적 요소는 백성들 사이의 친교(koinonia)이다. 이 말은 그리스도인의 신앙생활의 특징이며 그리스도인을 결정짓는 용어로써 신앙의 본질을 뜻한다. 신약에 18번 나타나는 이 말은 교제, 교통, 참여, 사귐 등으로 번역되었으며 바울 서신에 14번 나타난다. Koinonia의 근거는 그리스도 안에서의 교제라는 의미로도 7회나 사용되어 하나님과 교제를 강조하며 나아가서 성도 상호간의 교제를 강조하였다.

(5) 다섯째 목적은 삶의 질서 유지

교회는 성도의 생활에서 도덕적·윤리적으로 수용될 수 있는 행위의 규범을 정해주는 일이다. 일반적으로 도덕을 규범화하는 요소로는 문화와 종교가 있는데 문화가 종교에 영향을 준다는 데 이의가 없다. 교회사에서 볼 때 교회가 문화에 영향을 주기도 하였다. 현대적 관점에서 볼 때도 문화가 신앙의 삶의 실천에 영향을 주고 있음을 본다. 예수의 사역에 있어서 삶의 질서 유지는 하나님의 요구에 합당한 선지자들의 마음에 있는 순수한 종교의 목표를 유지하는 것이었다. 즉, 의롭게 살며 사랑과 자비를 베풀며 하나님 앞에서 겸손하게 사는 삶을 가르치는 것이다.

(6) 여섯째 목적은 새로운 세계

교회란 구원받은 자의 모임인데 나아가서 세계를 구원하기 위한 모임이어야 한다. 사도들에 의해 변화되기 시작한 세계는 이제 그리스도인에 의하여 지배되며 교회는 시간 속에서 구속(救贖)하며 나아가서 세계를 구속(救贖)하는 일차적 업무를 가지게 된 것이다. 성경이 말하는 묵시적 희망은 새 하늘과 새 땅은(계 21 : 1-2) 의에 거하게 되는 것이다. 이 새 하늘과 새 땅이 교회의 모습이며 이것을 추구하는 것이 교회의 업무이다. 이것은 교회의 목회와 사명이 교회와 관련된 모든 업무의 중심을 의미하는 것이다. 이와 같은 교회의 목적은 자발적 기관에 의해서 뿐만 아니라 개인에 의해서 성취되어져야 하며 예수님의 지상명령(The Greatest Commission)에 일치되는 것이다.[6]

2) 교회행정의 목적

교회행정은 교회의 목적을 가능하게 해주는 역할을 한다. 교회행정의 첫째 업무는 교회의 고유 목적을 분명히 해 준다. 교회가 교회의 목적을 분명히 찾게 하기 위하여 그리스도의 교회에 대한 의도를 분명히 알아야 한다. 이것은 선교의 본질인데 이 본질을 명확히 인식해야 한다. 교회는 지도자와 구성원들이 이 목적을 위해 행정적 책임을 지고 있는 것이다. 교회의 프로그램, 조직, 인력자원, 물적 자원 그리고 통제 능력 등 제반 행정적 업무는 교회의 목적을 수행하게 하는데 기여하게 되는 것이다. 이 장에서는 교회행정의 목적을 세분하여 설명하고자 한다.

(1) 교회의 성장과 성숙을 이루게 하는 것(교회의 영적 성장을 이루는 것)

---

6) 이성희, 교회행정학(서울 : 한국장로교 출판사, 1994), pp.79-82.

교회의 행정은 교회 성장과 밀접한 연관성을 가지고 있으며 또한 행정의 결과는 성장과 성숙이다. 교회행정의 시작도 결과도 교회성장이다. 성장은 교회의 목적은 아니지만 교회의 목적을 이루는 중요한 요소이며 또 교회는 생명의 실체이기 때문에 성장해야 한다.

초대 교회는 일곱 집사를 세워 사도의 일을 분담하여 행정을 담당케 하였다. 이 분담이 곧 교회행정이다. 행정과 성장은 처음부터 깊은 관계를 가지고 양적 성장과 질적 성숙을 가져오게 되었다.

인간은 한계적 존재이고 상대적 존재이다. 일이 제한적이고 시간이 제한적이다. 그러므로 어떤 일을 혼자서 과중한 업무를 수행할 수 없다. 그래서 업무를 재능에 따라 분담하게 하는 것이 효율적인 업무수행 방법이다. 이렇듯 행정의 주목적은 업무의 효율성. 이 효율성을 통하여 그리스도의 몸인 교회가 영적으로 성장하게 하는 역할을 한다.

(2) 그리스도의 몸의 각 지체의 강건을 도모(교회의 파괴가 없게 함)

교회는 교회의 의미가 바르게 표현되고 사명이 바르게 수행되기 위해서 교회는 그리스도의 몸으로써 각 지체가 강건해야 한다. 우리의 몸에 어느 한 부분이 약해서 온 몸이 불편하여 약해지는 것과 같이 그리스도의 몸도 어느 한 지체가 약함으로 인하여 교회 전체가 약해지게 마련이다(고전 12 : 26).

몸의 각 지체는 지체 그 자체를 위하여 존재하는 것이 아니라 하나의 몸을 위하여 존재하며 기능을 수행한다. 각 지체는 뇌의 기능에 의하여 지시를 받고 활동하듯이 교회행정은 하나의 집약된 목적을 바르게 수행하기 위하여 조정되어야 하며 포괄적이어야 한다.

우리 몸의 각 지체가 아무리 작은 것이라도 그 기능이 있듯이 교회도 모든 지체인 교인들이 다 행정적 책임이 있고 기능이 있다. 교회는 목사나 장로나 몇 몇 사람에게 행정적 기능을 의존하는 것이 아니라 모든 교인에게 기능을 의존하고 있다.

교회행정은 지체의 파괴가 없게 해야 한다. 지체의 파괴는 외부적 원인으로서는 이단사설과 세상의 도전, 종교다원주의(Religion Pluralism) 등이 교회로 파고들어 지체의 손상을 입게 하고 내부적 원인으로서는 지체의 전체는 아니라 하더라도 한 지체가 약하여 바른 기능을 하지 못하면 파괴가 오게 된다. 그리고 지도자의 능력과 자세에 따라 그리스도의 몸은 건강하게 될 수도 있고 파괴될 수도 있는 것이다. 교회행정은 이러한 파괴 요인을 방지하고 업무를 적절히 분담하여 지체의 기능을 원활하게 하므로 지체로서 강건하게 하고 교회의 파괴를 방지하게 되는 것이다.

(3) 하나님 안에서 교회가 하나 되게 하는 것(하나님과 하나 되게 하는 일)

바울은 에베소서 4장에서 교회의 일치성을 강조하였고 이 본문은 교회론의 서신이다. 바울은 하나 됨의 원리로서 "몸이 하나이요 성령이 하나이니 이와 같이 너희가 부르심의 한 소망 안에서 부르심을 입었느니라. 주도 하나요, 믿음도 하나요, 세례도 하나이요, 하나님도 하나이시니 곧 만유의 아버지시라."고 했다(엡 4 : 4-6).

바울은 엡 4 : 11에서 교회의 직분을 논하면서 "그가 혹 사도로, 혹 선지자로, 혹 복음 전하는 자로, 혹은 목사와 교사로 주셨으니" 했다. 하나님께서 다양한 직분을 주신 것은 하나 되게 함이며 성도를 온전케 하려 함이었다(엡 4 : 12). 서로 다르게 함은 서로 봉사하게 하며 서로 하나 되게 하는 것은 하나님을 섬기려 함이다. 하나님

섬김과 사람에게 봉사가 성도의 사명이며 교회의 존재 이유이다.
　성경이 강조하고 있는 것은 하나 됨인데 하나 됨이란 같아짐이 아니다. 같아짐이란 모든 지체의 획일화(uniformity)를 말하는 것으로서 다양성(diversity)을 배제한 말이지만 하나 됨이란 지체의 다양성을 인정하는 통일성(unity)을 말하는 것이다.
　몸의 지체가 다르듯이 그리스도의 몸으로서의 지체도 각각 다르게 지어졌고 다른 기능을 가져야 한다. 사람을 각각 다르게 만드신 분이 하나님이시다. 다르게 만드신 하나님이 서로 다른 사람을 같아지라고 하실 리가 없다.
　교회행정의 두 가지 강조점은 첫째는 다양성이다. 우리의 몸은 지체별로 다양한 기능을 가지고 있으며 이 기능이 그 자체로서 완전하다는 의미이다. 교회는 여러 기능을 수행하는 다른 직분을 두어 다양한 직분을 통하여 하나의 몸을 이루게 된다. 그러므로 교회는 지체의 다양성을 인정해야 한다.
　둘째는 통일성이다. 지체는 다양하여 다른 기능을 수행하지만 하나의 몸을 이루는 도구이다. 지체와 기능이 다양하지만 몸은 하나이며 하나의 통일성을 이루게 된다. 몸이 하나이므로 지체는 통일성을 이루어야 한다. 성경은 "하나 되게 하신 것을 힘써 지키라"고 하신다(엡 4 : 3). 교회는 지체로서 다양성과 그리스도의 몸으로서의 통일성, 이 둘 가운데 어느 하나도 무시하거나 상실해서는 안 되며 상호가치와 기능을 인정하고 몸이 파괴 되지 않도록, 건강할 수 있도록 힘써야 할 것이다.[7]

---

7) 이성희, op. cit., pp.82-89.

(4) 궁극적으로 하나님의 영광을 위함(하나님을 기쁘시게 하기 위해)

교회행정학은 그 동기와 목적 그리고 결과는 일반 행정학과는 많은 차이가 있다. 그 차이라는 것은 결국 신적 요소이다. 교회행정학은 그 동기가 성경이고 목적이 하나님의 영광이며 결과는 하나님이 기뻐하는 것이다. 바울은 복음을 전하는 까닭은 "사람을 기쁘게 하려 함이 아니요 오직 우리 마음을 감찰하시는 하나님을 기쁘시게 하려함이라."(살전 2 : 4)로 하였다.

린그렌(A. Lindgren)은 교회행정을 목적을 하나님 중심적(God centered)이며 인간 지향적(person-oriented)이어야 한다고 하였다.[8]

교회행정이 하나님의 중심이어야 한다는 것은 교회가 하나님의 것이라는 특성 때문이다. 교회는 교회 그 자체의 교리, 전통 제도가 중심이 될 수 없으며 어떤 프로그램이나 사업이 교회의 중심이 되어서는 안 된다.

교회가 구제를 중시하더라도 구제가 중심이 아니며 구제 기관도 아니다. 교회는 사람 특히, 목사 중심의 교회가 되어서도 안 된다. 하나님 중심의 교회는 하나님을 기쁘시게 하는 것을 말한다. 교회는 하나님의 영광을 위하여 하나님이 직접 만드신 하나님의 기준에서 판단되어야 한다.

이러한 하나님 중심 교회와 교회행정을 하기 위하여 행정을 하는 사람들은 성경에 대한 바른 연구와 이해가 필요하다. 현대교회 행정학은 많은 이론을 도입하고 있으나 그 이론 역시 성경적 여과 과정을 거쳐야 하며 "성경은 무엇이라고 말하고 있나?"를 물어 보

---

8) Alvin J. Lindgren, Foundation for Purpose Church Administration(Nashville : Abingdon Press, 1965), p.62.

아야 한다.

　교회는 바른 신앙고백 위에 세워진 그리스도의 몸이다. 세우신 주체도 주님이시고 소유도 주님이시다. 교회의 행정이 하나님 중심이라는 것은 교회가 하나님 중심이며 하나님이 그 주체가 되시며 우리가 그 교회 주체인 하나님과 인격적 관계를 수립한다는 의미이다.

　교회는 모이는 것과 흩어지는 두 가지 역할을 균형 있게 잘 감당해야 한다. 함께 모여 교제하며 응집된 힘을 배양해 나가며 (inreach) 그리고 나아가서 선교하고 봉사하는(outreach) 이 두 가지를 균형 있게 수행해 나갈 때에 바른 교회 상을 정립할 수 있을 것이다. 교회행정은 이러한 교회의 양면적인 목적을 성취하는 도구로 사용하게 된다. 교회행정은 하나님 중심이어야 하는 동시에 사람 지향적이라 하였다. 이것은 사람이 함께 모여 구별된 자로 살고 사람의 필요를 공급하기 위하여 봉사와 구제를 하였다. 이런 교회의 원리 즉, 사람들의 요청과 관심이 교회행정의 자료이며 **교회행정의 한 목적이다**.[9]

3) 성경적 교회행정의 목적

　교회는 신앙과 행실의 기반인 성경을 가지고 있다. 이 성경이 밝혀 주는 목적은 전술한 바에 유사점이 있으나 재 정리하면 다음과 같다.
　① 하나님의 영광을 돌리게 하여 그리스도의 영광을 찬양하는 것이다.
　② 하나님께서 죄인들을 구속하시는 뜻을 이루게 함으로써 온 세

---

9) 이성희, op. cit., pp.88-90.

계에 하나님의 지혜와 은총을 나타내는 것이다(엡 2 : 6-7).
③ 친교로서, 교회는 현재와 영원한 미래에 있어서 주님이신 그리스도와의 친교를 위하여 창조되었다(마 28 : 20, 요 17 : 25-26).
④ 목적은 봉사로서, 교회는 그리스도께서 이를 통하여 하나님의 뜻을 현시대에 이루시는 탁월한 도구이다(요 15 : 16, 고전 12 : 27-30, 엡 1 : 22-23, 3 : 10).[10]

4) 교회행정의 목표

교회가 가지고 있는 목표는 교회에 따라서 그리고 목적을 이루는 방법에 따라서 다르게 나타난다. 목적은 교회의 추구하는 바의 포괄적이라면 그 속에 작고 큰 여러 가지 목표가 있어 교회의 목적을 이루게 되는 것이다. 교회의 목적이란 목표를 통하여 수행되는 것이다.[11]

(1) 목표의 개념

목표란 지향하는 바를 나타내는 것으로 질적인 것을 말한다.[12] 또한 목표란 교회가 도달할 수 있는 가장 높은 단계의 표현으로서 교회행정이 이룩하고자 하는 바람직한 미래의 상태를 의미한다.[13] 교회가 추구하는 목적이 있다면 그 목적을 이루기 위하여 여러 가

---

10) 김득룡, 현대교회행정학신강(서울 : 총신대학출판부, 1985), pp.64-65.
11) Charles A. Tidwell, op. cit., pp.76-77.
12) 김득룡, op. cit., p.67.
13) 김정기, 교회행정신론(서울 : 성광문화사, 1992), p.193.
   이성희, op. cit., p.94에서 recite.

지 목적 성취의 방법이 있다. 이런 것을 목표라고 한다. 예컨대 목적이란 큰 나무의 줄거리라면 목표란 가지일 수 있고 목적이란 여러 가지 목표가 집약된 것이라고 할 수도 있을 것이다.

폴 비트(Paul Vieth)는 목표를 "주어진 과정에서 얻기를 기대하는 결과의 설명"이라고 했고, 하우지(W. Howse)는 목표를 "우리의 일에서 얻기를 원하는 단순한 설명이 목표이다. 그리고 목표란 우리가 그것 때문에 존재하고 그것을 위해 나아가는 본질적인 일들을 선택하게 지시해 준다."라고 하였다.[14]

(2) 목표의 내용(목표에서 얻을 결과)

① 목표는 교회의 가치를 반영

교회는 세상의 증인이다. 예수께서 "증인이 되라"고 하였고 산상보훈에서 "너희는 세상의 소금", "세상의 빛이다"라고 하셨다. 빛과 소금으로서의 증인의 삶은 교회의 중요한 목표이다. 이러한 교회의 목표는 교회의 가치를 명백하게 하여준다. 그간의 교회는 수적 성장의 실용주의적인 목표에 치중하여 왔다. 그 결과 교회의 사명은 사회봉사라는 새로운 인식이 발달하게 되며 선교의 개념도 이전의 교회성장 혹은 복음전도에서 교회 성장과 사회봉사의 개념을 함께 포함하는 통전적 개념으로 발전하게 되었다. 최근 추세는 교회의 수적 성장보다는 질적 성숙으로 가치전환의 과정에 있다. 이런 기준에서 교회들은 성숙한 목표를 세워 "제자훈련", "사회봉사훈련" 등을 하고 있는 것을 본다. 교회의 목표가 성숙일 때 성숙은

---

14) Charles A. Tidwell, op. cit., pp.77.

교회의 가치이며 모든 목표는 교회의 가치인 성숙을 번영하게 되고 좋은 목표는 좋은 가치를 반영하게 되는 것이다.

② 목표는 일의 방향을 제시

목표는 일의 방향을 제시해 주는 것이다. 교회의 행사는 목표에 따라 이루어지기 때문이다. 사회봉사에 관심을 가지고 세상의 빛과 소금으로서의 증인의 삶을 살고자 목표를 세울 때 교회는 사회봉사를 위한 분명한 방향을 제시하게 된다. 이 목표는 프로그램을 개발할 수 있게 하고 계획 행사를 달성하고자 하는 종국의 상태를 제시해 준다. 만일 목표가 없거나 분명치 않다면 교회의 모든 일은 방향성을 잃어버리고 교회의 목적 즉 교회의 궁극적 사명의 수행은 불가능해 질 것이다.

③ 목표는 일의 수단을 정해주는 표준

목표는 교회가 목적 달성을 위해 어떤 수단을 채택해야 하는가 하는 방법을 결정해 준다. 교회의 제반 활동들은 그 자체가 목적이 아니라 교회의 목적을 이루는 수단이다. 일에 있어 수단은 매우 중요하다. 교회가 설정한 목적과 얻은 결과가 다 선하다고 하더라도 방법이 선하지 못하면 그것은 선이 못 된다. 교회는 수단이 선해야 하기 때문에 분명한 목표제시가 필요하며 목표를 성취할 선한 수단을 모색해야 한다. 한국교회는 그간 성장 속에서 수단을 외면하고 결과를 중시하는 경향이 있었다. 정당한 수단보다는 기교적 목회가 발달하여 왔다. 이로 인한 부작용을 우리는 겪고 있다.

교회가 어떤 행사를 준비할 때에는 반드시 다음과 같은 유의점을 전제해야 한다. 첫째, 이 행사가 교회의 목표에 적합한가? 둘째,

이 행사와 활동이 교인들이 목표 성취를 위해 동참할 수 있는가? 셋째, 이 목표를 이루기 위한 다른 행사의 선택이 가능한가 하는 것이다. 어떤 질문을 통하여 행사 개발과 목표 성취에 참여케 할 수 있을 것이다. 동시에 교회는 교회의 목적을 달성하기 위하여 어떤 수단을 사용할 것인가 하는 규범과 표준이 필요한 것이다. 목표란 교회가 고려해야 할 표준을 제공해 줌으로 교회 행사의 완급을 조절할 수 있을 것이다. 교회 행정학에서 목표란 교회로 하여금 수단을 선택하게 하는 표준이다.

④ 목표는 교인들의 일할 동기부여

교회는 신적 요소와 인적 요소를 가지고 있기 때문에 인적 구성원인 사람들을 통하여 교회본래의 목적을 성취한다. 교회란 인간의 모임이기에 사회적 순기능과 역기능이 있게 마련이다. 그러므로 좋은 지도력으로 이러한 기능을 교회 목적 달성을 하게 하는 순기능으로 일에 동참할 수 있게 동기 부여를 해야 한다. 그러기 위해서는 우선 좋은 목표가 있어야 한다. 좋은 목표는 좋은 동기 부여가 되는 것이다. 교회도 조직 기관으로서 역기능이 있을 수 있으므로 잘못된 목표와 교회 내적 능력의 상실은 역기능을 극대화한다. 교회가 어떤 뚜렷한 목적의식이 없이 행사를 할 경우 교인에게 번거로움을 주고 참여의 기회를 놓치게 한다. 동기 부여 없이 인원동원이나 헌금의 강요는 편의적 행정 수단은 될 수 있지만 교회의 목적을 성취하지 못한다. 그러므로 지도자는 객관적 목표를 통하여 교인의 동기부여의 여건을 만들어 주는 일이 중요하다. 증인으로서의 성도의 삶은 내적 성숙과 외적 증거의 삶인 것을 공감할 때 교회 프로그램에 동참하게 된다. 교회 지도자의 명심은 교회 행사를 이해하고 동참할 가치를 느끼고 동의하는 목표에 대하여 교인들은 응답하게 되며 개인적 참여로 그 목표와 자신을 일치시키게 된다. 분명한 목표는 교인들의 일할 동기를 부여해 주는 것이다.

⑤ 목표는 결과를 측정함

목표는 교회 일의 방법을 정해주는 표준이 되며 목표를 향해 교회가 나아가고 있느냐의 측정하는 결과나 평가의 도구가 되기도 한다. 목표란 결과측정의 도구로써 어떤 결과를 얻었으며 어떻게 하면 더 나은 결과를 얻을 수 있을까 하는 것은 목표를 기준으로 하여 얻어지는 평가이다.[15]

5) 교회행정의 필요성

단순한 조직이 아닌 유기체(organism)로서 교회는 상호 종속적인 요소들이 기능적으로 서로 관계를 가지고 있는 것이다. 이런 뜻에서 교회는 그리스도의 몸으로서 각 요소들이 독립적 기능을 가지면서 동시에 상호 종속적인 관계를 가지고 하나의 몸으로서의 총체적 기능을 하게 된다. 교회는 기본 단위의 각 지체는 각자의 독립적 기능을 상호 의존관계에서 이루어 나가는 것이다. 이러한 독립성과 상호 의존성이라는 조화를 이루기 위하여 교회는 행정을 요구하게 되는 것이다.

교회의 생활과 업무에는 하나님과 사람 사이의 필수적인 동반자의 관계가 요구된다. 교회행정은 훈련과 기구들을 하나님의 뜻에

---

15) 이성희, 교회행정학(서울 : 한국장로교출판사, 1994), pp.94-99.

적합하게 하는 인간적 요소에 관심을 가지고 있다.[16]

교회는 그리스도를 머리로 하는 하나님께서 만드신 기관이긴 하지만 세상에 있는 동안 존재 가치가 있으며 사회라는 교회의 삶의 자리를 가지고 있다. 그러므로 교회는 철저하게 신적이며 동시에 인적인 기관이다. 이러한 교회가 질서있는 유기체(orderly organism)가 되기 위해서 교회행정이라는 것이 필요한 것이다.

교회행정이 가지는 관심은 교회가 소유하고 있는 영적, 인적, 물적, 재정적 자원들이 교회 목적을 어떻게 달성할 수 있느냐 하는 것이다. 교회가 보유한 자원은 한정적일 수밖에 없는데 이 한정적인 것이기 때문에 이를 어떻게 효율적으로 활용하느냐 라는 문제에 접하게 되어 여기에 대응하여 교회행정은 필요하게 되는 것이다. 좋은 행정은 좋은 관리를 통하여 교회의 한계점을 해결해 줄 수 있다.

교회행정이란 조직적이고 영적인 지도력을 포함하고 있으며 교회 지도자가 교회의 목적을 성취하기 위하여 사람을 통하여 그리고 사람과 함께 일하는 것을 말한다.

좋은 행정의 필요성을 요약하면 첫째, 행정이란 강력한 교육의 도구이다. 교회는 훈련기관으로서 교육을 통하여 교인을 만들고 지도자는 가르침과 설교를 통하여 가시화할 수 있다. 결국 행정이란 교회의 가르침과 말씀이 잘 보존되게 하는 최상의 도구이다. 둘째, 급속히 변화하는 사회 환경이 효율적 교회 업무 수행을 위하여 새로운 절차를 요구하고 있다. 지도자는 변화 가운데 서 있는 교회를

---

16) Charles A. Tidwell, Church Administration, Effective Leadership for Ministry(Nashville : Broadman Press, 1985).
이성희, 교회행정학(서울 : 한국장로교출판사, 1994), pp.27-28에서 recite.

효율적으로 이끌어 가기 위하여 새로운 형태의 행정이 필요하다. 셋째, 교회행정은 교회가 어떤 일을 결정할 때 그 기초를 넓혀 준다. 현대인들은 지도자에 대하여 무조건 동의하기보다는 스스로 증명해 보이기를 원하고 있다. 그리하여 목회자가 단독으로 무엇을 결정하는 것을 원치 않고 결정과정에서 분담자가 되기를 원하며 교회가 개방되어 조직이나 정책이 공적으로 공개되고 참여하기를 원하는 것이다. 이런 상황 속에서 교회는 업무 결정의 폭을 넓히기 위하여 좋은 행정을 요청하고 있는 것이다.[17]

---

17) 이성희, op. cit., pp.28-29.

제4장
교회행정 기구와 조직

1. 교회의 행정 기구

 교회를 다스리는 기구는 당회, 노회, 대회(시행하지 않고 있음), 총회이다. 이를 행정기구 또는 사법(치리)기구라고 한다. 이에 대한 조직 운영의 원리는 교회헌법(교단 헌법)에 명시되어 있으며 나라마다 차이가 있다. 장로교 행정에 있어서 기본 치리회는 당회이지만 교회를 설립하거나 당회를 조직하게 하는 권한은 당회에 있지 않고 노회에 있으므로 장로회에 있어서 중심 치리회는 노회이다. 당회를 단위로 하는 교회를 지교회라고 부르는 것도 노회를 행정 또는 치리의 중심으로 하는 호칭이다.[1]

1) 지교회 기구로서 당회, 제직회, 공동의회

(1) 당회(session)
 당회는 개교회 또는 지교회를 다스리는 치리회로서 교회회의를

---

1) 손병호, 교회행정학원론(서울 : 도서출판 그린, 1993), p.163.

뜻한다. 노회로부터 파송된 목사는 지교회를 다스릴 당회를 조직하는데 우리말에 "당회"의 '당(堂)'은 모이는 집을 뜻하지만 영어의 session은 좌석을 취하는 행위를 가리킨다. 이것은 이스라엘 백성들이 회당에서 장로들의 모임과 같이 목사가 노회로부터 파송되어 직권으로 당회장이 되고 교인들의 대표인 장로들을 선출해서 당회를 구성한다. 그리고 교회법원의 성격을 띠고 있는 당회는 교인으로부터 선출된 장로가 당회에 종신으로 장로직을 수행하는 나라도 있으나 임기제를 두어 장로직을 수행하게 하는 나라가 더 많다.

장로회는 의회제도의 교회이다. 따라서 목사, 장로가 모여서 각종 회의를 구성하고 거기서 정치와 행정과 사법권을 발휘하게 된다. 여기에서 교회는 헌법이 정하는 바에 따라 상회인 노회의 지도와 감독을 받아 당회를 구성하여 행정과 사법권을 행사하게 되는데 입법권은 물론 없다.

헌법에 당회 조직은 당회장, 당회원, 그리고 당회원을 선출할 세례 교인 25인 이상을 요한다. 당회장은 노회가 당회장권을 부여한 목사로 반드시 위임 목사를 가리키는 것은 아니다. 당회장직은 개 교회에서 생기는 것이 아니라 상회인 노회로부터 파송되는 것이다. 당회원은 교인의 기본권을 대표하는 치리장로를 말한다. 집사는 당회원이 될 수 없다. 따라서 목사는 당회장이 되지만 당회원이 아니며 당회원인 장로는 당회원은 되지만 당회장이 될 수 없다.

당회는 목사의 성직권과 교인의 기본권을 대표하는 치리 장로의 치리권을 동등하게 하여 서로 견제케 하는 조직이다. 교회 헌법은 당회장 목사가 막강한 권한을 가지고 독주하여 성직권을 남용하면 부패하기 쉬우므로 장로에게 목사와 동등한 치리권을 주어 상호 견제하여 교회 부패를 방지하고 건전하게 번영하도록 하고 있다.

당회는 목사 없이 장로로만 당회가 모일 수 없다. 장로교 교리에서 목사와 치리 장로는 사역(치리)상 동등하지만 목사가 받은 은사의 방면이 교훈하는 일이므로 지도적인 사역을 맡게 된다. 그러나 이것은 계급적인 지위를 내포하지 않고 받은 은사대로 직능에 따라 순종하며 봉사행위를 할 뿐이다.

여기서 당회에 관한 더 자세한 사항은 본 서 다른 장(章) 행정의 실제에서 다루기로 한다.

(2) 제직회

교회는 당회 외에 제직회와 공동의회가 있다. 제직회와 공동의회는 치리회가 아니라, 즉 치리 기능이 아니라 회의 기능이 있다. 그래서 공동의회와 제직회는 반드시 회의록을 작성하고 당회에서 채택하며 목사가 결재한다.

제직회는 원래 빈핍한 자들을 구제하기 위하여 집사들의 회의에서 유래된 것이다. Westminster 교회정치 원본에도 집사직은 가난한 자들에게 필요한 것을 골고루 분배하는 데 봉사한다고 명시하고 있다. 이것은 집사뿐 아니라 제직회가 무엇보다도 구제 문제를 담당해야 한다는 것을 가르쳐 주고 있다.

제직회는 교회의 제 직분자들로 구성하기 때문에 호칭되는 표현으로서 당회원과 집사, 권사, 당회의 결의를 거친 전도사로 구성한다. 제직회는 공동의회에서 결정한 예산 집행, 재정에 관한 수지 예산 및 결산, 구제비, 수입 및 지출, 특별헌금, 기타 중요한 사항을 의결하여 시행한다.

제직회에 관한 구체적인 사항도 본 서 다른 장(章) 행정의 실제에서 다루고자 한다.

(3) 공동의회

공동의회는 무흠(無欠) 세례 교인으로서 구성되며 당회장이 한 주 전에 공고하고 소집한다. 공동의회에서는 예산과 결산, 직원 선거, 목사청빙, 기타 당회가 부의(附議)한 중요한 안건이나 상회(노회, 총회)가 지시하는 사항에 대하여 의결한다. 연말 공동의회에서는 당회의 경과 상황을 들으며 제직회와 부속 각 회의 보고와 교회 경비 결산과 예산서를 채용하며 그 밖에 법대로 제출한 사건을 의결한다. 공동의회는 치리회는 아니지만 교회의 지도자인 목사를 택하고 장로나 집사 등 직원을 택하며 교회의 예산과 결산을 심의하여 통과하는 직무를 가지고 있어 매우 중요한 회의이다.

이것은 교인들에게도 주권이 있음을 인정하고 교인들의 결정이 아래에서 위로 올라가도록 하는 상향적(上向的) 조직원리를 택하고 있어 장로교회의 교회행정이 기본적으로 민주적임을 입증하고 있는 제도이다.

2) 지교회 당회의 상회인 노회(presbytery)

회당의 게루시아(γερυσια)나 산헤드린(συνέδρίον : Synedrin) 모임에서 유래하고, 장로교 입장에서 디모데전서 4 : 14에 언급된 프레스뷔테리온 : πρεσβυτεριον(presbyterian)의 기원을 둔[2] 노회는 여러 지교회가 서로 협의하고 도와 교회 도리의 순전을 보전하고 권징을 동일하게 하며 신앙상 지식과 바른 도리를 합심하여 발휘하여 배도(背道)와 부도덕을 막기 위해 필요하다. 노회는 성경적

---

2) Ibid., p.162.

으로 장로들의 회 곧 장로들의 단체에서 유래된 것으로 이것은 장로회가 노회 중심임을 가르쳐 준다.

노회는 입법, 사법, 행정, 그리고 모든 정치 원리의 중심이 된다. 당회는 입법 기능은 없지만 노회는 입법 기능을 행사한다는 점에서 차이가 있다. 노회는 개교회의 상회 기구로서 개교회는 노회의 지교회로 설립되고 속하게 되는 것이다.

노회는 일정한 지방 안에 모든 목사와 각 당회에 총대로 파송한 장로들로 구성된다. 지역 내의 10개 교회 이상과 목사 5인 이상이 있을 때 총회의 허락을 받아 노회를 조직할 수 있다(대한예수교장로회, 合正 헌법 제 12장, 제 75조의 경우). 노회 회의의 총괄적인 규정은 노회 규정에 의한다. 그리고 노회는 노회 아래 시찰회를 두어 노회의 직무를 협조하게 한다.

노회는 지교회를 육성하고 보호하는 데 목적이 있다. 따라서 노회는 지교회를 조직하거나 조직된 교회를 인준 승인하고 장로회 헌법에 따라 교회를 바르게 운영하도록 지휘 감독하며 장로교회의 정치 원리와 행정 및 사법의 원칙에 따라 교회가 성장하도록 한다. 지교회에 위법적인 일과 불미스런 일이 발생할 때는 화해를 원칙으로 하고 조정, 심사, 판결, 처리한다.

노회는 지교회의 모든 상고와 불평과 문의 등을 받아들여 처리하고 당회록을 검사하여 승인하며, 교리적 문제와 교육 훈련에 관한 문제에 답을 한다. 지교회를 설립 조직도 하지만 통폐합은 물론 재산에 관한 일에도 노회에 소속한 지교회이기 때문에 원칙적으로 관련을 갖게 된다.

노회는 지교회를 순방하여 상담하고 지도 편달하며 지교회로 보낼 목사와 목사 후보생을 관리하고 강도사 및 전도사 인허, 목사의 임직과 이명과 별세, 후보생의 명부, 교회 설립, 분립, 합병, 각 교회

정황과 처리한 일반 사건을 매년 기록하여 상회에 보고한다. 그리고 노회는 헌법 개정 발의 및 수의를 하고 총회에 총대를 파송한다.

3) 대회(Synod) (당회와 노회의 상회)

대회는 노회와 총회의 중간 모임으로 광범위한 지역에서 시간적·공간적인 문제를 해소하기 위해 주로 지역단위로 모인다. 대회는 한 지방 안에 모든 노회를 관할하는 회로서 각 노회에서 파송하는 총대 목사와 장로들로 구성하며 그 구성은 3개 노회 이상의 노회로 하되 목사와 장로의 수를 동수로 함을 규정상에는 명시하였다. 그리고 대회의 직무는 현재 총회의 직무와 유사하되 지교회를 노회의 승인 없이 치리권을 행사하지 못하고 대회 상황을 총회에 보고하며 총회의 검사를 받는다[3](이 기구는 한국 장로교 초기에는 교단 헌법에 규정을 가지고 있었으나 지금은 거의 없고 있어도 명칭 명시만 존치하고 시행은 한 바 없고 지금도 그러하다).

4) 당회와 노회의 상회인 총회(General Assembly)

총회는 교단의 모든 지교회를 하나로 묶는 한 교단의 대표적인 모임이자 장로회에서 가장 높은 치리기구이다. 이 총회 아래 대회, 노회, 당회가 있어 모두 총회에 속한다. 이 최고 회의 공식 명칭은 대한예수교장로회 총회이다(합동 정통측이라는 명칭은 장로회 안에 한 분파적 교단 명칭이다).

---

3) 교회행정학, 총회교육편(서울 : 대한예수교장로회, 1998), pp.85-90.

총회는 형제적 정신으로 교회를 돕기 위한 조직이다. 총회는 예루살렘 공회의 성격을 본받아 성령의 인도하심과 성경의 말씀대로 교단 내의 문제들을 치리 해결해 나간다.

총회는 각 노회에서 파송한 목사와 장로로 조직하되 목사와 장로의 수를 같게 하는 것이 원칙이나 장로회 합동 정통측은 장로가 없는 미조직 교회를 준 당회로 하여 목사만 파송되는 경우가 있으므로 목사와 장로의 수를 꼭 같게 하지 않음을 허용하고 있다. 단 목사 총대와 장로총대의 수를 같게 함은 교권주의를 막기 위한 것이다. 즉, 목사는 목회 사역의 대표자로서, 장로는 교회의 기본권자인 회중의 대표자로서 상호 견제하여 월권과 주장하는 자세를 막는다는 데 그 의미가 있다. 총대는 각 노회별 3당 회당(준 당회 포함) 목사 1인, 장로 1인씩 파송하되 노회가 투표 선거하여 총회 개회 전 총회가 지정한 기간 전에 총회 서기에게 그 명단을 송달한다.

총회의 구체적인 내용은 대한예수교장로회 총회(합정)의 헌법 제13장과 세칙 6장에 명시되어 있다.

총회는 소속교회 및 치리회의 모든 사무와 그 연합관계를 총찰하며, 하회에서 합법적으로 제출하는 헌의, 청원, 상고, 소원, 고소, 문의, 위탁 판결을 접수하여 처리하고, 각 하회의 회의록을 검열하여 지도 승인하고, 대회, 노회, 지교회의 교리적인 일과 헌법에 관한 모든 사항을 지휘 감독한다.

총회는 교단의 헌법을 해석할 전권이 있고 개정할 수도 있다. 노회를 설립, 분립, 합병, 폐지할 수 있고 구역을 정하기도 한다. 강도사 지원자를 고시하며 노회 재산문제를 지도하고 교육과 선교사업을 주관할 위원을 두며 목사 양성을 위한 신학교와 기타 교육기관을 설립할 수 있다. 총회의 재산은 총회 소유로 하며 관할 각 교회 간에

서로 연락하고 교통하여 신뢰를 갖도록 하는 직무를 수행한다.[4]

2. 교회행정과 교회의 조직

조직이란 행정의 가장 기본적 개념 가운데 하나이다. 흔히 행정학에서 조직은 "일정한 공동 목표를 추구하고 있는 사람의 집단"을 말하고 있는데 그 자체를 넘어서서 "공동 목표를 수행하기 위한 업무의 체계"를 말한다. "기획이 공동의 목표를 수행하려고 하는 생각이라면 조직은 그 목표를 수행하는 실제이다." 이런 의미에서 볼 때에 조직이란 공동목표를 추구하는 사람들이 그 목표를 수행하기 위하여 가진 착상(着想)을 실제화 하는 것을 말한다.

종교적 조직이란 대체로 목표 지향으로 시작하여 업무 지향으로 전락하는데 이것을 조직의 지향 또는 조직의 심성이라고 한다.

특별히 교회란 자발적 기관으로서의 특성을 가지므로 가장 통제하기 힘든 조직이며 다른 조직과는 다른 유기적 특성을 지니고 있다. 그런 의미에서 교회는 조직이라기보다는 유기체라고 부르는 것이 옳은 것이다. 유기체로서의 교회는 "그에게서 온 몸이 각 마디를 통하여 도움을 입음으로 연락하고 상합 하여 각 지체의 분량대로 역사하여 그 몸을 자라게 하며 사랑 안에서 스스로 세우는 특성을 가지고 있다."(엡 4:16)

교회는 성도 한 사람 한 사람이 목회에서 기능을 가지는 것이다. 지체로서의 성도는 하나의 몸을 위하여 상호작용을 한다. 이러한 조직의 특성과 특히 교회의 특수성을 전제로 하여 교회 조직의 원

---

4) Ibid., pp.90-91.

리와 실제를 말하고자 한다.

1) 조직의 정의

사람은 관계개념에서 살며 그런 의미에서 조직과 함께 살아가게 된다. 관계란 결국 조직이므로 인간은 조직인이다.
조직이란 넓은 의미에서는 조직인 으로서의 인간이 목적 성취를 위하여 가지는 인간의 협동체의 형태를 의미한다. 일반적으로 조직하는 일은 "목표를 성취하기 위하여 사람을 어떤 구조 속에 배치하는 과정"이라고 한다.[5]
두 사람 이상의 사람들이 공동의 목표를 성취하기 위해서는 조직을 형성한다.
웨델(Leonard Wedel)은 "조직이란 한정적인 기능, 관련된 업무, 보조적인 정책 그리고 협동적 활동을 가능케 하는 절차로 만들어진 자동차이다"라고 정의하였다.
조직은 공동의 목표가 수행될 수 있도록 공동체의 분위기를 마련해 주는 것이며 조직의 기능을 통하여 적절한 생산이 가능하게 되는 것이다.
티드 웰(Charlse A. Tidwell)은 "조직이란 사람들로 하여금 업무를 수행할 수 있도록 하는 조정"이라고 하여 업무 지향적 조직의 정의를 내렸다.[6]

---

5) Stephen B. Douglas E. Cock and Howard G. Hendricks, The Ministry of Management(San Bernaclino : CCC, 1981), pp.3-5.
6) Leonard E. Wedel, Church Staff Administration(Nashville : Broadman Press, 1978), p.41.

조 동진은 조직을 "인간 상호간의 공동 목적을 달성하기 위하여 질서관계를 세우고 있는 협동의 양식"이라고 하였다.[7]

이러한 모든 조직에 대한 정의를 종합해 보면, "조직이란 공동 목표를 추구하는 집단이 그 목표를 수행하기 위하여 다양한 업무의 구체적 형태"를 말한다. 결국 조직이란 "어떤 집단의 공동 목표를 규정해 주는 구체적 형태이며 그 집단의 관리를 위한 협동 양식이다."[8]

2) 조직의 기능(역할)

사이먼(Herbert Simon)은 조직의 기능을 다음과 같은 몇 가지로 분류하였다.[9]

업무 분담

성격적 근거에서 본 대로 행정이란 업무 과중에서 오는 어려움을 극복하기 위하여 사람을 세워 업무를 분담하는 것이다.

업무 수행의 표준 설정

조직은 공동 목표를 최우선으로 삼기 때문에 업무를 수행함에 있어서 표준을 설정하여 공동의 목표를 성취해 가는 것은 조직의 성격을 규정하는 것이다.

조직과 영향력 행사

업무 수행에는 의무와 권한이 따르게 되고 또한 반드시 주어져야 한다. 권한이 없는 의무는 수행 가능성이 적고, 조직은 업무의

---

7) 조동진, 현대교회행정학(서울 : 벧, 1993), p.62.
   이성희, 교회행정학(서울 : 한국장로교출판사, 1997), p.316에서 recite.
8) 이성희, 교회행정학(서울 : 한국장로교출판사, 1997), p.316.
9) 김득룡, 현대교회행정학신강(서울 : 총신대학출판부, 1989), p.99.

한계를 규정함에 있어서 권한과 이에 따르는 영향력이 있게 된다.
의사소통
조직이란 의사소통의 체계이다. 조직은 의사소통을 통하여 업무의 한계를 설정하고 보고자와 피 보고자의 협력관계를 규정한다.
훈련의 기능
조직이란 훈련의 기회를 준다. 조직이란 업무체계이며 업무의 한계성과 상호 협력관계를 규정하여 주므로 조직을 통하여 교회는 훈련을 증진할 수 있으며 책임과 이해의 훈련을 기대할 수 있다.

3) 조직의 전제조건(유의할 점)

일반적으로 조직을 구성할 때는 다음과 같은 조건을 전제하여야 한다.
① 조직이란 일의 성격에 따라 규정되어진다는 점
  업무의 성질에 따라 조직이 달라진다. 제직회 조직이나 전도회 조직 등이 이와 같은 것이다. 전도회는 연령에 따라 조직되며, 제직회는 업무의 기능별로 조직이 된다.
② 인적 자원을 검토하고 고려해야 하는 점
  인적 자원은 조직의 가치를 결정해 주는 주요한 요소이다. 행정이란 사람을 세워 업무를 분담시켜 주는 기능이므로 인적 자원을 사전 고려해야 하고 자원을 개발하여 적절한 업무를 분담시켜 합일된 목표를 이끌어 내게 해야 한다.
③ 기타 자원의 효율적 사용이 요구된다는 점
  물적 자원, 시간 등 무형자원으로 나눌 수 있다. 인적 자원 외에 물적 자원, 즉 적은 자원으로 효율을 얻기 위해서는 적절한

자원이 필요하다.
④ 기타 조건을 충분히 고려해야 한다는 점
조직을 위해서는 지리적 조건, 연령적 조건 등 여러 가지 조건을 고려해야 한다.
⑤ 조직은 그 규모와 업무의 한계와 다양한 형태가 있다는 점
업무의 한계를 먼저 규정하고 따라서 조직의 규모를 생각해야 한다.
⑥ 조직은 인적 자원 구성을 통한 체계를 가진다는 점
인적 자원을 통하여 지휘, 통제, 감독 등 조직의 필요 요소를 충족시키기 위한 체계를 가진다. 이런 조직을 계선조직(line organization)이라 한다.
⑦ 간부조직을 두어 책임자에게 보좌할 수 있게 해야 하는 점
조직은 계선조직 외에 간부조직(staff organization)을 두어 보좌할 수 있는 특수기능을 발휘하게 한다.
⑧ 조직 기능의 극대화와 목표 성취를 위해 보조기관을 가질 수 있다는 점은 조직 시에 유의하여야 할 전제조건이다.[10]

4) 조직의 유형

교회의 조직뿐 아니라 모든 조직에서 계선(系線)조직과 막료(幕僚)조직이 있다. 여기에서 교회조직에 도움이 되는 이 두 가지 조직의 유형을 고찰해 보고자 한다.

---

10) 이성희, op. cit., pp.318-319.

(1) 계선조직

'계선'이란 직선을 의미하는 상하 명령 복종관계를 가진 수직적·계층적 조직을 의미하는, 주로 업무 집행 중심의 조직으로서 그 업무 전달 방향은 위에서 아래이며, 업무 수행은 아래에서 위로 된다. 이 조직은 업무 전달이 계선을 통한 하달이기 때문에 명령의 전달이 용이하며 명령 내용에 관계없이 상사의 명령에 복종하는 것이 원칙이다.

계선조직은 일반적으로 교회의 목적 성취에 중점을 둔다. 명령이 수직적 계통을 통하여 업무가 수행되므로 목적 성취의 가능성이 높고 신속한 능률을 기대할 수 있으며, 자원의 활용이 경제적이므로 명령 계통을 가지는 단체나 교회에 적합한 유형이다.

반면에 계선조직은 중간 책임자가 상부의 명령을 전달하고 하부의 업무 수행을 감독하는 역할을 상실하면 조직의 기능이 상실되고 능률이 떨어진다. 이 조직은 상부의 독단적 결점이 일반적 경로를 통하여 전달되기 때문에 전문성이 결여되기 쉽고 전문가의 의견도 무시되며 인재 양성이 어렵게 된다. 또한 조직이 자율성보다는 통제성에 의하여 움직여지기 때문에 강력한 통제력이 없으면 오히려 조직의 구성이 해이해지며 조직이 경직되기 쉽다. 이런 단점에도 불구하고 소 교회나 단체, 특히 개척교회에서는 가장 적합하고 흔히 시행하고 있는 조직이다.[11]

(2) 막료조직

막료조직이란 참모조직이라고도 한다. '막료'(staff)란 참모를 의

---

11) Ibid., pp.322-323.

미하는 용어로 막료조직은 조직을 이끌어 가는 직접적인 명령이나 지휘보다 보조적, 자문적, 기능적 요소를 제공하여 조직의 관리에 도움을 주는 부차적 조직이다. 즉, 막료조직은 기획하고 기타 부수 업무를 수행한다. 막료나 참모는 뒷받침이나 상부에 조언 또는 권고를 할 수 있어서 정당한 이유가 없는 한 상부나 하부가 들어 주어야 하는 것이 행정 상식이다.

이 막료조직은 조직의 기획, 조정, 인사, 회계, 총무, 법무, 홍보, 매매, 조사연구 등의 기능을 담당한다. 조직의 명령자에 대하여 보조적 역할을 해야 하기 때문에 그 기능이 전문적이어야 한다. 교회의 조직은 계선조직뿐 아니라 막료조직의 역할이 중요하게 된다.

막료조직은 직접적인 명령과 지휘를 할 수 없으며, 계선조직에 권고하며 조직의 장(長)을 자문하는 중요한 기능을 가진다. 즉, 최고 관리자의 눈, 귀, 두뇌의 역할을 하기 때문에 전문성을 가져야 한다. 이상 두 조직의 특성과 장·단점을 바로 알고 활용하는 것이 바람직할 것이다.[12]

5) 계선조직과 막료조직의 특징

(1) 계선조직의 특징
첫째, 장점으로서의 특징
① 계선조직은 행정의 목적을 직접 달성하는 권한과 책임을 갖는다.
② 명령과 지시 계통이 수직이다.

---

12) Ibid., p.323.

③ 신속한 능률을 올릴 수 있다.
④ 안정된 조직이다.
⑤ 경제적이다.

둘째, 단점으로서의 특징
① 조직이 너무 경직되기도 한다.
② 전문가 의견이 무시되기 쉽다.
③ 주관적, 독단적 조치가 자주 있다.
④ 유능한 인재를 기르지 못하며 발전적일 수 없다.[13]

(2) 막료조직의 특징

계선조직이 관리 활동에 1차적 기능을 하는 데 반하여 막료조직은 2차적인 기능을 한다. 즉, 직접적인 집행임무를 갖지 않는 것이 막료조직이다.

① 막료조직은 직접적인 명령과 지휘를 할 수 없다.
② 참모(막료)조직은 계선조직의 장(長)에게 자문하는 지위에 있다.
③ 막료조직은 계선조직에 권고할 수 있으며 하부에 명령이나 지시도 할 수 있다.

계선조직은 행정 목적을 직접 집행하는 최종적 책임을 갖는 데 비하여 막료는 상사에게 권고, 조언, 기획을 제공한다. 계선은 막료의 제공하는 기획을 거부할 수도 있다.

이 두 조직의 장·단점을 파악하여 교회행정가는 적의(適宜) 활용하여야 하며 활용의 수완을 발휘할 때 업무가 생동적일 수 있으며 노회나 총회에서도 필요한 조직이다.[14]

---

13) 金圭定, 新行政學原論, 法文社(서울, 1983), p.183.
14) 손병호, 교회행정학원론(서울 : 도서출판 그린, 1993), p.326.

6) 교회 조직의 원리

(1) 교회 조직의 준비작업
교회 조직에 있어서 고려할 것은 개인의 책임을 반영한 업무 분담과 지위의 설명이다. 이것을 고려하면서 교회 조직의 준비작업에서 다음과 같은 것들이 필요하다.
첫째, 교회의 목표와 목적을 수행하기 위한 특별한 전달 방식과 업무 수행 지시 수단을 수립하는 것이다.
둘째, 조직으로서의 조직체의 목표를 위하여 가능한 인적·물적 자원과 장비를 활용화하는 과정이다.
셋째, 동기 부여로서 왜 어떤 개인의 활동이 개인의 직무 수행의 질과 양을 동시에 관련하느냐 하는 것을 표현하는 용어이다.
넷째, 통제로서 감독의 결과 혹은 기대에 대한 실제 청취와 보상과 오류의 수정을 위한 대안의 제시 등을 정하는 후속적 과정이다.[15]

교회 조직은 그 원형을 성경에서 우선 찾아야 한다. 성경은 교회 조직의 보기를 제공해 주고 있다.
구약에서 모세가 이스라엘 공동체를 대표할 사람을 세워 조직한 예로서 모세는 이드로의 충고를 받아들여 백성들 가운데 지도자인 천부장, 백부장, 오십부장, 십부장을 세워 계급적 조직으로 공동체를 다스렸다.

---

15) James G. Pendorf and Helmer C. Lundquist, Church Organization(Wilton : Morehouse- Barlow, 1977), p.8.
이성희, op. cit., p.331에서 recite.

신약에서는 초대 교회의 사도들이 일곱 봉사자를 선택하게 하였으나 그 선택은 공동체가 하였고 안수하여 임직하였다. 사도와 7집사 사이에 계급적 관계가 아니라, 기능적 관계가 유지되었다. 인적 자원과 물적 자원이 동일한 두 집단에서도 조직 형태에 따라 파괴될 수도 조직될 수도 있다.

(2) 하디(Ralph Hardee)의 조직 원리[16]

첫째, 교회는 그리스도의 지도력 아래 있는 자율적 영적 모임이다. 교회가 자율기관이기 때문에 조직이 어렵고 영적 구속력이 없이는 불가능한 기관이다. 그러므로 교회 조직은 그리스도의 마음의 확신을 제공해 주어야 한다.

둘째, 교회 안에서 모든 성도는 동일한 권리와 특권을 가진다. 교회의 원리 가운데 하나가 평등의 원리이다. 그러므로 교회 조직은 그리스도의 몸으로서 구조에 있어서 우월, 종속관계가 되어서는 안 된다.

셋째, 모든 성도가 교회 일에 참여할 수 있어야 한다. 사람마다 교회 일에 적극 참여해야 사람과 사람, 사람과 일 사이에 질서가 유지되고 교회의 사명을 성취할 수 있다.

넷째, 교회의 필요성은 항상 항구적이며 동시에 변한다. 그러므로 교회 조직은 필요 충족을 위한 장기 계획과 새롭게 발생되는 일의 충족을 위한 단기 계획을 동시에 제공해야 한다.

다섯째, 교회의 사명은 개인적이며 동시에 협력적 관심을 포함

---

16) J. Ralph Hardee. 'Church Organization', in Church Administration Handbook, ed. Bruce P. Powers(Nashville : Broadman Press, 1985), p.34. Ibid., pp.332-333에서 recite.

한다. 조직이란 반드시 규범적이어야 한다. 즉, 교회의 조직을 통하여 그리스도인의 성숙, 그리스도인의 공동체, 그리고 그리스도인의 목회가 향상되고 있느냐를 점검해 보아야 한다.

(3) 티드 웰(Charlse Tidwell)의 교회 조직의 원리[17]
첫째, 교회의 신학을 반영한다.
교회를 조직함에 있어서 우선 고려되어야 할 신학은 하나님의 인간에 대한 의도이다. 모든 인간은 하나님께서 고귀하고 가치 있게 지으셨다는 것이다. 이러한 하나님과 인간 사이의 관계와 올바른 신관과 인간관이 조직에 반영되어야 하는 것이다.

둘째, 분명하게 세워진 목표로 이끌라.
좋은 교회조직은 목표 지향적이어야 한다. 조직은 목적이나 방향성이 없으면 존재하지 못한다. 조직은 목표 성취의 한 수단이다. 목표가 지속적이면 조직도 지속적이고 목표가 한시적이면 조직도 한시적일 수밖에 없다. 그러므로 교회 조직은 교회의 목표를 성취할 수 있도록 구성되어야 하며 목표 지향적이어야 한다.

셋째, 가능한 한 단순하게 하라.
교회 조직은 가능한 한 단순해야 한다. 단순하면서도 업무 수행이 가능한 조직이 가장 좋은 조직이다. 단순하면 오류가 적다. 그러나 너무 단순하면 한 사람에 의하여 운영되기 쉽고 독재로 흐르기 쉽고 조직의 목적을 성취하기 어려우며 비효율적인 집단이 되어버린다. 이러한 극단적인 조직을 제외하고는 적절하고 단순화한 조직

---

17) Charlse A. Tidwell, Church Administration Effective Leadership for Ministry(Nashville : Broadman Press, 1985), pp.111-118.
   Ibid., pp.334-339에서 recite.

이 가장 효율적이며 목표 성취에 적합하다.

넷째, 융통성 있게 하라.

좋은 교회 조직은 융통성이 있어야 한다. 교회 조직은 사회적 사명과 사회의 필요에 따라 확장되어야 한다. 교회의 부서나 기관의 성장에 따라 조직 단위가 봉사자의 비율에 따라 확장되어야 한다. 조직의 융통성의 개념은 조직을 축소하는 것까지도 포함한다. 환경 변화에 따라 확장과 축소의 필요성이 있게 된다. 교회 조직은 인적, 물적 자원의 활용을 융통성 개념에서 시행되어야 하며, 기계적 방법으로는 안 된다.

다섯째, 유사한 업무는 하나로 묶어라.

유사한 업무는 하나로 통폐합해야 한다. 유사 업무는 인적, 물적 자원을 낭비하게 되고 중복으로 비능률을 초래한다. 어떤 새로운 project나 업무가 있을시 부서 신설보다 유사한 부서 어느 한편에 맡겨 업무를 수행케 한다. 기존 조직의 활용은 효과적이며 자원을 절감하는 효과를 가진다.

여섯째, 책임과 권위를 일치시켜라.

권위와 권위주의는 구분해야 한다. 교회행정에서 권위는 철저하게 인정해야 하나 권위주의는 배제되어야 한다. 권위의 배경은 하나님의 말씀이어야 하며 그 근거는 예수 그리스도이어야 한다(마 7 : 29, 9 : 6).

조직의 책임자는 업무 수행의 옳고 그름을 가려 결정할 수 있는 권한이 부여되어야 한다. 지도자의 권위는 주어진 한계 내에서 수행되어야 하며 책임은 권위가 주어질 때 소명이 되는 것이다.

일곱째, 분명한 지침을 세우라.

지침은 업무 수행 이전에 전달되어야 하며 업무한계나 내용이 분담자에게 분명하게 전달되어야 한다. 그렇지 않으면 한계가 모호해지고 과실이 발생할 확률이 높으며 책임 소재가 분명치 않아 책임을 물을 수 없게 된다. 분명한 지침은 업무 수행에 많은 도움을 준다.

여덟째, 회중의 권한을 분명히 해라.

교회의 중요한 결정은 교회의 회중 스스로가 할 수 있도록 하는 것이 좋다. 특히, 목회자 청빙, 교회 이전, 규정의 수정 등을 회중으로 하여금 결정짓도록 권한을 위임하는 것이다. 이럴 때 회중의 참여도 높아지고 문제 발생을 예방할 수 있다. 당회는 회중의 권한을 분명히 규정하고 당회의 결정보다 회중이 결정할 수 있도록 권한을 위임하는 것이 좋은 치리 방법이다.

제5장 교회(주일)학교 운영

1. 교회학교 창시(역사)와 교육목적

1) 교회학교 역사

교회학교는, 영국 글로세스터에 살던 로버트 라이케스(Robert Raikes)는 인쇄업을 경영하는 사업가인데, 그는 가난하고 버림받은 아동들에게 깊은 인상을 받고 이들을 위하여 무엇인가 도와주기로 결심을 하고 1780년 어느 일요일에 인쇄업의 일을 끝내고 종교교육에 관한 자료를 모으고 유급교사 4명을 모아서 교육에 관하여 여러 시간 공부하여 계획을 세웠다.

이 결과로 학생들을 모으고 교육시키는 운동이 일어났고 5년 후에는 영국 전체에 확산되고 런던교회학교 협의회도 발족이 되고 계속 부흥운동이 일어났다.

그 후 1785년에 교회학교가 출발했고 1790년에는 주일학교연합회가 창설되고, 1872년에는 만국통일공과(International Uniform Lesson)가 채택되었다.[1]

---

1) Randolph Crump Miller, Education for Christian Liring(Englewood Cliff Prentice Inc. 1956). pp.28-29, 박두현, 현대교회행정학(서울 : 교회교육연구원, 1991), pp.recite.

2) 교회학교 교육목적

(1) 교회학교 교육목적의 변천과정

기독교 교육은 각 시대마다 교회의 요구와 신학적 배경에 따라 목적과 강조점이 변화되어 왔다. 그 변화과정의 개요는 다음과 같다.

첫째, 예수 승천 후

예수 승천 이후 제자들에 의해 설립된 초대 교회의 시기는 기독교로 개종해오는 이방인들에게 그리스도의 재림을 알리는 것으로 선포한 행위는 있었으나 교육부재의 교회였다. 그 후에 예수의 십자가와 부활을 알리고, 정화된 교리를 가르치고 신도에게 훈련시켜 그리스도인으로 살도록 인도하는 것을 주요 목적으로 설정하였다.

둘째, 중세기

일반 신도는 거의 교육을 받지 못했으나 종교개혁이 되면서 하나님과 직접적인 관계를 강조하고 성경 중심과 교리 문답을 위주로 한 교육으로 변천되었다.[2]

셋째, 종교개혁 이후 신앙부흥운동시기

종교개혁 이후 신앙부흥운동의 영향으로 교회학교 교육운동은 철저하게 회개와 구원을 강조하는 기독교 교육으로 육성되었다.[3]

넷째, 반대 이론의 대두

부쉬넬(H. Bushnell)은 "아동은 영적으로 갱신되는 가능한 존재

---

2) 정웅섭, 어린이 언어특성과 도덕판단(서울 : 한국신학대학출판부, 1973), pp.230-231.
   Ibid., p.100 recite.
3) Ibid., 유럽의 체험중심의 기독교가 1815년경 미국에 지면서 일어나게 된 운동, Ibid.

이다."⁴⁾라는 전제 아래 구원 위주의 사상은 아동의 현실생활과는 다르다는 근대적 기독교 교육을 주장했다.

다섯째, 경험주의적, 아동 중심적 교육 주장

George A. Coe는 부쉬넬의 자유신학을 배경으로 아동 중심의 교육을 지나치게 주장하였다. 그는 아동 중심의 교육목적을 "신의 민주주의(Democracy of God)의 실현"이라고 말하고 기독교 교육은 어린 인격들이 적극적으로 자신을 표현할 수 있도록 도와주어 예수의 가르침대로 인간과 인간 사이의 관계를 조직적으로 재건시킴으로써 신의 민주주의로 실현할 수 있도록 도와주는 것이라고 하였다.⁵⁾

여섯째, 1940년 이후

신정통주의 신학의 영향을 받아 성경과 교회 중심의 교육으로 전개되었다.

(2) 교회학교 목적의 유형

James D. Smart의 교육목적 : 교회 중심의 기독교 교육 강조

"기독교 교육의 목적은 교회가 성장하고 충실해지도록 도와주어서 예수그리스도께서 교회를 통하여 우리의 생활에 들어오셔서 인간구원을 하실 수 있도록 하려는 것이다."⁶⁾

Lewis J. Sherrill의 교육의 목적 : 인간변화의 강조

"실존적 인간들이 하나님과의 관계에서, 다른 사람들과의 관계

---

4) H. Bushnell, Christian Nurture(Massachusetts : Yale University press, 1967), Ibid.
5) 은준관, 교육신학(서울 : 대한기독교서회, 1976). p.258.
6) James D. smart, 교회교육적 사명(서울 : 대한기독교서회. 장윤철 역. 1960). p.145.

에서, 세계와의 관계에서 변화가 일어나도록 지도하고 또 직접 참여하게 하는 기독교 공동체 회원들의 시도이다"라고 하였다. 즉, 그의 교육목적은 신 중심만도 아니고 하나님 중심만도 아닌 하나님과 인간 사이의 만남을 통한 인간변화에 강조점을 두었다.[7]

Randolf C. Miller : 개개인과 하나님과 이웃과 올바른 관계 강조

"교육은 인간적 관계 안에서 이루어진 것으로서 개개인과 하나님과 바르게 관계를 맺게 하여 주는 것이라고 보고 교육의 목적은 이러한 관계에 들어가도록 그리스도인으로써의 결단을 하도록 지도하는 데 있다"고 하였다.[8] 그러므로 그의 교육목적은 하나님을 교육과정에 두고 개개인의 하나님과 그 이웃과 올바른 관계를 맺도록 하는 데 강조점을 두었다고 할 수 있다.

세 학자의 교육목적의 공통점

기독교 교육은 하나님과 인간 사이의 관계의 회복이라고 보았으므로 관계회복을 전제로 하는 신앙의 교회 화에 있다고 말할 수 있다.[9]

그 후 Letty M. Russel

인간들의 참 인간성으로 회복하는 "하나님의 선교"에 참여하도록 모든 자들에게 그리스도의 초청에 자발적으로 참여하는 일의 주장과 인간화가 교육의 목적이라고 보았다.[10]

---

7) Leiwis J. Sherrill, The Gift of power(New York : Macmillan Co., 1959), p.82.
8) Randolf C. Miller, 기독교교육개론(서울 : 대한기독교서회, 장병일 역, 1961), pp.74-75.
9) 은준관, op. cit., p.453.
　박두현, 현대교회 행정학(서울 : 교회교육연구원, 1991). p.101,
　주, 7)번 8)번 등은 p.100에서 recite.
10) 정웅섭, 어린이 도덕특성과 도덕판단, 신학연구, 제14집(서울 : 한국신학대학출판부, 1973) p.134. Ibid., p.102. recite.

앞에서 살핀 공통적인 교육의 목적은 "인간을 기독인으로 변화시키는 것이다." 즉, 기독교 교육은 전인교육에 중점을 두고 하나님을 만날 수 있도록 기회가 마련되어 있는 기독교인 공동체 안에서 상호작용이라고 할 수 있다.[11]

(3) 현재 통용되고 있는 기독교 교육의 목적 " 1958년에 제정한 미국 교회 협의회(NCCA)의 목적

"기독교 교육의 지상목적은 사람들로 하여금 그리스도 예수 안에서 나타나셨던 하나님이 우리를 찾으시는 사랑을 깨닫게 하여 하나님의 자녀로 성장하며 하나님의 뜻에 맞게 살고 기독교 공동체와의 생동적인 관계를 유지할 수 있도록 도울 여러 방법을 통해 이 사랑의 믿음으로 응답할 수 있게 하는 일이다"라고 정의하였다.[12]

3) 교회 교육행정의 기본 원리

교회 교육행정의 기본적 원리를, 기독교 교육학자인 리 게이블(Lee Gable)과 로버트 바우어(Robert Bower)가 제시하는 원리들을 중심으로 살펴보면 다음과 같다.[13]

---

11) 주선애, 성경과 생활과정지침(서울 : 대한예수교 총회교육부, 1976), p.47.
    박두현. op. cit., p.102.
12) 미국교육협의회(NCCA). 1958년 제정 교육목적. Ibid. recite.
13) Les Gable, Christian Nurture Though church, pp.34-38 : Robert Bower. Administreing christian Education(Michigan : WM. B. Eerdmans Pub. Company, 1964), pp.18-22.
    박두현, 현대교회행정학(서울 : 교회교육연구원, 1991), p.106. recite.

(1) 행정은 기독교 교육 목적 성취의 도구

교회교육을 위한 행정은 기독교 교육의 목적, 곧 크리스챤 됨이란 목적을 성취하기 위한 도구이다. 만일 교육 담당자들이 이 목적을 잊고 교인 수 확보의 수단으로 삼거나 교육 프로그램을 업적 과시 방편으로 삼으려 한다면, 학생들이나 교인들의 기독교에 대한 잘못된 이해로 심각한 갈등에 빠지게 할 것이다.

(2) 행정은 조직과 프로그램보다 인간을 더 중요시해야

현대 경영학이나 행정학은 조직의 목적 달성을 위한 관리 기술과 거의 같은 비중으로 조직체 내의 인간관계 관리기술을 중요시하고 있다.

조직의 운영과 프로그램 수행을 위해 개인이나 인간관계의 측면을 무시한다면 교육행정이 결코 될 수 없다.

예수께서 "안식일이 사람을 위해 있는 것이지 사람이 안식일을 위하여 있는 것이 아니다"(막 2 : 27)라고 말씀하시므로 제도나 프로그램보다 인간이 더 중요시 되어야 함을 가르쳐 주셨기 때문이다.

(3) 행정은 융통성이 있어야

교회 지도자들이 대체로 과거 집착의 경향이 많아서 새로운 학설 도입이나 새로운 프로그램 개발에 두려워하고 있다. 그것은 첫째로, 행정 담당자들의 안전을 원하여 새로운 모험을 두려워하기 때문이며, 둘째는 자기 이해의 부족으로 통제하고 비판하려는 경향이 많으며, 셋째는 재정적인 지원에 두려움을 갖는 경향 때문이기도 하다.

기독교 교육은 인간을 고정화된 과거의 틀 속에 얽매어 놓으려는 "길 들이기 교육"이 아니다. 예수 그리스도 안에서 새로 창조된 새 인간을 목표로 변할 수 있는 변화를 추구하는 것이다.

그러므로 교육행정은 새로운 방법을 도입하여 조직 및 프로그램의 운영을 변화로 시도할 수 있는 융통성을 갖도록 해야 한다.

(4) 행정은 "계획-조직-실시-평가"라는 연속된 기능들을 수행하는 것

교회 교육행정은 특성을 가진 행정에 속하나 그 수행과정에 있어 일반 행정과 같이 목적 달성을 위해 "계획-조직-실시-평가"라는 연속된 행정적 기능을 수행하게 된다.

① 조직은 변화될 수 있는 것이다.
② 조직은 프로그램을 위해 존재하며 그것 역시 하나의 프로그램이다. 교회학교 조직의 존재 이유는 기독교 교육 프로그램을 실시하기 위한 것이다.
③ 조직은 간단해야 한다. 현대 교회행정의 경향은 조직을 간단하게 하는 방향으로 나아가고 있다. 그 방법을 예시하면 다음과 같다.
 • 조직 상부와 하부의 거리를 가깝게 하는 방법을 사용함으로써 조직을 간단하게 할 수 있다.
 당회장과 학생 사이에 교육목사, 부장, 총무, 교사, 학생 등의 5단계로 거쳐야 하는데, 이때 당회장, 교육목사와 부장, 총무 사이로 통합하여 2단계만 거치면 연결될 수 있도록 조직하는 예이다.
 • 교회행정 조직 내에 회장, 부회장, 총무, 서기, 회계, 신앙부, 문화부, 사회부, 친교부 등 여러 책임부서를 두는 것보다 "공동 지도체제"(Shared leadership) 형태의 운영 팀으로 전환함으

로써 조직을 간단하게 할 수 있다.
- 교회행정 조직 내에 있는 기본적인 부서나 위원회 수를 줄이고 그 대신 과업이 끝날 때까지만 봉사하는 과제 수행 그룹을 활용함으로써 조직을 간단히 할 수 있다.

(5) 조직은 일치를 추구해야 한다

기독교 교육학자 리 게이블(Lee Gable)은 "교회학교, 청년회, 남선교회, 여선교회 등이 완전히 독립적이던 시대는 지나갔다"고 말하고 있다.[14]

이것은 교회 안에 있는 각 집단들의 조직 운영이나 프로그램 활동들이 전체적인 행정 구조를 통하여 일치된 목표를 향하여 나아가고 있다는 사실을 말해 주는 것이다.

그러나 교회가 추구해야 하는 일치는 강요된 획일성이 아니라, 아래서부터 시작되는 "다양성 안에서의 일치"이다. 이것은 각 개인이나 그룹들의 다양성을 하나로 묶어 주는 "공동의 정신"을 통하여 일치로 추구해 나가는 방식이다.

2. 교회교육의 행정

1) 교회(주일)학교 조직

교회(주일)학교는 단순히 성경을 가르치기 위하여 학생들을 모

---

14) Lee Grable, christian, Nurture Though Church, p.34. Ibid., p.111. recite.

으는 데 그치지 말고 그 이상의 교육목적을 달성하여야 하고 잘 짜여 있는 조직의 활동으로써 발전하는 데 큰 영향력이 있다.[15]

2) 교회학교 행정부서의 구성과 그 업무[16]

① 교육목사

교회는 당회장 목사가 중심이 되어서 치리하고 교회학교는 교육목사가 중심이 되어서 교회 교육의 행정을 전적으로 맡기는 것이 바람직하다. 물론 교육의 전담 교육목사가 있을 때를 전제한다. 이 교육 목사가 교육위원회 위원장이 되고 교회(주일)학교 교장이 되는 것이 교육의 능률을 기하는 데 도움이 될 것이다. 현대 교회는 교회학교 교장을 주로 당회장이 명목상으로 하고 있으나 이름만 교장이지 유명무실한 것이 사실이다. 교회행정은 특히 교육행정은 실제적이고 교육적이며 전문(전업)적인 면이면 더욱 좋은 것이다. 당회장은 고문의 입장에서 또는 목회 전반 내지는 교회행정의 수반으로서 전체를 총체적으로 지휘를 하고 교육적인 영역은 교육목사를 돕는 입장에서 교회와 학교 교육과의 관계를 가지는 것이 좋을 것이다.

② 교육총무

교육총무는 교육전도사나 유급교사(교육의 전문성 소유자)에게 일을 맡겨서 교육목사를 보좌하고 교회학교교육 간사 일을 책임 지워 행정 실제 일을 맡아서 관리하도록 한다.

---

15) Harold Dewolf, 신앙과 교육(서울 : 대한기독교육협회, 1976), p.26. Ibid.
16) 박두현, 현대교회행정학(서울 : 교회교육연구원, 1991), pp.111-112.

③ 교사(반사)회

교사회는 교회학교 각부별로 월 1회 정기적으로 모임을 갖고 해당 부의 서기는 회의록을 기록하고 교육총무와 교육목사에게 보고한다. 때로는 각 부의 연합교사회를 열어 교육 계획 및 공통 프로그램에 대하여 논의한다. 그리고 교사회는 각 부별로 예배를 시작하기 전에 짧은 시간 모여서 당일 일과에 대해서 모임을 갖는 것이 좋다.

④ 부장회

당회는 교회학교 각 부별로 해당 부에 부장을 임명하고 부장은 각 부의 교사를 통솔하고 해당 부의 발전을 위하여 교사의 협조자가 된다. 부장의 역할은 교육총무와 교육목사와의 협력관계를 유지하면서 예산편성 및 집행을 하고, 교사 추천, 교사교육, 보조 교육자를 준비 등을 맡아서 해야 한다. 좋은 부장 아래 좋은 교사 나오며 좋은 교사 아래서 좋은 학생이 성장된다. 부장은 교사의 생일을 알아서 축하하는 일을 해야 한다.

⑤ 교육위원회

교육위원회는 각 기관의 책임자와 부장과 교육총무가 교육목사로 구성하며 1년에 4회 이상 모여서 교육 전반의 프로그램을 논의하고 각 기관의 형편을 보고하고 서로 상부하는 교회학교를 만드는 데 목적을 가지고 모임을 가져야 한다. 특히 연중행사로 교육주간을 설정하고 교육에 관한 제반 계획을 세우고 부모 초청을 통하여 교육의 관심도를 높이는 계획까지도 세울 필요가 있다.

3) 교회 단기학교 운영계획

교회는 교육위원회 산하 전도학교, 성경학교, 기도학교, 새 신자

학교 등을 설립하여 운영한다.

① 전도학교

일반 성도를 개인전도, 노방전도, 축호(逐戶)전도의 전도인으로 성장시키기 위하여 전도학교를 운영하여 전도의 이론과 실제를 전문적으로 가르친다. 수료자에게는 수령증을 수여하고 계속 전도할 수 있도록 교회는 지원을 해야 한다.

② 새 신자 학교

새로 등록된 신자를 중심으로 신앙생활 전반에 걸쳐 기초적인 교육을 한다. 여기에는 일정한 기간 등록된 신자를 대상으로 하되 10시간 정도 교육 교안과 기타 자료를 중심으로 교육한다.

③ 성경학교

교회는 일반 성도를 위한 평신도대학이나, 성경학교나, 소집단 성경 연구반을 조직하여 성경을 체계적으로 학습하여 성경지식과 믿음을 깊게 한다.

④ 기도학교

새 신자 또는 교회에 대중 기도를 잘할 수 있는 교인과 기도의 열심을 잃은 교인을 대상으로 1년에 1회 이상 집중적으로 기도훈련을 시키되 10시간 정도를 진후한 시간을 계획하고 기도의 교훈적인 원리와 가치를(이론 부분) 일깨워 교육하고 기도의 실제(기도를 하게하고, 기도문을 쓰게 하는 등), 즉 개인기도, 공중기도의 성격을 구분하여 할 수 있게 훈련시킨다.

3. 교회(주일)학교 운영원리

목회 실천의 주요 3대 기능은 교육, 심방, 행정 등을 들 수 있는데 그 중 어느 한 가지도 중요하지 않는 것이 없다. 특히 교육적 기능은 그 중에도 더 중요하다고 할 수 있다.

기독교의 교육은 기독교 교육철학 혹은 신념에 의해 결정되는데 기독교에 대한 교육관은 매우 다양하다. 그러나 대표적인 예로서 C. Adrian Heatan은 다음과 같이 말하였다.

첫째, 교육목표는 그리스도 중심(Christ-Centric)

둘째, 교육방법은 학생 중심(Student-Centric)

셋째, 교육과정은 성경 중심(Bible-Centric)

넷째, 교육의 방법론은 경험 중심(Experience-Centric)

다섯째, 교육의 행정은 교회 중심(Ekklesia-Centric) 등으로 설명했다.[17]

따라서 기독교 교육은 하나님의 말씀을 올바로 가르치고 예수님의 형상을 닮게 하며 그리스도의 생활을 본받아 새 사람으로 변화하게 하여 그리스도의 인격에 이르기까지 북돋워 주는 것이므로 목회자는 교육에 등한히 할 수 없다.

1) 교회(주일)학교의 운영 원리

교회학교 운영은, 사회 심리학적인 측면에서 인간의 발달단계를

---

[17] J. Edward Hakes, 「기독교 교육학개론」(정정숙 역) (서울 : 성광문화사, 1983), pp.301-303.
김장대, 교회행정학(서울 : 도서출판 솔로몬, 1995), p.236. recite.

일반적인 분석의 결과인 8단계로 나누어 본 기준을 참고할 필요가 있다.

즉, ①태아기 : 수태로 부터 축산, ②유아기 : 분만 18개월, ③초기 아동기 : 18개월~6년, ④후기 아동기 : 6~12년, ⑤청년기 : 12~20년, ⑥성년기 : 20~45년, ⑦장년기 : 45~65년, ⑧노년기 : 65~사망으로 나누어 보는데 단계마다 인간의 형태는 특징적이다.[18]

이러한 인간의 발달심리학을 중심으로 하여 교회학교는 교육체제를 갖추고 교육할 필요가 있으며 그 발달단계에 따른 특징들은 다음과 같다.

(1) 인간 발달단계[19]

① 태아기(Prenatal period) : 수정에서 출생까지의 기간으로써 이 동안에는 수정란의 정착기, 배아기, 태아기를 거쳐 수정 후 약 280일이 경과하면 개체가 탄생된다.

② 유아기(Babyhood) : 분만 후부터 18개월 혹은 2년까지의 기간인데 생후 약 2주간 신생아 기간을 지나서 정상적인 영아들은 독립적 존재로 성장한다. 혼자서 앉고, 서고, 걸을 수 있을 정도로 자기 몸을 가눌 수 있고 간단한 물건조작과 의사소통이 가능해진다

③ 초기 아동기(Early Childhood) : 이 시기는 6세까지로서 근육 발달로 인해 용변 통제, 자조기술 발달, 언어 발달, 성 유형의 형성과 기본적 행동양식과 가치체계가 내면화되어 간다.

---

18) 이장호, 심리학개론(서울 : 한국방송대학출판부, 1983), p.96. Ibid., p.238. recite.
19) 김장대, 교회행정학(서울 : 도서출판 솔로몬, 1995), p.238.

④ 후기 아동기(Later childhood) : 6세부터 12세까지 기간으로서 운동기능이 교정되고 인지적인 수 개념, 서열 개념, 양의 보존 기능 등이 획득되어 구체적 조작사고를 이루며 사춘기의 과정으로 진입하게 된다.

⑤ 청년기(Adolescence) : 법정 성년기 만 20세까지인데 신체 발달이 급속하여 성의 징후가 나타나 정서 불안정시기로서 노도질풍의 시기라고도 한다. 그 후 자아정체감(ego-identity)의 확립에 노력하는 시기로써 자아정체감 형성이 순조롭지 않을 때 갈등과 문제행동을 일으키므로 정체감 위기라고 한다. 심리적 독립감, 동료집단에 소속감 추구와 이성에 관심이 높아지며 사고가 논리적이며 미래 지향적이다.

⑥ 성년기(Adulthood) : 20~45세의 기간으로서 성숙과 발달을 완성하고, 사회인으로 직업을 가지고 배우자를 찾으며 공민권과 책임행사와 인생의 독자적 설계를 하며 안정과 정착을 지향하고 능력과 창의력을 발휘하므로 가장 생산적인 활동을 하는 시기이다. 이 시기를 지나서 갱년기를 맞는다.

⑦ 장년기(Prime of the life) : 약 45세부터 65세, 혹은 정년 퇴직 기간까지인데 이 시기는 갱년기를 맞이하므로 여성은 생리가 끝나고 노화현상이 나타난다. 창의적인 것보다는 보존적으로 움직이며 자신보다 자녀를 신경 쓰고 정착의 완성을 이룬다.

⑧ 노년기(Senescence) : 정년 후 사망에 이르는 기간으로 활동이 줄고 신체 기능이 쇠퇴하고 운동 기능과 감각 기능이 저하되며 인지적 기능도 감퇴된다. 정년퇴직으로 심리적 동요를 경험하게 되고 심리적, 사회적 지위의 변화에 대한 새로운 적응이 요구된다.

(2) 교회(주일)학교의 부별에 따른 효율적 운영

앞에 인간의 발달단계를 참고로 교회학교도 신적 측면과 인간적 측면을 고려하여 적절하게 교육되어야 할 것이다.

교회학교는 다섯 과정으로 나누어 보면 유·초등부, 중·고등부, 청년부 또는 대학부, 장년부, 노인학교 등인데 이 과정별 발달단계를 중심으로 살펴보고자 한다.

유·초등부

피아제(Piaget)의 아동인지 발달단계를 중심으로 교회학교의 유·초등부는 3단계로 구분하여, 영아부(0~2세), 유년부(3~6세), 초등부(7~12세)로 나누어 인지발달 단계와 비교하여 교회교육 프로그램이 인지적 측면에서 고려되었는지를 살펴보자.

① 영아부(감각운동기 : Sensorimotor Stage) : 이때에는 외부 세계와 접촉으로 감각운동지능이 발달되고 선천적인 반사활동으로부터 순응적, 의도적 반사활동을 거쳐 초보적인 개념적 사고가 시작되는데 시야의 대상에 대한 대상 영속성 개념이 생긴다.

② 유년부(전조작기 : Preoperational Stage) : 이때에는 사물의 외관, 즉 보이는 지가 속성에 의해서만 판단할 뿐 내적 연관성, 규칙 또는 조작 이해를 못한다. 타인 관점을 자신의 관점에 얽매여 자아 중심적 사고(egocentrism)를 갖게 된다. 예컨대, 자기에게 재미있는 TV 프로그램이 어른에게 재미없는지를 이해하지 못한다.

③ 초등부(구체적 조작기 : Concrete Operational Stage) : 이 시기는 양·무게, 부피 등의 보존개념을 이해하게 되고 자아중심에서 타인 입장을 이해할 수 있게 된다. 즉, 탈 중심화 능력

(Decentering ability)이 주어져 다면적 사고로 이해해 간다. 다소 체계적 사고가 가능하나 구체적 대상에만 국한한다.

중·고등부 - Kohlberg의 도덕 심리적 발달단계를 중심으로

중·고등부는 사춘기를 겪게 되는 어려운 시기이며 공부에 얽매여 갈등을 겪는다. 교사는 도덕, 심리적으로 충분한 이해를 하여야 한다. 이때 자기 특성이나 참 모습을 지각하게 되고 자신의 처지, 능력, 소임을 깨달아 자아정체감이 형성되는 반면에 자기 역할이 혼미해 질 수 있다.

청년, 대학부

콜버그(Kohlberg)의 도덕, 심리적 발달단계를 중심으로 청년, 대학부의 경우에는 자율학습과 신앙 실천에 중점을 두는 지도방침이 좋을 것이다. 이 시기에는 주체성 확립과 성 발달이 완전하여 이성과의 친근성을 가지고 사랑하며 신임하고 살 수 있게 된다. 자신이 없고 성적 결함이 있으면 격리감을 느끼고 자기에게만 몰두한다.

장년부

에릭슨(Erikson)의 심리 사회적 위기 발달단계를 중심으로 이 시기에는 자녀를 낳고 지도하는 데 몰두하게 되는데 이것이 안 되면 강박적인 친근성이나 반발, 침체감과 흥미 상실이 나타나는데 이때는 생산성이 발달하게 되므로 교회의 직분들을 신앙 정도에 따라 맡기게 된다. 대인관계 적응 프로그램을 만들고 창조적 교회활동을 할 수 있게 유도한다.

노인대학

에릭슨의 심리 사회적 위기 발달단계를 중심으로 이 시기는 자기완성의 시기로서 잘못하면 자기혐오가 생기기 쉬운 때이므로 교사는 언행을 조심해야 한다.

2) 교회(주일)학교의 운영 실제[20]

(1) 수련회
목표
① 봉사, 전도, 영적 훈련, 교제 등의 목표를 설정한다.
② 기도를 통한 자기 극기 훈련 및 새로운 신앙 계획을 설계한다.

방법
① 자연 가운데서 하나님께 예배
② 성경의 집중 공부를 통한 신앙체계 확립
③ 전도방법 교육
④ 충분한 교제기회 부여

기대 효과
① 영적으로 하나님 중심으로 성숙할 수 있다.
② 정신적으로 자연접촉을 통한 하나님의 섭리에 대한 새로운 신앙을 인식할 수 있다.
③ 신앙생활과 교회환경에 대한 자유로운 토론의 기회가 될 수 있다.
④ 공동생활과 봉사생활을 체험케 할 수 있다.
⑤ 사회 계급을 초월한 협동심을 기를 수 있다.
⑥ 새로운 조화의 기회를 마련할 수 있다.

수련회의 종류
학생 수련회, 제직 수련회, 전교인 수련회, 기타 부속기관 수련회 등으로 나누어 볼 수 있는데 이는 좀더 구체적이고 특징적인 효

---

20) Ibid., pp.244-246.

과를 기대할 수 있도록 프로그램이 짜여져야 한다.

(2) 성경학교
어린이 하계 성경학교

이 성경학교 프로그램은 다양하게 마련할 수 있어야 한다. 어린이 예배시간과 공부시간을 길게 하지 말아야 하고, 율동, 찬송, 성경공부, 성경동화 등을 잘 이해하도록 교사는 모범을 보여야 한다. 그리고 예배당은 예배의 성전임과 성수주일을 철저히 교육시키는 것이 중요하다.

제자훈련 공부 반

성년을 중심으로 주님 교훈을 실천하기 위한 신앙생활의 지침이나 성경을 주로 공부하는 것이다. 여기에는 교재가 중요하다. 기독교 교리를 좀더 체계적으로 설명하여 놓은 교재를 선택하는 것이 효과적이며, 적당한 시간을 정하여 많은 참여의 기회를 가질 뿐 아니라 단계별로 연구할 수 있는 체제를 유지하는 것이 좋을 것이다.

노인대학

나이가 주로 60~65세 이상으로 구성되어 사회로부터 소외감을 함께 나누고 스스로 위로를 주님으로부터 찾으며, 죽음의 공포에서 영생의 감격을 체험토록 교육하며 황혼기에 주의 일에 봉사할 기회를 제공함으로써 참여의 기쁨을 누릴 수 있게 하고 인생의 선임자로 본을 보이게 하고 노후를 준비케 할 뿐 아니라 같은 노인들에게 선교할 수 있는 방법과 의미를 깨우쳐 실천케 하여 노후의 보람을 찾아 누리게 한다.

(3) 특별 신앙훈련

강습회

교회학교 교육과정을 효과적으로 시행하기 위해 교회 자체 내에서나 외부 강습회에 참여하여 교육훈련을 받는다. 이때 좋은 교육 프로그램을 교회 상호 교류하며 새로운 아이디어를 구상할 수 있게 된다.

찬양의 밤

학생회, 청년회가 주최하여 그들이 배운 바 악기와 찬양으로 하나님께 영광을 돌리게 한다. 이것은 온 교인에게 찬양의 중요성을 고취하는 계기가 될 수 있다. 그런고로 특별히 선곡을 하여 사전 준비를 하여 전교인의 참여도가 높은 교회공식 예배시간에 시행을 하되 1부 예배, 2부 찬양의 밤 프로그램 진행을 할 수 있다.

재롱잔치

유·초등부 학생들이 찬양과 율동으로 부모님과 노인들을 즐겁게 하고 교회학교 유·초등부의 교육상황을 전교인 앞에서 평가받는 계기도 된다.

이때 아이들의 특별활동에 참여할 계기를 마련해 줌으로써 내성적인 아이들도 함께 융화되어 활기찬 주일학교를 이룩할 수 있는 장점이 있다. 주일학교 유·초등부 시절의 신앙교육과 교회적 삶의 체험은 성인에게까지 이어져 좋은 신앙인으로 성숙케 하는 데 교육적 효과가 있게 된다. 미국의 카터 대통령과 유명한 정치인들의 예에서 입증되고 있다.

제6장

교회재정 관리

1. 교회재정의 개념과 성격

1) 교회재정의 개념

교회재정(Church finance)이란 "교회가 교회활동의 운영을 위하여 소요되는 경비를 조달 관리 사용하는 경제활동"이라고 정의될 수 있다. 압축해서 표현하면 "교회의 경제활동"을 말한다.[1]
또 다른 표현을 한다면 교회재정은 "교회의 목적과 사명을 수행하는 데 필요한 재정의 조달, 배정, 지불 및 회계 등의 전반적인 경제적 활력"이라고도 할 수 있다.[2]
교회의 재정에 대한 업무는 교회행정에서 핵심이 될 때가 많다. 재정은 어느 시대에 있어서나 교회의 물질적 기초가 되는 것이며 단순히 행정에 요구되는 기술로 간주될 성질이 아니다. 이러한 교회재무행정의 중요한 것은 헌금이다. 현대 경제는 화폐경제이다.

---

1) 金廷基, 교회행정신론(서울 : 성광문화사, 1992), p.465.
2) 박완신, 교회행정론(서울 : 기독교문사, 1992), p.137.

모든 교환 거래는 화폐를 매개로 하여 행해지기 때문에 교회의 경제도 화폐수단을 이용하지 않을 수 없다. 교회재정의 특색은 헌금이 중심이 되어 있다. 이 헌금은 교인들이 하나님께 바치는 물질이며 교인들의 헌신의 표상이기도 하다.

교회에 의한 경비 지출과 재원조달을 총칭하는 교회재정에 대한 관리 업무는 여러가지 교회활동에 필요한 경비지출 계획을 책정 및 실행하는 과제와 이에 소요되는 수입을 확보하는 과제를 상호 관련을 시켜 균형을 이루게 하는 즉 교회가 목표 추구에 소요되는 재정(화폐)을 어떻게 확보 관리하고 사용하느냐 하는 과제를 다루는 것이 교회재정 관리이다.[3]

2) 교회재정의 성격

교회행정이라 하면 재정관리를 연상할 정도로 재무관리는 교회생활에서 주요한 위치를 정하고 있다. 사실상 교회의 재정자원을 관리하는 과업은 효과적인 교회사업을 위해 가장 중요한 과제 중의 하나일 뿐 아니라 교회의 재정자원에 대한 훌륭한 관리행정은 교회가 그 목표를 수행하는 데 있어서 불가결한 요소이다. 이것을 잘못 관리하면 교회의 효율을 저해시키는 문제점을 야기 시킨다.

재무관리는 교회행정의 여러 과정에서 볼 때 최우선적 관심의 대상은 아니다. 왜냐하면 교회행정의 모든 영역은 쇠사슬의 고리처럼 전부 연결되어 있기 때문에 한 고리가 연약하여 끊어지면 쇠사슬 전체가 영향을 받게 된다. 그러나 고리 전체가 튼튼하면 쇠사슬

---

3) 金廷基, op. cit., p.466.

전체가 튼튼할 것이다. 이와 같이 교회의 재정자원도 조직에게 물적 자원을 원만하게 마련해 주면 교회사업이 성공적으로 이루어질 수 있다.[4]

화이트(Leonard White) 교수는 "행정이란 조직이 그 목적을 달성하기 위하여 사람과 물자를 관리하는 활동"이라고 정의함으로써 재무행정의 기능의 중요성을 강조하였다.[5] 교회조직을 운영하고 행정 목표를 추구함에 있어서 재정관리는 중추적 역할을 한다. 특히 다양한 기능의 수행과 진취성이 요구되는 현대 교회 현황에서 볼 때 한정된 재원의 효율적인 관리와 사용은 그 어느 때보다도 절실하다 하겠다. 교회의 재정의 특색이 헌금이 중심이 되어 있는 만큼 이 헌금을 어떻게 확보하며 어떻게 쓸 것인가에 대해서 관리자나 책임자는 매우 중요한 책임을 가지고 있는 것이다. 일반 예산과는 전혀 다른 성격을 가지고 있는 물질이다. 일반 재정 관리도 그렇지만 교회의 헌금이라고 하는 재정은 하나님께 봉헌된 물질이다. 그러기에 정확히 써야 하고, 사용에 있어서 좋은 동기를 가져야 하며, 하나님의 영광에 초점을 맞추어야 할 필요가 있는 것이다. 사실 교회의 재무행정은 하나님께 바쳐진 헌금을 잘 관리하는 것이 교회 재무행정이므로 하나님 뜻에 맞게 예산을 편성하고 집행하기 위해서 재무행정은 필요한 것이다. 이러한 교회 재무행정은 일반 재무행정과 같이 예산의 편성, 예산의 집행, 결산, 회계감사 등의 절차와 과정 속에서 이루어진다.

---

4) Ibid., p.467.
5) Leonard D. White, Introduction to the Study of Public Administration(New York : Macmillan, 1962), p.2. Ibid., recite.

2. 교회 예산론

1) 교회 예산의 개념

예산(budget)이란 일정 기간 동안 정부가 성취하고자 하는 국가 활동을 재정적 수치로 나타낸 것이다. 즉, "국가가 계획하는 사업이나 정책을 효과적으로 실현시키기 위하여 이에 소요되는 재원을 가장 합리적으로 조달하려는 국가 의지의 수치적 표이다."[6]

Adolph Wagner는 예산을 "수학적 개관"이라고 정의하였다.[7]

Allen Schick는 "예산은 계획된 목표들을 성취할 수 있도록 자금 지출을 체계적으로 연결시키는 목표 성취의 연속과정"이라고 정의하였다.[8] 그리고 이 정의를 교회행정학적 관점에서 보면 "교회예산이란 교회활동을 지원하기 위한 일정한 기간(대개 1년)의 포괄적인 재정계획[9]이라고 할 수 있다. 따라서 이것은 교회목표를 위한 교회활동의 수단이 된다. 그것은 예상된 수입에 근거해서 배분된 화폐의 양을 나타낸다.

재정활동은 예산에 의해 계획 수행되기 때문에 예산재정의 중추신경에 해당된다 하겠다. 그것은 교회활동을 가능하게도 하지만 그 활동이 빗나가지 않도록 통제하는 역할도 행한다.

---

6) 박완신, op. cit., p.138
7) 俞 焄, 재무행정론(서울 : 법문사, 1982), p.81.
   Ibid., recite.
8) Allen Schick, 'The Road to p.13 : The Stages Budget Reform, Public Administration Review, 26(December, 1966), p.243.
9) 金廷基, op. cit., p.469.

예산은 교회경제의 목적과 수입 및 지출의 형태, 그리고 그 규모 및 한계가 숫자로 표시되어 있다. 교회의 모든 수입과 지출이 계상(計上 : Appropriate)되어 있는 이 계획은 미래의 수입과 지출에 대한 예견인 동시에 평가이며 아울러 수입과 지출의 대비이기도 하다

따라서 교회가 예산을 수립해야 하는 이유는 재정 운영에 대하여 정당한 방향, 통제, 그리고 책임을 이룩하기 위해서이다. 조직이 있는 곳에는 활동이 있기 마련이고[10] 활동에는 재정적 예산이 뒷받침하게 되는 것이다. 교회도 사회에 존재하는 하나의 조직인 만큼 예산이 반드시 뒤따르게 되는 것이다.

2) 예산의 기능[11]

예산의 기능을 학자에 따라서 "통제", "관리", "계획"으로 분류하기도 하고, 또는 "재정통제", "관리통제", "전략적 기획"으로 나누어 설명하기도 한다.

여기서는 다음과 같이 일곱 가지 기능을 고찰코자 한다.

① 교회활동계획 실천 기능

교회예산은 활동계획이 기초 또는 기준이 된다. 그것은 교회활동계획을 반영한다. 훌륭한 활동계획이라도 적절한 예산의 지원이 없으면 형식적이고 무가치한 공론으로 그칠 가능성이 많다. 그러므로 교회활동계획은 원칙적으로 다른 조직 활동이 그런 것처럼 교회

---

10) 朴英熙, 財務行政論(서울 : 茶山出版社, 1983), p.1.
　　金廷基, op. cit., p.470. recite.
11) 金廷基, op. cit, pp.470-471.

예산의 수입과 지출을 기초로 하여 이루어질 수밖에 없다. 그러므로 교회는 교회의 목적을 이루기 위해서 교회활동계획, 지출계획, 수입계획은 조화를 이루어 정삼각형과 같이 균형을 유지하여야 한다.

② 교회활동의 합법화 기능
교회예산은 교회활동을 합법화시키는 기능을 수행한다. 특정 활동을 위해 특정 예산이 책정되었다는 사실은 특정 활동 자체의 정당성을 객관화하는 것이 된다. 그리고 예산은 특정 활동의 존재 자체까지도 알려 주는 설명서가 되기도 한다.

③ 교회활동방향의 지침서 기능
교회예산은 교회활동의 지향 방향을 보여주는 지침서가 된다. 재원이 어느 부분에 얼마나 투입되고 어떤 종류의 활동을 하고 있느냐 하는 내용은 예산을 통해서 알 수 있는바 바로 당해 교회의 사업에 있어서의 중점 방향 내지 활동의 범위를 비추어 주는 기능을 가지게 된다.

④ 교회조직의 효과적 사업수행 여부의 특정 기능
교회예산은 교회의 조직이 얼마나 효과적으로 사업을 수행하였는지를 측정할 수 있는 척도가 된다. 활동결과와 그에 수반된 예산을 비교 대조하여 심사 및 분석함으로써 그 활동의 능률성 내지 효과성을 측정할 수 있는 것이다.

⑤ 교회활동의 올바른 시행을 통제하는 기능

교회예산은 교회활동을 정도(正道)로 걷도록 통제한다. 교회에 의한 재정활동은 예산에 집약적으로 표현되어 있다. 특정 사안이 예산에 반영되어 있다는 사실은 교회적 차원에서 그 사안이 필요함을 입증시키는 자료가 된다. 반면에 예산 반영이 없다는 것은 활동의 중요성이 없다는 것이므로 예산은 교회활동에 대한 견제 수단으로 가능하다.

환언하면, 예산제도는 교회의 의지에 의해 정치적 결단이 그대로 충실히 구현될 수 있도록 교회조직들을 통제하며 그러한 결단을 지출항목별로 세분화함으로써 행정상의 자유재량을 억제한다.

⑥ 교회활동의 조장 기능

예산은 교회활동을 조장시키는 기능을 수행한다. 특정 활동을 예산화한다는 것은 그 활동을 정당화시켜 줄 뿐만 아니라 그것을 활성화시켜 주는 자극제가 된다. 통제 기능의 소극적 성격을 띠고, 조장 기능을 적극적 기능을 지니고 있다. 조장 기능은 결정된 목표와 승인된 계획을 실시하기 위한 조직을 형성하여 인적, 물적, 소요 자원을 분배하여 전진토록 하는 것이다.

⑦ 미래 설계의 발전 기능

교회예산은 교회의 미래를 설계하는 발전 기능을 지닌다. 예산에는 교회의 사업계획의 상세한 내용과 사업비의 명세가 포함되어 있으므로 예산은 교회의 장·단기적 목표와 정책을 질서 있고 순차적으로 사업계획(Program)을 세부계획(Project)활동(activity)에 옮겨 놓는 설계라고 할 수 있다. 그것은 결국 교회 발전계획인 것이다.

3) 교회예산의 원칙[12]

행정학적으로 볼 때 예산이란 일정 기간에 교회가 행하는 한 회계연도에 있어서의 세입과 세출의 예정적이며 총괄적인 기획이라고 할 수 있다.

그리고 예산은 세출 세입의 견적의 편성, 심의, 집행, 회계 감사의 네 과정을 통하여 재정이 관리되는 것을 말한다. 따라서 교회예산 등 예산의 원칙은 앞서 말한 네 과정에서 준거해야 할 행동준칙을 말하는 것으로서 그것은 건전 재정의 운영과 예산 집행의 정당성을 확보하기 위한 활동지침이다.[13] 그런고로 예산원칙은 다음과 같다.

① 완전성의 원칙

이는 교회재정 일체를 예산에 명확히 밝히고 그렇지 않는 것은 인정하지 않는 원칙이다. 교회 안에서 수입되고 지출되는 모든 계상(計上)을 말한다. 수지의 현황을 고의적으로 별도표 비공개 계상이나 누락시키는 행위를 금한다. 교회예산은 교인들이 수지의 현황을 알 수 있게 완전하게 편성하고 시행해야 한다.

② 공개원칙

교회가 제출한 예산안이 심의 의결 및 결산 등의 재정상태를, 즉

---

12) 손병호, 교회행정학원론(서울 : 도서출판 그린, 1993), pp.391-393.
13) Jesse Burkhead, Government Budgeting(New York : John Wiley and Sons, 1956), p.107.
金廷基. op. cit., p.472.

당회, 제직회, 공동의회 등에서 심의 승인된 예산의 집행 등 예산과정의 주요 단계를 교인들에게 공개적으로 수행하는 원칙을 말한다. 따라서 자유로운 비판도 보장한다. 그러나 교회 몇몇 유력자에 의해서 자의적으로 집행하기 쉬운 예산을 통제하는 기능이다.

③ 명료성의 원칙

예산은 모든 교인들이 이해될 수 있는 것이어야 한다. 즉, 합리적인 관점에서 분류되고, 명확하게 금액이 계상되어야 하며 수입의 근거와 그 용도가 명료하게 표시되어야 하는 원칙을 말하는 것이다. 따라서 책임의 소재도 분명해진다.

④ 단일성의 원칙

예산은 단일성을 지녀야 하고 될 수 있는 대로 추가 경정예산이나 특별예산을 피하며, 독립된 복수의 예산이 있지 않게 하여야 한다. 만약 복수예산이 존재한다면 예산 전체의 명료성이 상실되고 재정 수요의 규모 파악이 어렵게 되고 단일성, 통일성은 예산의 통제를 쉽게 한다.

⑤ 제한성의 원칙

세출예산은 일정 기간에 한정시켜 승인되어야 한다. 예산의 유용이나 이용(移用 : 轉用)의 금지 내지 제한 또는 초과 지출 등을 금지하는 원칙을 말한다. 예산에서 확정된 사용목적과 계산된 지출 금액의 범위 내에서 승인된 회계연도에 한정하여야 한다는 원칙이다.

⑥ 사전승인(의결)원칙

예산은 당회, 제직회, 공동의회에서 심의 결의된 후 집행은 책임자의 사전승인 아래서 행해져야 한다. 당회장의 승인도 없이 재정위원장의 마음대로, 또는 이들의 승인도 없이 회계는 다른 부서의 책임자가 함부로 책정하고 지출하는 것은 큰 과오가 아닐 수 없다. 만약 예산이 적기 결의 승인되지 못하고 긴급히 지출 사유가 발생할 때는 전년도의 동일한 항목 계상 금액으로 가집행(假執行)할 수는 있다.

4) 예산의 종류[14]

① 일반회계예산과 특별회계예산

교회예산은 전술한 바와 같이 단일성을 지녀야 한다. 교회는 재원을 헌금으로 재정을 운영하기 때문에 이상적이기에는 힘이 들게 된다. 그럴 때 기본적이고도 주요한 기능을 수행하는 데 필요한 경비를 통합하여 편성한 예산을 일반회계라 하고 일반회계의 경리절차를 적용하기 어려운 부분을 따로 도와서 함께 취급하는 것을 특별회계라 한다.

예컨대, 교회 건축, 특별회계예산이 바로 그런 것이라고 할 수 있다.[15]

② 본예산 수정예산 및 추가경정예산

---

14) 金廷基, 교회행정신론(서울 : 성광문화사, 1992), pp.475-477에서 부분적으로 참고.
15) 손병호, op. cit., p.393.

본예산은 당회, 제직회의 심의를 거쳐 공동의회에 최종 승인 결의 받고자 하는 예산의 원안을 의미하고 "수정예산"은 부득이한 사유로 본예산을 수정코자 하여 수정하기 위한 예산안을 말하며, 추가경정예산은 예산안이 최종 결의 승인된 안을, 새로이 지출될 사유로 인하여 예산의 추가를 필요로 하는 예산으로서 여기에는 새로운 사항이나 금액 증가를 의미하는 것으로 특별한 사안에 한정한다.

그리고 "경정예산"은 본예산 성립 후에 새로이 생긴 사유로 인하여 성립된 예산의 지출한도 내에서 변경을 가하는 예산안이다.

추가예산과 경정예산은 동시에 일어나기 때문에 합쳐서 추가경정예산이라고 한다.

③ 잠정예산 가 예산 및 준예산

이 예산 등은 사실상 교회 재무행정에서는 공식화하여 시행은 하지 않으나 부득이한 사유에 의하여 본예산이 승인이 되기 전에 집행되어야 할 예산을 말하는 것인데 잠정예산은 일정한 기간 동안 일정한 금액을 본 예산 통과 이전에 집행되는 예산이며 가 예산이란 예산이 의결되지 못한 상대에서 부득이 집행하여야 할 사안에 대하여 임시로 예산을 계획하여 본 예산 통과까지 집행하는 연산인 바 이것은 단시일 기간 동안이란 것을 제외하고는 잠정예산제도와 유사하다.

준예산도 역시 본예산과 같이 통과하여 회계 개시되기 이전에 시간의 지체를 하여서는 안 될 일, 즉 "시설 유지 및 운영", "기간과 관계없이 사업의 계속비", "교회의 의지와 관계없이 지출의 의무가 있는 비용", 즉 공과금, 지불 약정금, 상회지시 부담금 등이 이에 속한다.

이상의 불확정예산(예산의 불성립)은 본예산이 성립되면 그 성립된 예산에 의해 집행된 것으로 간주하되 이것은 일반예산 법칙에 의한 것이며 교회도 다만 이에 준하는 것뿐이다.

단 예산규약이 있으면 거기에 준해야 할 것이다.

5) 교회예산의 편성과정(절차)[16]

예산은 앞서 말하였듯이 편성, 심의, 집행, 회계 감사라는 네 개의 과정을 밟는다. 이 과정을 교회에서는 보통 1년 단위로 한다.

이 예산 편성의 과정은 본래 사무적이거나 행정적이지만, 예산 편성은 정책적 의의를 가지고 있다. 즉, 예산은 정치나 정책을 실행하는 데 가장 유효한 수단이며, 결코 각 부서가 스스로 결정할 수 없다.

교회의 정책에 따라 목회자의 목회방침에 따라 예산을 편성하는 것이 실제화 되고 있다. 이에 교회예산 편성과정을 다음과 같이 한다.

① 당회원들에게 예산편성 방침 시달
② 당회원은 각 상임 위원장이므로 자동 예산위원의 성격을 띤다.
③ 각 위원회별로 예산 요구서 작성 또는 교회 부속 각 기관별 예산요구서 작성
④ 재정부(제직회)에서 사정

---

16) Ibid., pp.393, 395.

⑤ 당회장의 승인(당회원들과)
⑥ 예산서(전체 예산) 작성
⑦ 예산 제직회, 공동의회에 회부

여기에서 제직회가 공동의회에서의 심의는 국회나 의회와 같지 않기 때문에 당회원과 재정부원, 그리고 목사(목회자)와의 편성은 사실상 심의과정을 밟는 것이나 다름없기 때문에 제직회나 공동의회에서는 알리는 사항이 되고 승인의 사항이 되도록 한다. 물론 제직회에서나 공동의회의 승인과정에서 수정이 불가능한 것은 아니다.

6) 예산의 분류와 종류[17]

예산상의 예산의 분류는 지출의 유형, 즉 지출 영역으로 예산편성의 상위 개념이고 예산 종류는 분류된 유형 또는 영역 안에 구체적인 수입, 지출의 항목을 말하는 예산 편성의 하위 개념이라고 할 수 있다. 즉, 유개념과 종개념이다.

수입과 지출에 대한 예산내용은 조직적으로 분류되어야 하고 계획 수립을 쉽게 할 수 있도록 해야 하며, 예산 집행을 효율적으로 할 수 있게 해야 하며, 회계 책임소재를 명백히 밝힐 수 있도록 해야 하며, 경제적 효과를 분석할 수 있도록 하여야 한다.

① 세입 예산의 분류

세입 예산 면에 있어서 교회의 세입은 주된 유형이 헌금이기 때

---

17) Ibid., p.395.

문에 그 헌금 내용 또는 목적 내지 종류별로 분류한다. 예컨대, 헌금 영역에서 십일조, 감사, 작정 특별 목적헌금, 절기헌금 등에 해당하는 영역의 세분화된 항목을 설정하고 헌물 영역에서는 예상 헌물이 있을시 별도 취급할 수 있다.

② 세출 예산의 분류

세출 예산 면에 있어서는 ①조직체별(부서별) 분류, ②품목별 분류, ③기능별 분류, ④경제성별 분류, ⑤사업 계획별 분류 등으로[18] 분류한다. 예컨대, "인건비" 분류에서 하위 항목은, "생활비" 여기에서 지출 세목은 "목사 생활비" "전도사 생활비" "유급 직원별 생활비" 등으로 분류하되 여기에 관련하여 예산 편성의(분류별 예산 편성) 예시는 제2편 교회행정의 실제에 첨부코자 한다.

7) 예산의 집행

예산의 집행이란 교회의 수입과 지출에 관련된 모든 업무를 말한다.

예산의 집행은 예산에 정하여진 세입, 세출뿐 아니라 예산이 성립될 수 있는 모든 세입, 세출을 포함한다.

예산 집행은 재정 통제나 다름없다.[19] 그리고 예산의 신축성을 유지하는 데 있다. 예산은 신빙성 있게 통제되어야 하고, 정세의 변동이나 경제 사정에 따라 신축성을 유지해야 한다. 물론, 신축성을

---

18) PPBS : planning programming-Budgeting System(계획예산).
19) Jesse Burkhead, Government Budgeting(New York, 1975), p.343.

무제한으로 할 수는 없다. 그러나 예산을 집행하는 자에게는 그런 재량권이 있고 관리권이 있다.

① 예산의 배정[20]

예산을 자세히 배정해서 승인을 받을 수 있으나 그렇지 않은 일에는 해당부서장에게 집행할 금액과 책임의 소재를 명백히 하여 위임한다. 재 배정할 권한도 있고, 항(項)과 세항(細項) 또는 목(目)을 나누어 통제한다.

② 이용(移用), 전용(轉用), 이체(移替)

예산을 목적 외에 사용할 수 없다. 이는 예산의정주의(預算議定主義)라는 역사적인 사실로부터 유래한다. 이런 일은 교회에서도 장려되어야 한다. 그렇지 않은 재정은 무질서하기 때문이다.

그리고 예산의 이용(移用)도 할 수 없다. 즉, 기관, 장(章), 관(款), 항(項)의 예산액을 상호 융통하여 사용할 수 없는 것이 원칙이다. 꼭 이용(移用)이 필요할 때는 그 이유와 과목과 금액을 명백히 한 서류를 재정부장과 당회에 제출하여 승인을 얻어서 해야 한다.

예산의 이체(移替)는 예산 집행의 책임소관을 변경시키는 것을 말하는데, 이런 일 또한 책임자에게 승인을 받지 않고는 불가능하다.

전용(轉用)은 동일 기관 안에서 과목(科目)인 세항(細項)과 목간의 금액을 융통하는 것을 말한다. 전용 역시 당회장의 승인을 받아야 한다.

---

20) 金廷基, op. cit., pp.154-155.

③ 이월(移越)과 예비비(豫備費)

예산은 원칙적으로 1년에 한하여 효력을 가지는 것이므로 연도 내의 미사용액은 잉여금으로서 다음 회계연도에 세입 되어 그 사용 목적에 관하여 다시 심의기관의 의결을 거치지 않으면 사용할 수 없는 원칙을 말한다.

예비비는 예산의 신축성을 유지하기 위하여 필요한 것으로서 어느 기관에서든 예비비를 규정하고 있다. 예비비를 사용하고자 할 경우에는 그 이유와 금액을 명확히 작성하여 승인을 얻어야 한다.

④ 예산 집행의 감독, 기록, 보고, 통제

회계는 집행의 책임을 지나 재정위원장과 당회장의 결재를 받은 다음이어야 하고 당회장이 재정위원장에게 전결을 하게 하였어도 크고 중요한 부분은 반드시 보고하고 승인을 받은 다음 집행해야 한다.

재정부장 또는 재정위원장은 회계업무를 집행하는 자가 아니라 예산 편성대로 균형을 유지하며, 교회재정과의 균형 등을 감독하고 조정하는 역할을 한다. 그리고 그러한 상황을 수시로 당회장에게 보고하고 지시를 받는다.

예산의 집행 담당자는 기안과 지출결의서 등을 반드시 결재를 받아서 재정 업무를 수행해야 한다. 예산 집행에 관한 입금전표, 지출결의서, 금전출납부 전표, 대차대조표 등을 합법적으로 갖추어야 한다. 이를 갖추지 않으면 감사를 할 수 없다.

3. 교회예산(재정)의 결산과 회계 감사

1) 교회예산의 결산

① 예산과 결산의 차이
예산은 재정상황의 집행을 위한 계획이나, 결산은 집행계획의 실적이다.

② 결산의 정의
1년간 세입, 세출 예산의 집행 실적을 확정적 계수로서 표시하는 계산표라고 정의할 수 있다. 결산은 행정의 성적표와 다름없다. 세입, 세출의 예측인 예산과 그 실적인 결산이 서로 일치한다면, 결산의 필요성은 없을 것이다.

③ 결산방법
회계는 재정부장(재정위원장)과 함께 결산서를 작성하여 당회장에게 제출하여야 한다. 그리고 당회, 제직회, 공동의회에 제출하고 심의를 거쳐 승인을 받아야 한다. 결산 전에 회계감사를 받는다.

회계와 재정부는 공동의회에서 의결 승인된 수입예산과 지출예산의 항목별로 1년간의 집행한 현황을 세입, 세출의 예산서 원안대로 수치를 통계 계수화 한다.

2) 회계감사

회계감사란, 재정활동의 수입, 지출의 계산에 관한 사실을 확인

또는 검증하고 그 결과를 보고하기 위하여 장부기록과 증빙서류를 체계적으로 검사하는 것을 말한다.

(1) 감사의 목적

회계감사는 원만한 재정 운영을 기하는 데 목적이 있지만, 방향 제시, 편성과 집행과 결산, 그리고 감사과정에서 실무자들이 느낄 수 없는 내적인 것을 간파하여 재정업무를 지도하는 데도 목적이 있다. 그러므로 감사는 지도자적인 면도 있어야 한다.

회계감사의 목적을 더 자세히 말하면 다음과 같다.
① 경비사용의 적정(適正)과 담당직원의 선량한 관리자로서의 직무 수행을 확인하는 데 있다.
② 자금의 적정한 경리 여부(재정의 합리화를 찾고자)
③ 목록 등 특정 항목 확인
④ 부정, 횡령행위 적발
⑤ 하나님의 뜻과 교회목적에 부합한 재무행위를 수행하기 위하여
⑥ 지출의 합법성을 확인하는 것[21]
⑦ 하나님의 물질 관리를 잘하게 하는 것

(2) 감사요령

① 감사의 대상은 회계 기록이다.
② 감사는 장부에 기장한 자 이외의 제 3자여야 한다.
③ 감사는 부기 기록이 각 거래를 적절하게 해석하고 그 경제적,

---

21) Leonard D. White, Introduction to the Study of public Administration, 4th ed.(New York, 1955), p.256.

법률적 사실을 진실하게 표시하고 있다는 것을 입증하는 회계 기록의 정부(正否)검증 절차이다.

④ 감사는 회계 기록의 적부(適否)에 관한 비판적 검증이며, 검증의 결과에 대하여 감사의 의견을 표시해야 한다.[22]

⑤ 교회 감사는 당회와 제직회 그리고 공동의회에서 한 사람씩 대표를 설정하여 회계와 재정부장이나 재정원장이 준비한 장부를 가지고 감사를 한 후 당회장에게 보고한다. 그리고 당회 또는 제직회, 공동의회에 부장(위원장)이 당회장의 승인 하에 감사보고와 결산서를 제출한다.[23]

(3) 감사의 유형(방법)

감사의 방법은 서면감사, 실지감사, 사후감사, 사전감사, 일반감사, 종합감사 등이다. 교회에서는 감사인 들의 전문성이 별로 없을 때가 많다. 그러므로 재정위원장은 어떻게 감사를 하는지 그 방법을 가르쳐 주어서 장부 하나라도 제대로 볼 수 있게 하며 시말을 파악하고 시시비비를 가릴 수 있게 하여 주어야 한다.

이렇게 해야 하는 이유는 교회헌금의 원칙적 사용과 부당한 사용이 없도록 하자는 것이다. 그러므로 하나님 앞에서와 교인들 잎에서 떳떳한 재무행정을 증거 하자는 것이다. 이것은 물질에 노예화되고 있는 이 시대의 합리적인 사명이기도 하다.[24]

---

22) 손병호, op. cit., p.404.
23) Ibid., pp.404-405.
24) Ibid., p.405.

제7장
교회행정과 목회자의 심방

 심방은 교회라는 신앙공동체의 상호간과 목회자와 교인 간의 친교성(우정)을 육성시킴으로써 교회 참여를 증가시키고 복음 전도의 기회를 제공해 줄 뿐 아니라 목회자가 신자의 가정을 방문할 때 성도와의 협동의 다리가 놓이게 된다. 심방은 교회와 가정과 가족 사이에 유대관계를 형성하며 도움이 필요한 사람에게 도움을 줄 수 있는 도덕적인 수단을 제공해 주고 방문자에게 기독교적인 봉사의 기회를 제공해 준다. 특히 영적인 성장은 다른 사람들을 도와주고 그들에게 봉사하는 사람들의 생활 속에서 육성된다.[1]

1. 심방의 개념

1) 심방의 어원

(1) 구약적 뿌리
 원래 심방(visit)란 말은 구약성경에 히브리어로 파카트(pakath)

---
1) 박두헌, 현대교회행정학(서울 : 교회교육연구원, 1991), p.137.

라고 하여 "보살피다"라는 의미가 내포되어 있다. 70인 성경에는 이 pakath를 에피스켑토(episkepto : 감독하다, 보살피다)로 번역되었는데 이들의 개념은 목양(Shepherding)의 기능과 연결되어 있다. 잠언 27 : 23에 "네 양떼의 형편을 부지런히 살피며 네 소 떼에 마음을 두라"고 하였으며, 예레미야 23 : 2에서는 "그러므로 이스라엘의 하나님과 여호와가 내 백성을 기르는 목자에게 이같이 말하노라 너희가 내 양 무리를 흩으며 그것을 몰아내고 돌아보지 아니하였도다. 보라 내가 너희의 악행을 인하여 너희에게 보응하리라 여호와의 말 이니라" 라고 하였다.

(2) 신약적 뿌리

신약시대에 들어와서 헬라어로 "에피스켑토만(episketpman : επισκετομαν) '방문하다', '돌보다', '권고하다'로 표현되고 있다. 신약시대 사도 바울은 에베소 장로들에게 "…성령이 저들 가운데 너희로 감독자로 삼고 하나님이 자기 피로 사신 그 교회를 치게 하셨느니라"(행 20 : 28)라고 하여 심방은 목회자가 양떼들을 돌보는 사명을 대 목자장 되시는 주님께로부터 부여받았다.[2]

그러므로 Jay E. Adams는 "심방이란 목회에 있어서 돌보고 훈련시키는 활동(Care and Discipline)을 의미하며 성도들의 필요를 충족시키고자 하는 능동적 관심, 교인들과의 상담 등이 심방에 있어서 주요한 관심이 될 것이다"라고 했다.[3]

---

2) 심장대, 교회행정학(서울 : 도서출판 솔로몬, 1995), pp.247-248.
3) Jay E. Adams, Shepherding God's Flock A Preacher's Handbook on Pastoral Ministry Counseling and Leadership(Grand Rapids : Baker Book House, 1983), pp.18-19.
    김장태, op. cit., p.248에서 recite.

2) 심방의 정의

심방이란 기독교적 구원 목적 성취의 일환으로서 특별한 개별적 상황에 처하여 심방자가 피 심방자를 찾아 신앙적 교제를 함으로써 그를 도와주는 일인데 성경에 쓰인 용어 같이 '방문하다', '돌보다', '권고하다'의 의미를 가진다.

심방은 원래 하나님이 사람을 찾아오셔서 권고하시고 죄인을 구원하시는 것에 의미의 근거로 삼는다(창 3 : 9, 4 : 9, 16 : 8-9, 21 : 1, 50 : 24, 출 3 : 16, 마 25 : 36, 요 21 : 1-8).

따라서 심방은 목회자나 심방의 직임을 맡은 자가 교우를 찾아가 위로와 권면, 친교 등을 통하여 신앙의 성장을 돕는 일이다. 심방은 하나님의 백성을 돌보는 하나의 방법이다(행 7 : 23). "규모 없는 자들을 권계하며 마음이 약한 자들을 안위하고 힘이 없는 자들은 붙들어 주며 모든 사람을 대하여 오래 참으라"(살전 5 : 14)는 말씀과 같이 심방은 권계하고 안위하고 붙들어 주며 돌보는 것이다.[4]

(1) 성경으로 보는 심방의 기타 정의

신약성경에서 "돌보아 준다"는 것은 어떤 인간적인 접촉을 의미하는 것이다(마 25 : 36, 눅 1 : 68, 행 15 : 14). 즉, 방문하는 것으로부터 시작되는 인간의 접촉을 의미한다.

교회의 감독의 직분은 ①교회를 관리하는 일(행 20 : 28, 딤전 3 : 5, 5 : 17), ②교훈하는 일(딤전 3 : 2, 5 : 17), ③문병하는 일(약 5 : 14), ④나그네와 가난한 자들과 접촉하는 일(딛 1 : 8, 딤전 3 :

---

4) 김장대, op. cit, p.137.

2) 등을 "돌보아 준다" 는 말에 포함하고 있다.[5]

그래서 감독의 주된 임무는 심방의 임무를 지니고 있다고 할 수 있다. 이러므로 감독은 친히 개인적으로 방문해서 봉사하는 직분이다.[6]

따라서 심방이란 말은 어떤 상황을 인간적으로 방문하여 살펴보고 이해하고 도움을 준다는 것이다.[7]

(2) 학설로 보는 심방의 기타 정의

첫째, 조 요셉은 심방을 정의하기를 "신자가 사람들의 요구를 이해하고 예수그리스도 안에서 발견된 적절한 도움을 가지고 그들을 돕기 위하여 다른 사람들에게 가고 오고하는 기독교적 봉사라 할 수 있다"고 하였다.[8]

둘째, Jay E. Adams는 심방이란 "목회상담에 있어서 돌보고 훈련시키는 활동을 의미하는 것으로 스가랴나, 예레미야처럼 상처를 고쳐 주고 그들을 간호하며 모으는 것과 같은 것들로 양떼를 돌보는 것이다"고 하였다.[9] 하나님의 백성을 돌보는 한 가지 방법인 것

---

5) 김춘배, 기독교대사전(서울 : 기독교서회, 1965), p.11.
   Ibid., p.138에서 recite.
6) 조요셉, 가정심방(서울 : 복된 말씀사, 1969), p.58.
   Ibid., recite.
7) Ibid., p.59.
   Ibid., recite.
8) Ibid., p.59.
   Ibid., recite.
9) Jay E. Adams, The Pastoral, trany, samji chunge(Seoul : Churstion literative Crusade, 1978), p.8.
   Ibid., recite.

이다. 목회자는 자기가 섬기는 교회의 교우들을 알아야 한다. "내가 내 양을 알고 내 양은 나를 안다"(요 10 : 14)는 말씀처럼 목자는 양을 알아야 한다.

교우를 알려면 개인적인 만남이 있어야 하는데 그 만남의 한 가지 방법이 심방인 것이다. 목회자가 성도를 방문하여 믿음을 성장시키며 병자를 방문하는 것은 참으로 귀한 일이다. 하나님과 인간의 만남에 동참하는 것이 심방이다.[10]

2. 심방의 목적과 가치

1) 심방의 목적

심방의 목적은 양떼들을 돌보는 것인데, 예컨대 환자를 위로하고 격려하는 것, 결석한 성도를 방문하고 대화하여 신앙을 격려해 주는 것과 새로운 신자를 환영하고 격려해 주는 것, 가정환경을 잘 살펴보며 위로와 권면을 하는 것, 그리고 신앙상담의 장을 마련하는 것 등을 목적이라고 할 수 있고,[11] 또 다른 한편으로 목회자는 "양의 큰 목자"(히 13 : 20)와 "목자 장"(벧전 5 : 4)을 위해 그와 함께 양을 치고 있는 것이다. 그런 자격으로 목자는 목자장의 뜻을 권하며 항상 그의 관심을 말하고 그의 이름으로 방문한 사람으로서 그를 계속 대리하고 있다(마 10 : 40-42, 막 9 : 41). 앞의 성경 구

---

10) 박대철, 심방자로서의 목사(서울 : 순복음, 1977), Ibid., recite.
11) 김장대, 교회행정학(서울 : 도서출판 솔로몬, 1995), p.248.

절에서 예수는 목회자로 하여금 예수님의 이름으로 목회하도록 요구하고 있다는 것을 알 수 있다.[12]

여기에서 심방의 목적은 분명해진다. 즉, 하나님의 영광을 위하여 심방을 해야 함은 물론이고(고전 10 : 31), 좀더 구체적으로 심방의 목적을 기술하면 첫째, 목회자에 의해 채워져야 할 특별한 필요를 발견키 위함이요, 둘째, 심방해서 필요로 하는 직접적인 도움을 줌으로써 자기 양떼에 대한 하나님의 사랑스런 관심을 보여주기 위해서이다.[13]라고 아담스는 말했다. 셋째, 김 진환은 마태복음 28 : 19-20에 근거하여 심방의 목적을 다음과 같이 3가지로 정리하였다.

① 모든 족속으로 제자를 삼아서
② 성례에 참여케 하여 세례를 받게 하며
③ 예수의 모든 가르침을 순종케 하는 데 있다.[14]

심방은 "피곤한 손과 연약한 무릎을 일으켜 세우고 너희 발을 위하여 곧은 길을 만들어 저는 다리로 하여금 어그러지지 않고 고침을 받게 하라(히 12 : 12-13)는 말씀대로 양떼들이 똑바로 걸어가도록 살피고 인도하는 것을 목적으로 하고 있다. 심방은 목사를 목회자로 목회자답게 만들고, 성도들에게 신앙생활의 향상을 가져다 주며, 목회자와 성도들 사이에 이해와 친밀감을 증진시켜 줌으로써 효과적인 목회를 하게 하는 것이다.[15]

---

12) Jay E Adams. op. cit., p.112.
  박두현, 현대교회행정학(서울 : 교회교육연구원, 1991), p.14에서 recite.
13) Ibid., p.141에서 recite.
14) 김진환, 목회와 심방(The Full Gospel, 1977), p.20, Ibid.
15) 박두현, op. cit., p.141.

2) 심방의 필요성과 중요성

(1) 심방의 필요성

심방의 필요성은 교인들의 사정에 따라 목회자는 중보의 기도를 할 수 있는 좋은 기회를 갖게 되며, 목회자에게는 교회에서 설교가 교인들의 가정에서 실제로 실천되고 있는가를 점검하는 기회도 되고 교인들의 좋은 신앙체험을 통해 설교 자료를 수집하는 기회도 되며 어려운 교인들을 위한 기도의 제목을 얻을 수 있고, 불신자 전도 기회와 교인간의 유대관계도 강화될 수 있을 것이다. 심방의 기회를 통해 목회자는 교인들의 어떤 문제로 인한 심리적 부담을 덜어 줌으로써 좀더 자유롭게 할 수 있는 좋은 기회가 될 수 있다.[16]

(2) 심방의 중요성

① 교인들의 영적 목마름이 사슴이 시냇물을 찾듯이 심령적 시냇물을 찾기 때문이다.
② 고달픈 현대 생활에서 작은 상처는 믿음 약화의 원인이 되기에 심방상담으로 새 소망을 줄 수 있다.
③ 목회자가 양들의 가정환경을 정확히 파악하는 효과를 거둔다.
④ 그러나 간혹 심방이 잘못되어서 부작용이 종종 있으므로 심방자는 조심해야 한다.
⑤ 가정심방은 믿음이 약한 자는 강하게 하고 믿음이 없는 자는 믿음을 갖게 하는 동기가 마련될 수 있다.[17]

---

16) 김장대, op. cit., p.248.
17) 박수현, op. cit., p.139.

3. 심방에 대한 바른 이해

1) 심방의 방법

심방은 심방의 목적을 이루기 위해서는 사전 준비가 필요한데 여기에는 적절한 성경 본문과 찬송, 그리고 그 가정에 부합한 말씀을 준비하여 전해야 하고 또한 피 심방자의 처지에 따라 다소 차이는 있을 수 있으나 심방 소요시간은 10~20분을 넘기지 않게 간단히 해야 한다.

그리고 교육수준과 생활수준이 높거나 교회 직분이 있다고 해서 자주 심방 하는 일은 삼가야 한다. 목회자는 심방행위에 대한 기록을 보관하되 심방자료는 심방 원부에 기록해야 한다. 그것은 상담의 자료가 되기도 한다. 피 심방 가정에 교인이 부재중이면 자신의 방문 카드를 남겨 두어야 한다. 그리고 심방 전에 가능하면 전화 또는 간단한 서신으로 사전에 띄우는 것이 좋다.

특히 남녀간의 윤리적 관점에서 피 심방 가정에 부인이 혼자 가정을 지킬 때는 여전도사, 장로, 집사, 심방대원을 구성하여 목회자의 심방 수행을 하는 것이 좋다. 그렇지 못할 경우 목회자는 부인을 대동할 수 있다. 사정상 목회자 혼자서 가정주부만 있는 가정을 심방할 경우는 방에 들어가지 말고 마루 밖에서(환자가 아닌 경우) 안부를 묻고 권면을 한 후 돌아올 수 있으며, 꼭 방에 들어가 예배를 해야 할 경우는 방문을 개방하는 것이 덕이 될 수 있다. 목회자는 앉을 자리, 설 자리를 구별할 줄 알아야 하고 할 일과 하지 말아야 할 일을 분명히 분별해야 한다.[18]

---

18) 김장대, op. cit., p.249.

2) 심방의 성경적 근거

① 스가랴 11 : 15-17 "여호와께서 이르시되 너는 또 우매한 목자의 기구들을 취할지니라. 보라 내가 한 목자를 일으키니 그가 없어진 자를 마음에 두지 아니하며…. 상한 자를 고치지 아니하며 강건한 자를 먹이지 아니하며 오히려 살찐 자의 고기를 먹으며 또 그 굽을 찢으리라. 화 있을진저 양떼를 버린 못된 목자여 칼이 그 팔에 우편 눈에 임하리니 그 팔이 아주 마르고 그 우편 눈이 아주 어두우리라" 했다.

② 예레미야 23 : 2 예레미야로 하여금 "이스라엘 하나님 나 여호와가 내 백성을 기르는 목자에게 이같이 말하노라. 너희가 내 양 무리를 흩으며 그것을 몰아내고 돌아보지 아니하였도다. 보라 내가 너희의 악행을 인하여 너희에게 보응하리라"고 했다.

③ 앞의 말씀에서 히브리어 pakath를 헬라어로 번역하였는데 이것은 "방문 한다"는 뜻이다. 신·구약성경에 나타난 신방의 핵심적인 의미는 "감독"임을 의미한다. 성격적인 심방에 있어 핵심이 되는 관심을 서로가 기억되거나 생각하는 것과 동등한 것으로 행동화되는 것이다. 시편 8 : 4, 106 : 4에서 "방문 한다"와 "기억하라"가 히브리어 평행법으로 사용된다. 방문한다는 것은 축복이나 심판에 대한 관심을 보이는 것으로 사람의 감독과 감사로부터 나온 관심을 말한다. 영어의 visit의 어원은 "유익함이다" "보다"로 생각하는 가운데 그 의미를 발견할 수 있다.[19]

---

19) Jay E. Adams. op. cit., p.99.
박두현, op. cit., p.140에서 recite.

④ 창세기 50 : 24-25, 출애굽기 4 : 31, 에 나오는 "권고 한다"는 뜻은 "다시 은혜를 베푸는 것"을 의미한다. 현대 번역에서 "심방"은 '지킴', '간호함', '돌봄'으로 번역하여 성경적인 심방에 대한 진정한 의미를 파악하고 있다. 잠언 기자는 "네 양떼의 형편을 부지런히 살피라"(잠언 27 : 23)고 하였다. 이는 심방을 통하여 교인을 살피라는 의미를 담고 있다.

3) 목회 심방의 원칙[20]

① 목회자는 매번의 심방에서 목적 구현을 위하여 노력해야 한다. 심방하기 전 목적을 결정해야 한다. 성령의 인도하심으로 목적을 이탈하지 말아야하고 기도와 성경을 충만한 심령으로 준비해야 한다.
② 시간을 길지 않게 목적 달성에 필요한 시간만을 소비해야 한다. 도시 심방의 경우 15~20분(10~20분) 정도가 좋을 것이고, 심방의 가치는 시간 길이에 있지 않고 심방자의 예의와 사역에 따르는 것이다.
③ 심방시의 대화는 영적인 면으로 지속되어야 한다. 그 가정의 현실적인 문제를 대화의 내용으로 하되 영적인 이야기로 기회를 포착해야 한다.
④ 가족 구성원 모두의 개인적인 문제에 관심을 표명해야 한다.
⑤ 심방에는 항상 간략한 성경봉독과 기도로 마무리해야 한다. 이것은 하나님의 일에 주목시키고 복을 기대하게 하고 하나

---

20) 이주영, 목회자의 심방과 상담, 칼빈신학교 발행, pp.10-13.

님과 가까워지게 하는 수단이 된다.
⑥ 목회자가 행한 모든 심방은 기록으로 남겨야 한다. 심방 카드를 만들어 심방에 관한 자료를 적어야 하고 심방계획에 대한 보다 상세한 카드 정리와 비치되어 있어야 한다.
⑦ 심방 시에는 사람이 유고하면 심방 카드를 남겨 두어야 한다. 카드는 사전 고정 서식을 만들어 쓰는 것이 좋다.
⑧ 목회자는 심방할 수 없는 사람에게는 때때로 편지를 써야 한다.

4) 심방의 자세(태도)

목회자의 효과적인 심방은 심방의 자세이다. 심방에는 목회적 심방과 사교적 심방이 있다. 어떤 심방이든 영적 유익이 있게 해야 한다. 목회자, 심방대원, 심방 받는 가정(개인) 등이 어떤 자세이어야 하는지를 살펴보자.

(1) 목회자의 자세(에티켓)

"너희 안에 이 마음을 품으라. 곧 그리스도 예수의 마음이니(빌 2 : 5)" 하신 말씀을 따라서 목회자의 마음은 예수의 마음을 품어야 한다. 즉, 겸손한 자세와 사랑의 마음을 가져야 한다. 심방자는 기뻐하는 자들과 기뻐하고 우는 자들과 함께 우는 자세로 심방에 임해야 한다. 성도의 의견을 경청하는 자세가 필요하며 좋은 친구가 되어야 한다.[21] 그리고 보다 적극적이고 능동적인 자세를 가져야 한다.

---

21) 임택진, 목회자가 쓰는 목회학(서울 : 예장총회 · 교육부, 1974), pp.193-194.
박두현, 현대교회행정학(서울 : 교회교육연구원, 1991), p.142에서 recite.

지도자는 소박하고 진실한 자세를 가질 때 권위도 가지게 된다. 심방의 실질적 목표를 세우고 목표 달성을 위한 진지하고 열성적인 자세와 심방의 초점에 모든 자세를 집중해야 한다.

(2) 심방 동행자의 태도

대 심방이나 보통 심방에서 전도사, 권사, 구역권찰 등이 동행하게 되는 경우가 있는데 이들은 목회자를 동행하여 효과적인 심방이 되도록 정중하게 돕는 자세를 가져야 한다. 서로 좋은 점을 보려고 하면서 목회자와 피 심방 교우의 허물된 화제는 일체 삼가야 한다.

(3) 심방 받는 가정(교우)의 태도

심방시 가능하면 전 가족이 심방 예배에 참석하는 것이 최선이지만 그렇지 못하더라도 집에 있는 가족만이라도 가정심방을 받아야 한다. 심방의 목적에 따라 심방인을 잘 영접해야 한다. 협력하는 자세가 필요하다. 그래서 목회자, 심방동행자, 피 심방 가정이 하나의 목표를 향하여 협력할 때 효과를 거둘 수 있고 성장하는 교회공동체가 될 수 있다.[22]

(4) 심방자의 자기 관리 요령

심방자는 의복이나 몸을 청결히(단정히) 함은 물론, 생각과 말과 행동을 예수의 일꾼답게 잘 갖추도록 힘써야 한다.

로벨(C. C. Lervertt)은 다음과 같이 심방자의 요령을 주장한다.

① 주위를 이탈하지 말라.

---

22) Ibid., p.142.

② 너무 빨리 가르치지 말라.
③ 시간을 지키라.
④ 너무 많은 것을 주지 말라.
⑤ 대립하는 질문을 피하라.
⑥ 준비 없이 가지 말라.
⑦ 환자를 보내지 말라.
⑧ 초 신자 집에 그늘을 가져오지 말라. 당신의 짐을 모두 주께 맡기고 성령의 열매가 가득하도록 하라(갈 5 : 22-23).
⑨ 모든 것을 아는 지식으로 가르치지 말라.
⑩ 논쟁하지 말라.[23]

남의 허물이나 교회의 약점을 말하지 않도록 하고 좋은 말을 해야 한다.

심방은 하나님 안에서 진실하게 살려는 숨겨진 장애물을 제거해 주려는 노력이므로 목회자(심방자)가 장애물이 되어서는 결코 안 된다.[24]

(5) 심방의 문제점

한국 교회가 목회심빙에 어려움을 겪고 있다. 심방 기피, 심방을 부담스러워 하는 교인이 늘고 있다. 심방 오지 않는 조건으로 교인 등록을 하는 경우도 있다.

---

23) James, Kennedy, 현대도서(서울 : 생명의 말씀사, 1972), p.205.
   Ibid., p.143에서 recite.
24) 임택진, op. cit., p.203.
   Ibid., p.143에서 recite.

① 심방을 기피하는 이유

현대인의 이기주의 현상과 교인의 익명성, 자기를 감추고 살려는 생각과 또한 심방에 대한 이해 부족이라고 지적할 수 있다. 그리고 목회자의 비효과적인 심방요령에도 문제가 있다. 권 택조 목사는 두 가지 원인을 지적했는데 그 하나는 교인의 자기 피해 의식 또는 어떤 잘못의 노출을 꺼리는 것과 다른 하나는 목회자의 심방이 도움이 되지 않는다고 판단하기 때문이라고 했다.

신 세원 목사는 4가지 원인을 말하고 있다. 핵가족, 세속화, 노동으로 인한 피로, 신앙심이라고 진단하고 있다.

심방을 기피하는 사람들은 대개 고학력, 고소득층이라는 것이 현실로 대두되고 있고, 이기주의, 무사안일주의도 심방 기피 이유 가운데 들어간다고 생각한다.

② 목회구조상 심방의 문제점

근대화 · 도시화 현상으로 교회의 양적 비대화로 인하여 영혼 귀한 관념이 희박해지고 생명 경시 풍조까지 교회 안에 유입되고 교인들도 물질에 관련된 문제를 해결해 줌으로 교인 확보에 혈안에 되고 있다. 다수 교인 확보를 위해서 교회를 찾아오게 하려니 목회자는 설교 위주의 목회를 하게 되고 부흥 위주의 목회를 하게 된다. 이로 인해 교회가 양적 성장이 어느 정도 오게 되면 목회자 자신이 심방을 부정적인 표현을 하게 된다. 그것은 시간 소요, 건강 손상에서 그렇다. 그리고 다수의 심방대원으로 인해 개인적 관계가 이루어지지 않는다는 점도 부정적 요소의 하나가 된다는 것이다.

또한 정기적 대 심방은 한국 교회의 전통화가 되어 연례행사가 되어 있는데 피 심방자의 특성이 고려되지 않는 일괄적 심방을 특정 기간에 집중화하는 점은 재고해야 한다고 주장한다.[25]

5) 심방의 종류

(1) 대 심방

대 심방은 기후 관계로 봄·가을에 실시한다. 이때에 주보에 심방계획을 발표하되 날짜, 성명, 시간 등을 알려서 심방영접을 준비케 하고 심방대원은 시간을 지켜야 하며 늦어지면 미리 전화로 양해를 구해야 한다. 심방대원은 목회자, 구역장, 권찰 등 3~4명으로 구성하는 것이 좋고 되도록 피 심방자의 가정에 부담을 주지 않는 것이 좋다.

(2) 일반심방

정기 심방에 누락된 가정이나 지역이나 직장, 사업장으로 심방을 계획하고 사전 약속을 하여 심방을 한다. 이때 여러 정황을 잘 고려하여 심방이 누가 되지 않게 충분히 검토하고 지혜롭게 하도록 계획하여야 한다. 특히 일반심방은 성도와 교제의 기회를 가지며 형편을 파악하는 기회이니 만큼 영적으로 도움을 주도록 하여야 해야 한다.

(3) 장기 결석자 심방

일차 대 심방 때 누락된 가정이나 개인 등에 대하여 추가계획을 세워서 실시하는 심방으로서 이때 가정환경을 보아 시간을 적절히 가지고 대화의 내용도 경직되지 않도록 유도해야 한다. 이때는 동

---

25) 정진경, 오늘의 심방을 말한다, Ibid., p.33.
 박두현, op., cit. p.144에서 recite.

행하는 대원이 방문가정과 친숙한 사람이면 훨씬 효과적인 심방이 될 수 있다.

장기 결석자는 두 경우가 있다. 신앙은 있으나 직장관계로 출석을 못하는 경우와 신앙이 없어서 출석하기 싫어하는 사람이 있다.

목회자는 어떤 경우든지 잘 판단하여 적절한 대화를 하되 죄악감이 들도록 자극적인 말은 삼가야 한다.[26]

(4) 특별 심방

이 심방은 유고 심방, 병원심방, 새 신자 심방 등인데 각각 그 특성을 고려하되 적절히 대응하고 지혜로운 대안과 위로와 용기를 주어야 한다.

(5) 심방청원서와 심방보고서 사용

교인들의 심방청원을 받을 때가 있는데 이때 간단한 심방청원 카드를 마련하고 교인들이 사용토록 한다.

그리고 심방보고서는 여러 사람이 심방을 각자 하더라도 동일한 내용의 통일되게 하기 위해서 서식을 사용하는 것이 좋고 목회자는 교회 내의 기관에 일어나는 일이나 진행사항을 항상 알고 있어야 하고, 심방보고서를 통해 교인의 신앙생활을 점검하는 귀한 자료가 된다. 심방청원서와 심방보고서는 교회의 실정에 맞게 적의 작성하여 사용하는 것이 좋을 것이다.

---

[26] 박두현, 현대교회행정학(서울 : 교회교육연구원, 1991), pp.150-151.

6) 심방의 대상

(1) 환자(병고 자)

환자는 육적·영적 환자가 있다. 육신적 병고(病苦)자는 병원치료를 받아야 하고, 영적 환자는 성령의 도움으로 신앙적 치유를 해야 한다.

예수님은 "건강한 자에게는 의원이 쓸 데 없고 병든 자라야 쓸 데 있느니라"(마 9 : 12)고 했다. 그러므로 목회자는 정신적·육체적·영적인 도움을 주어야 한다. 심방이란 도움이 필요한 자를 찾아가서 위로하고 용기를 주는 것이다. 특히 중환자의 심방은 한 두 사람이 나누어 차례로 가는 것이 효과적이다.

(2) 사별을 당한 자

생명을 잃은 가족(유족)은 고통을 겪게 된다. 이때 하나님의 사랑이 위로인 것이므로 하나님의 위로를 빌고 소망을 갖도록 한다. 장례를 당한 가정은 불신 가정이라도 목회자를 초대하면 그들을 도와야 하고 사랑으로 복음의 씨를 뿌리는 기회로 삼아야 한다.

(3) 사업에 실패한 자

어떤 사유에서든지 사업에 실패하고 나면 세상을 다 잃은 것 같고 때로는 스스로 목숨을 끊는 자도 있다. 이때 "즐거워하는 자들로 함께 즐거워하고, 우는 자들로 함께 울라"(롬 12 : 15)라는 말씀을 기억하고 그 괴로움에 진지하게 참여해 주는 일은 귀하다. 목회자의 위로는 실패한 자에게는 참 소망과 위로가 될 것이다.

(4) 신앙에서 낙심하는 자

신앙이 낙심되어 교회 출석을 거부하는 자가 있다. 이런 자를 위해 목회자는 좋은 안내자가 되어야 한다. 낙심의 원인을 잘 파악하여 적절한 대응을 하면서 새로운 믿음을 일깨워야 한다.

① 그를 위하여 관심을 기울이고 기도해야 한다.
② 환자가 어떤 환경에서 어떤 문제를 가지고 있는지 알아내서 해결책을 간구해야 한다.
③ 목회자는 그들이 갖고 있는 문제점을 말할 수 있도록 유도하고 교회가 실수가 있으면 교회의 대표로서 실수를 인정하고 정중히 사과해야 하고 그것을 용서하고 이해를 받을 때 어떤 해결점이 있게 된다.

(5) 유고 자

교회는 이미 등록된 교인들이 교회 출석을 잘하도록 행정력을 동원하고 심방을 해야 한다. ①출석부 활용, ②전화심방, ③결석심방, ④주보와 편지 발송, ⑤생일 카드 발송 등을 통하여 따뜻하고 정중한 관심을 기울여야 한다.[27]

4. 심방행정

목사는 교회의 행정가로서 해야 할 일이 다양하고 많다. 사회가

---

27) Ibid., pp.147-149.

다양화되고 전문화되어감에 따라 목회의 업무량도 많아서 목회자가 수행할 행정적 책임은 날로 증가하고 있다. 우선 교회조직의 운영관리의 측면에서 볼 때 구역 및 권찰회의 관리, 새 신자 보호 육성, 제직 훈련, 각급 주일학교의 운영과 지도 관리, 각 선교 기관관리, 재정출납의 조정, 교회 건물의 유지 관리, 기타 사무처리 등이 있고, 대외관계 유기적 측면에서는 각 지역교회협의회의 협력사회 복지단체들과의 관계 유지, 공공기관들과의 관계, 노회, 총회와의 관계 등이며 예배의 미학적(美學的) 측면에서 음향시설의 조율, 강대상 및 의자 배치, 꽃꽂이의 색상과 배열, 성가대의 위치, 출입구 안내 인사, 주보지의 효율적 활용 등 모든 사항들이 실천신학에서 적용되는 분야로서 교회행정과 관련되지 않는 분야는 거의 없다.

여기에서 위의 각 분야에 대한 행정적 방법을 다 논급하지 않기로 한다. 다만 목회자가 행정가로서 역할을 목양의 차원을 벗어난 사역의 차원에서 다져야 할 문제이다. 그래서 성경에서 바울은 롬 12 : 6-8에 "우리에게 주신 은혜대로 받은 은사가 각각 다르니 … 다스리는 자는 부지런함으로 긍휼을 베푸는 자는 즐거움으로 할 것이니라" 하였으므로 목회자는 사역자로서 이 일들을 하나님 안에서 모두 관리해야 한다. 그래서 교회행정에는 조직과 직임이 필요한 것이다. 이것이 행정인 것이다.[28]

1) 목회심방의 새로운 행정

심방이 기복적 축복의 심방이 되어서는 안 된다. 그리스도교는

---

28) 김장대, 교회행정학(서울 : 도서출판 솔로몬, 1995), pp.250-251.

사람이 하나님의 자녀가 되어 세상에서 빛과 소금의 역할을 해야 하며 이를 위해 훈련하는 데 관념적으로 복을 비는 샤머니즘처럼 해서는 안 된다. 그래서 교회행정가로서 목회자는 새로운 갱신이 필요하다.

① 목회자 갱신
교회의 문제점의 책임자는 목회자이다. 심방뿐 아니라 교회의 근원적인 책임은 목회자가 져야 한다. 그렇다면 먼저 목회자가 새로워져야 하고 새 소명이 있어야 한다.
교회의 전통적 장점은 살리고 단점은 전단(剪斷)하는 행동이 뒤따라야 한다.
박 종렬 목사는 목회자 갱신의 필요한 이유를 첫째는 인간이 불완전하기 때문에, 둘째는 목회자이기 때문이라고 했다(박 종렬 외 3인, 목회자와 자신갱신, 월간목회, 1986, 6월호, p.26).
김 득룡 목사는 갱신의 이유를 3가지 말하고 있는데, 첫째는 시대적·사회적 상황이 갱신을 요구한다는 것이고, 둘째는 교계와 교회의 상황이 자기 갱신을 필요로 하고, 셋째는 목회 자료가 너무 직업화되어 가는 점이라고 했다(목회월간, 1986, 6월호, pp.28-29).

② 자기 갱신이 없을 때의 결과
박 종렬 목사는 첫째 목회자 자신이 권태와 공허에 빠져 사명 수행이 어려워지고, 둘째 섬기는 교회가 피해를 입을 것이며, 셋째 성도의 사명인 빛과 소금의 역할을 감당하지 못할 것이라고 했다.
③ 김 득룡 목사는 자아 갱신을 "자아 성찰", "자아 충실", "자아 공헌"이라는 개념으로 설명하면서 자아갱신이 없을 때 목회자가

무기력해지고, 교회가 무기력해지고, 결국 자신도 교회도 죽는다고 했다.

2) 목회자 갱신의 방향

① 박 종렬 목사는 첫째, 인간적인 측면에서, 둘째, 문화적인 측면에서, 셋째, 형식적인 측면에서 갱신이 이루어져야 한다고 했다.
② 김 득룡 목사는 첫째, 골방기도운동, 둘째, 골방독서운동, 셋째, 사랑방운동(심방과 상담)을 힘써야 한다고 주장하고 있다.

목회자 갱신은 혼자의 힘으로 성취되기 어렵다. 목회자의 교회, 가정, 사회의 이해와 협조가 있어야 될 것이다. 목회자가 갱신이 되면 섬기는 교회가 새로워질 것이다. 그러므로 현대에 목회자는 새로운 갱신이 대단히 필요하다.

(*위의 1)의 ①, ②와 2)의 ①, ②는 '월간목회' 1986, 6월호, pp.29-34)

3) 심방형태의 변화

기복주의 식의 심방이 아닌 새로운 형태의 심방을 시행해야 할 것이다. 원하지 않는 가정을 억지로 심방할 것이 아니라 원하는 가정부터 심방을 우선 고려하는 것이 좋다.
① 심방을 요청하는 가정과 개인을 우선으로 한다.
② 심방의 철저한 보고와 심방기록의 자료화로 중복되지 않도록

한다.
③ 전화심방 및 통신으로 연락하는 제도를 곁들이는 것도 좋을 것이다.
④ 초청하여 목회자를 찾아오도록 하는 심방 등을 연구하여 성경적인 교훈에 부합한 심방행정이 되도록 하여야 할 것이다.[29]

---

29) 박두현, op. cit. pp.146-147.

제8장
교회행정 규정과 교회법을 알아야 할 이유

1. 교회행정법규의 근원

교회행정을 수행할 교회행정가 또는 직분자들(office-bearers)이 어디에 근거를 두고 행정을 해야 하는지 그 법적 근거를 논의하고자 한다. 다시 말하면, 교회행정을 위한 고정된 법칙이 무엇이며 어떤 법칙근거에 의하여 교회행정이 수행되는가 하는 것이다.

교회의 행정원리나 행정력이나 행정법은 전부가 교회 설립자이신 그리스도로부터 나오고 행정가이신 주님으로부터 나오는 것이다. 그것은 바로 예수그리스도가 행정력의 원천(source)이시고 그리스도가 교회의 소명 받은 직분 자를 세우시고 그 세운 사를 통해서 직분 자를 선택하게 하여 그들로 교회를 다스리고 관리하게 하실 뿐 아니라 주님은 교회의 창설자(founder)로서 교회의 머리가 되시고 친히 행정가가 되시기 때문이다.[1]

이러한 관점을 전제로 하여 주님으로부터 나오는 행정법은 무엇을 말하는가?

---

1) Douglas Bannerman, The scripture Doctrine of the Church(Historically and Exegetically considered), Edinburgh, 1965, p.194.

1) 교회행정법은 하나님의 말씀[2]

그리스도가 교회의 주인이시요 그가 말씀하신 법은 성경이다. 성경이 그리스도의 모든 원칙을 대변하고 있다. 이 성경이 교인의 법, 즉 헌장의 근본이며 정치체제와 행정 윤리의 기초이다. 직·간접적으로 성경은 행정의 법이 된다. 모든 법의 항목이나 조항을 만들 수 있는 충분한 근거를 계시한다. 무엇보다도 주님의 마음이 어떤 것인지를 밝혀 비춰 주고 있다.

① 교회행정 기구에 대한 모습을 찾아낼 수 있다. 이 기구를 통하여 교회행정이 수행될 수 있음을 하나님의 말씀은 밝혀 주고 있다.
② 제시된 행정 기구의 권위가 충분히 보장될 수 있다. 말씀에서 보다 구체적으로 규정을 만들고도 남는 충분한 조건이 성경에 담고 있다.
③ 모든 헌장을 이루고 원칙을 제시할 수 있다. 매우 구체적인 법이나 규정까지는 조문화되지는 않았어도 모든 헌장을 이루는 원칙을 제시하고 있고 성경 안에서 주님의 뜻을 알 수 있으며 교회행정의 원리와 교회의 정치이념을 찾아낼 수 있다는 말이다. 무슨 행정을 하든지 성경은 그 기준으로서 조금도 부족하지 않다.

2) 교회가 만든 법의 종속성과 원칙성

(1) 교회법의 성경에 종속성

---

[2] 손병호, 교회행정학원론(서울 : 도서출판, 1993), pp.91-95.

때로는 교인들이 법을 만든다. 이런 법은 가능하나 그것은 어디까지나 말씀에 종속 내지 예속되는 것이어야 한다. 그것이 말씀보다 위에 있을 수 없으며 우선적일 수 없다. 때로는 노회나 총회에서 각종 규정을 만든다. 이 때의 원칙은 성경이 모범이 되고 원리적 표준이 되지 않으면 안 된다. 총회의 헌법일지라도 그것은 성경 아래 있는 법이다.

(2) 교회행정법의 원칙성

교회행정법은 어디까지나 원칙적이어야 한다. 원칙이란 성경대로를 말한다. 지나치게 지엽적인 것을 법규화하면 사람과 교회를 제약하게 된다. 융통성이 없는 법은 자유하기 보다는 구속한다. 아무리 수준이 높고 이해가 힘들다 할지라도 원리를 떠나면 변칙이 된다. 교회의 법규는 성경에 대한 하나의 보조적 수단으로 사용해야 한다.

영국 교회는 1643~1647년 판 Westminster 신앙 고백서와 장로교 정치·행정원리를 오늘까지 수정 없이 사용한다. 법보다 법의 운용이 중요시된 것이다. 교회는 법을 강조하는 것이 아니라 법정신을 함양시키는 일이며 법정신은 성경의 참뜻을 의미한다. 그것을 이행시키고 깨닫게 하는 것이 교회행정이다.

3) 성경이 말하는 직분자 또는 교회행정가의 법 수행의 자세

(1) 보조적 봉사자로서 법 집행

성경이 말하는 행정원리나 행정법과 같이 성경이 말하는 교회행정가나 교회 직분 자들이 있다. 그러나 그들 다 보조직이지 권위가 있는 것은 아니다. 그들은 봉사자요, 종(servant)에 지나지 않는다. 그들은 그리스도가 아니며 대리도 아니라 그리스도의 일꾼이다. 사람 자체는 그리스도의 종이다. 그의 주인은 주님이시다. 교회 직분자나 교회행정가는 주인이신 주님으로부터 주님에 의하여 그의 직무를 수행할 뿐이다. 단지 주님의 도구로 그의 교회를 다스릴 뿐이다(요 13 : 16, 17).

(2) 종속직의 자세로 법 집행

교회 직분 자나 행정가는 봉사직이며 섬김의 직이다. 그들의 권위는 어디까지나 종속직(subordinate)이다. 그들에게는 말씀의 자유나 예식을 임의로 제정, 변개할 자유가 없다. 그들은 법을 제정할 자들이 아니라 선포 자에 지나지 않는다. 교회든 교회행정가든, 당회든, 노회든, 총회든 법을 절대시할 것이 아니라 성경을 절대시해야 한다. 성경은 사람을 잡거나 죽이기 위한 법을 말함이 아니라 살리고 구원하는 법을 말한다.

2. 교회법을 알아야 할 이유[3]

목회자는 은혜와 사랑으로 목회하는 순수한 목회를 하면 됐지 법은 알아서 무엇 하겠는가? 이런 말을 듣게 되는데 심히 우려되는 말이 아닐 수 없다.

교회의 온갖 봉사가 분명히 하나님의 율례와 법도를 좇아 행하

---

3) 박병진. 교회제직교본(서울 : 성광문화사, 1990), pp.15-24.

여야만 할 신성한(sacred : sacredness) 하나님의 일이요, 사람이 마음대로 혹은 이렇게 하고 혹은 저렇게 할 수 있는 세속사가 아닌데 사람이 하나님의 법을 알지 못하고서야 어떻게 하나님의 교회를 섬길 수가 있겠는가?

주의 뜻을 알지 못하고 주의 일을 하겠다고 하면 이것은 하나님을 향한 오만불손이요, 혹 그렇지 않다면 신령한 일과 세속의 일을 분별조차 할 줄 모르는 타락의 실증으로 볼 수밖에 없다.

우리는 지으신 만물(all things)이 오직 하나님이 정하여 놓으신 법칙을 따라서만 생성(生成 : formation)되고 유지된다는 사실을 명심하여야 하되 그 중에서 특히 인류 구원과 직결되는 교회에 관한 예표적이요, 혹은 원형적인 계시를 더듬어 우리가 법을 알아야 할 이유를 살펴보자.

1) 에덴(Eden)에서의 하나님의 법

여호와의 교회가 설립된 것은 교회정치 문답 조례에는 아담이 범죄한 후 구속하실 허락을 하신 날부터 교회가 성립되어(창 3 : 15, 6 : 18) 그 동안 여러 가지 모양으로 지냈고 계속하여 오늘에 이르렀다(행 7 : 38, 눅 1 : 67-69, 요 4 : 21-26, 출 3 : 15-16)고 했다.

(1) 생육과 번성의 법

하나님은 에덴동산의 아담 하와의 생활을 아무렇게나 살라고 방임하시지 않으셨다. "하나님이 그들에게 복을 주어 생육하고 번성하여 충만 하라, 땅을 정복하라. 바다의 고기, 공중의 새, 땅의 움직이는 생물들을 다스리라 하시리라, …온 지면에 씨 맺는 채소와 씨 가진 열매 맺는 모든 나무를 너희에게 주노니 너희 식물이 되리라"(창 1 : 28~29)고 했다.

(2) 사람에 대한 금과(禁果)와 삶의 법

여호와 하나님은 사람에게 에덴동산을 다스리며 "동산나무의 각종 과실은 먹되 선악을 분별하는 과실은 먹지 말라. 네가 먹는 날에는 정녕 죽으리라."(창 2 : 16-17) 하였다. 이렇게 하나님은 사람 살아가는 방법을 소상하게 계시해 주셨다.

그러니 아담 하와가 그 법을 어김으로써 "너는 흙이니 흙으로 돌아갈 것이니라"(창 3 : 19)는 사망의 벌을 받게 되었다. 하나님의 법을 알지 못해서가 아니라 어겼기 때문이다.

(3) 하나님의 영광과 자기 생존을 위해서 알아야 할 법

하나님의 법은 하나님을 섬기는 일에만 필요한 것이 아니라 자기 생존을 위해서라도 알아야 한다. 사람이 하나님의 법도를 좇아 살아가는 것이 하나님을 영화롭게 하는 것이 되며 하나님 공경의 섬김이 되는 것이다. 하나님의 법을 모르고 살아가는 것은 하나님과 관계가 없다. 그리고 아무 일도 할 수 없게 된다. 그런고로 법은 생명처럼 소중하다. 법을 모르는 생명은 필경 죽을 것이요, 살았다 하더라도 죽음과 같이 안전한 삶을 살 수가 없게 된다.

2) 노아 방주(Noah's ark) 교회의 하나님의 법

노아방주(舫舟)도 교회의 모형이다. 그런데 그때에 노아가 왜 방주를 지었는가? 그것은 하나님이 계시하신 홍수 심판의 뜻을 알았기 때문이며, 그 계시를 그대로 믿었기 때문이며, 방주를 지으라는 명령을 순복해야 살겠다고 확신했기 때문이었다.

(1) 방주 제작에 대한 하나님의 법

하나님은 방주를 지으라고만 하시지 않으시고 창세기 6장 14절 이하에서 그 식양(式樣 : style), 설계에 대하여 계시하셨다. "너는 잣나무로 너를 위하여 방주를 짓되 그 안에 간(間)들을 막고 역청(歷淸)으로 그 안팎에 칠하라" 하였다.

그리고 그 방주의 제도는 이러하니, 장이 300규빗, 광이 50규빗, 고가 30규빗, 거기 창을 내되 위에서부터 한 규빗에 내고 그 문은 옆으로 내고 상·중·하 3층으로 할지니라. 만일 그때에 방주를 지으라고만 하고 그 식양을 계시하시지 않으셨으면 결국 방주는 노아의 생각대로 너무 작거나 너무 커서 홍수 심판을 이겨내지 못하고 파선되었거나 침몰되고 말지 않았을까?

(2) 하나님의 법(계시)대로 지은 방주

하나님은 계시하셨고 노아는 그 배의 식양(式樣)을 제멋대로 가감하지 않고 계시(법)대로 순복했다. 그리하여 그는 마침내 히브리서 11 : 7의 교훈대로 "믿음으로 노아는 아직 보지 못한 일에 경고하심을 받아 경외함으로 방주를 예비하여 그 집을 구원하였으니 이로 말미암아 세상을 정죄하고 믿음을 좇는 의의 후사가 되었느니라" 했다.

교회 일은 방주를 짓던 노아의 일과 다를 바가 없다. 교회 일은 하나님의 법을 어기면 섬길 수도 없고 또한 하나님의 법을 모르면 큰 우를 범하게 된다.

3) 광야(widefield)교회의 하나님의 법

구약에 있어서 출애굽 이후의 이스라엘 백성들의 광야생활은 가장 뚜렷한 교회의 원형이다. 하나님은 그때에 모세를 통하여 성막을 지으라고 명령하셨고 또한 그 성막을 중심해서 살도록 명령하셨다. 히브리 10 : 20에 "…휘장은 곧 저의 육체니라" 하셨는데 결국 이스라엘 백성들의 성막 중심 생활은 바로 신약교회의 예수 그리스도 중심 생활과 동일하다는 말이다.

출애굽기 25장 이하를 보면 하나님은 성막을 지을 때, 노아방주 때 자세한 식양(style)을 보이신 것처럼 여기서 더 자세하게 지시하셨다.

(1) 성막 제작과 거기에 나타난 하나님의 법

하나님은 성막의 식양뿐 아니라 자재 조달 방식과 자재품목과 특수 부분에 대하여는 일꾼까지도 지명하고 있다(출 25장 이하).

그리고 에덴에서는 선악과를 따먹는 날에는 정녕 죽으리라 하신 단 한 가지 사망의 법을 말씀하신 하나님이 성막에 제도에서는 도처에서 사망의 법을 보이고 있다.

① 제사장이 지정한 옷을 입지 않으면 죽으리라 하였고(출 28 : 43)
② 지정한 물두멍에서 수족을 씻지 아니하고 회막에 들어가면 죽는다고 하셨으며(출 30 : 20-23)
③ 아론의 아들 나답과 아비후가 명령 없는 분향을 하다가 죽음(레 10 : 1)을 당했으며
④ 안식일에 일하는 자를 반드시 죽일지니라(출 31 : 15)고 하셨

으며

⑤ 성별된 아론도 성소의 장안 법궤 위 속죄소 앞에 무시로 들어 오지 않아서 사망을 면한다(레 16 : 2).

⑥ 레위지파 고핫 자손이라도 성물을 만지거나 성소를 보는 일 조차 "죽을까 하노라"(민 4 : 15-20) 하셨다(참고 삼하 6 : 6, 삼상 6 : 19).

⑦ 지파별 성막 중심과 진칠 자리를 정하신(민 2-3장) 기록이 있 다(참고 민 1 : 51-53, 8 : 19, 18 : 5, 3 : 38, 18 : 3 · 7).

이와 같이 이스라엘의 성막 봉사는 어느 한 가지도 백성들이 제 멋대로 하는 것을 추호도 허용치 않으시고 여호와께서 모세를 통하 여 명하신 법대로만 행케 하셨다.

(2) 법을 어긴 자들의 엄벌(죽임)

그때 법을 몰랐다면 어디나 진을 치고 살았겠는가? 성막 이동 때 도 어떻게 그것을 바로 옮길 수가 있겠는가. 법궤 옮긴 사건에서 하 나님의 법대로 법궤를 모시지 않을 때 하나님은 웃사를 즉시 죽이셨 다(삼하 6 : 6-7). 그것은 레위지파에게만 법궤 취급 직무를 맡겼는 데 외인이 이 일에 범접(犯接)하지 못하도록 금하셨음으로 인함이다.

(3) 자의적인 선행이 아닌 하나님이 제정하신 법을 지켜야 한다

우리는 여기서 거룩한 진리를 발견한다. 자의적(自意的 : Voluntarily)인 선행으로 하나님을 위한다는 소행은 여호와의 진노 거리요 사망의 벌을 거두는 악행이 될 뿐이다. 인간의 자의적 선행 으로는 결단코 하나님을 영화롭게 할 수 없다. 하나님은 오직 하나 님이 제정하사 계시해 주신 하나님의 방법으로만 영광을 받으시는 신 이심을 알아야 한다.

4) 신약에서 하나님의 법의 엄수 강조

(1) 예수님의 교훈
① "나더러 주여 주여 하는 자마다…하늘에 계신 아버지의 뜻대로 행하는 자야 들어가리라."(마7:21)
② "그날에 많은 사람이 … 선지자 노릇, 귀신 쫓음, 권능 행함 … 「불법」을 행하는 자들아 내게서 떠나가라 하리라."(마 7 : 22-23)
③ 선지자 노릇, 권능 행하는 것 등이 소중 하냐 법을 지키는 것이 더 소중하냐? 마지막 날에 내가 너희를 도무지 알지 못하니 … 내게서 떠나가라 하리라 라는 판단을 누가 받는다고 하느냐? 선지자 노릇을 못한 자냐? 귀신을 쫓아내지 못한 자냐? 많은 권능을 행치 못한 자냐? 아니다 "불법(不法)" 때문에 이와 같은 판단을 받게 된다고 단정했다.

(2) 교훈적 진리
① 주님은 큰일보다 법을 지키는 것이 소원이시다. "… 불법을 행하는 자들아 내게서 떠나가라 하니라."(마 7 : 23)
② 일보다 법을 지키라 …(딤후 2 : 5) 법을 지켜 봉사함을 기뻐하시고 마지막 날에 상급을 주신다.
③ 마태복음 16장 21절에서 22절까지의 "예수님과 베드로 사이에 있었던 교훈"을 참고하라.
④ 마 16 : 21-22에서 베드로가 스승 예수님의 악당들에게 팔려

죽을 것을 말리는 말이 나쁠 것 없지만 그러나 주님은 "사단아! 물러가거라" 경책하면서 네가 하나님의 일을 생각지 않고 사람의 일을 생각하는 도다 질책하셨다.

하나님의 일은 하나님의 뜻을 좇아 행하여야 한다. 일하면 그만이지 하나님의 법이 무슨 상관이냐고 생각하는 것은 사탄의 유혹이다.

5) 하나님의 법과 교회헌법

앞의 성경적인 준법(遵法 : law abiding)의 근거는 우리가 이해를 한다고 교회헌법과 행정 원리를 배워야 하느냐고 의문을 제기할 수도 있겠다. 그러나 "교회행정의 규범"이 "교회헌법"이요, "헌법의 규범"이 바로 "신·구약성경"이라는 사실을 미처 생각지 못하는 데서 오는 의문일 수밖에 없다.

특히 교회행정 조례와 장로회 정치, 공회가 치리권인 만큼 전 교회가 사용하든지 대표가 사용함을 불문하고 다 하나님의 명령대로 봉행하고 선전해야 할 따름이다.

(1) 성경에 합치(合致)한 교회법

성경은 신앙과 행위에 대한 유일의 법칙인 즉, 어느 교회 치리회든지 이 권(權)으로서 회원(교인)의 양심을 속박하기 위하여 규칙을 설정할 것이 아니요 오직 하나님의 묵시하신 뜻에 기초하여 설정할 것이다.

성경 교훈에 부합되지 아니하는 법은 교회가 제정할 수 없으며 그와 같은 악법은 장로회 정치공리에 따라 묵종(默從)할 필요가 없다. 그러므로 하나님의 교회를 다스리시는데 말씀과 성령을 통하여 다스리시고, 다스리시는 권세를 각 치리회에 맡기셨는데 각 치리회는 말씀과 성령을 통해서 나타난 하나님의 명령대로 대행(代行)할 권세가 있을 뿐이다.

(2) 인간적 방법이 아닌 성경에 부합한 치리

만일 누구든지 인간적인 방법으로 교회를 다스리려는 자가 있다고 하면 그는 하나님의 뜻을 거역하는 사탄의 역사로 마땅히 배제해야 한다.

강조하건대, 교회를 위한 온갖 규칙은 교회헌법에 부합해야 하고 교회헌법은 성경에 부합해야 한다. 그리하여 규칙도 헌법도 모두 하나님의 법인 성경에 부합하게 하고 규칙을 따르는 것이나 헌법을 따르는 것이 모두 성경을 따르는 결과가 되도록 해야 한다. 그래서 우리는 헌법을 어기는 자들에게 주 예수 그리스도의 이름으로 책벌(責罰)할 이유와 필요성이 있음을 발견하게 된다.

---

2) Ibid., pp.188-192.

제9장

행정능력 및 지도력과 행정은사

1. 행정능력 및 지도력

1) 행정능력과 지도력의 개요

행정가에게는 행정능력이 있어야 한다. 그리고 행정 지도력이 있어야 한다. 뿐만 아니라 행정의 은사도 있어야 한다.

그런데 지금까지 한국 교회에서는 능력과 지도력을 주로 카리스마(charisma)적으로 해결해 왔다. 어떤 억지와 괴력으로 마치 능력과 지도력인양 전횡적으로 행정을 지휘하여 온 예는 흔하다.

행정능력이나 지도력을 별로 생각지 않고 "주의 종"으로나 "성직자"로 또는 "제사장" 등으로 마치 신권(神權)을 집행하는 자로 강조되었다. 이로 인하여 교회 수준은 날로 하등 내지 저등화 될 뿐이다.

교회의 고등화·고급화가 아니라 고등 종교로서 사명을 말한다. 결코 교회는 어떤 이유로든 무속적일 수 없고 저속적일 수 없으며 미신적일 수 없다. 십계명 없는 교회는 교회가 아니다.

행정은 기술적인 면을 말하지 않는다. 재주나 꾀나 수단, 방법을 말하지 않는다. 기도회나 열고, 철야나 하며 주의 나라나 주의 교회라 하며 교회의 현상을 유지하는 교회는 각성해야 한다.

세상에는 세 종류의 사람들이 있다고 한다. 첫째는 무슨 일이 일어날지를 전혀 모르는 사람들이 있고, 둘째는 일이 일어나는 것을 아는 사람이 있고, 셋째는 무슨 일이 일어나도록 하는 사람이 있다고 한다(Nicholas Murray Butler ; 전 Columbia 대학 총장).

행정능력은 질서를 지키게 하는 일, 자기 아래서 창조하고 봉사하고 협조하고 잠재된 것을 계발하고 기여하도록 용기를 고무시키는 일을 말한다. 물론 외세 방지와 목표를 향한 개체의 협동심을 고무하는 지도자의 능력 그것은 하나의 열쇠가 아닐 수 없다.

교회행정가는 사람들의 구미를 맞추기 위한 경영자가 아니다. 행정가는 신속하고 명료한 결단을 내리지 않으면 안 된다. 행정능력은 늦장 부림을 막고 그런 유혹에서 나와야 하고 동요를 막아야 하는 데 있다.

그러니까 행정가는 자기가 처해 있는 그곳에 가야 할 목표들(its goals)을 이루기 위해 요청되는 한 행동을 하지 않으면 안 되는 것을 행정의 능력이라 한다.

행정가는 항상 방향을 제시한다. 모든 여건을 다 갖추어 준다. 직권, 직위, 특권, 신분보장, 그리고 전권까지도 준다.

신앙이란 행동의 사람을 말한다. 과거를 위해 일하는 것이 아니며 과거적인 역할을 하는 것이 아니라 현재와 미래를 위해 현재적 또는 미래적 역할을 한다. 교회행정가일수록 믿음이 있어야 한다. 미래적 결단에는 믿음 없이는 불가능하다. 믿음 없이는 불안과 공포 가운데 있을 뿐이다. 믿음이 없으면 의지력을 발휘할 수 없다. 하나님께서 교회행정가를 세우시고 그 안에 행하신다.

이는 하나님의 기쁘신 뜻을 이루기 위함이며 원망과 시비가 없게 하기 위함이다(빌 2 : 13-18). 바울은 "나는 선한 싸움을 싸웠고 달려갈 길을 달렸다"(딤후 4 : 7)고 했다.

교회행정가가 행정력(power) 또는 행정능력(ability)을 발휘하여야 할 주요한 사항들은 어떤 것인지 행정능력에 대한 몇 가지 원리들을 지적해 보고자 한다.

(1) 행정능력의 원리

① 행정의 목적을 설정해야 한다. 목적 설정은 교회가 가야 할 길과 같다. 목사는 목적을 명확하게 제시하고 상기시켜야 한다.

② 기획을 철저히 해야 한다. 기획은 장기 계획과 단기 계획을 세워야 한다. 기획은 준비와 같다.

- 프로그램 기획 : 급하고 우선적인 것, 과정에 무엇이 목적이고, 왜 필요하며 어디서 해야 하고, 언제 끝이 나야 하며, 누가 어떻게 해야 할지를 기획해야 한다.
- 시간 계획 : 작업 스케줄(schedule)과 각 프로그램에 대한 과정을 짜고 재조정 또는 시간 체크(check)를 해야 한다.
- 예산 책정 : 경제적 뒷받침, 경제적 진행, 경제적 성취를 동반해야 한다.
- 지휘 감독을 설정해야 한다. 성취를 위하여 부서를 맡을 자와 감독자를 정하고 책임 소재를 분명히 해야 한다.
- 정보를 교환해야 한다. 협조자, 감독자, 보조자 등 항상 긴밀한 정보를 나누고 대화와 화합하고 충고를 받아들여야 한다.
- 협조체계를 만들어야 한다. 함께 일하는 자는 물론 도울 수 있는 자들에게 과정을 알리고 기도와 성원을 요청하며 공동의식

을 갖게 한다.
• 문제 해결점을 모색한다. 문제 해결점이 무엇인지 진단한다.
• 항상 신뢰 하에서 모든 일을 하게 한다. 서로 신뢰를 나눌 수 있는 신앙의 본질을 갖도록 한다.

(2) 행정력과 경영력의 차이점-행정과 경영은 다르다
① 행정력은 하나의 질(quality), 즉 성질이나 원칙이나 본질을 말한다. 그러나 경영력은 과학적인 기술(science)이나 방법(method)을 말한다.
② 행정력은 개념을 말한다. 그러나 경영은 기능을 말한다.
③ 행정력은 믿음을 시행한다. 그러나 경영은 사실을 행한다.
④ 행정력은 효과(effectives)를 추구하나, 경영은 편의(efficiency)를 도모한다.
⑤ 행정력은 잠재력을 개발하나 경영은 잠재력을 실용화한다.
⑥ 행정력은 방향(direction)을 제시하나 경영은 지배(control)하는 것을 말한다.
⑦ 행정력은 기회를 모색하나 경영은 성취를 도모한다.

(3) 목사는 행정가이며 경영가
목사는 언제나 행정력과 경영력을 발휘하지 않으면 안 되는 자다. 익숙한 운전자가 사고를 예방하듯이 교회행정도 노련하고 익숙한 운전과 같은 것이 행정력과 경영력이다. 법규를 잘 지켜야 한다.
① 목사가 유능한 행정력을 발휘할 때 장로가 좋아하지 않는 경우가 있다. 그러나 장로는 목사가 발휘할 행정력을 자기가 발휘하면 안 된다.

② 장로는 유능한 행정가를 만들어 드리고, 보필하고 보좌해야 한다. 주도권을 행사하려는 것은 잘못이다.
③ 한국 교회는 행정 수준은 저급하다. 기본자세가 안 된 교회도 많다. 장로는 대의직으로서 사법권 수행이 본분이지 주도자는 아니다.
④ 우리는 성경으로 돌아가 행정능력과 지도력을 구체적으로 원리를 간파해야 한다.

2) 구약에 나타난 행정력 또는 지도력[1]

하나님은 지도자를 세우실 때에는 행정능력이 있는 자, 행정 지도력이 있는 자를 찾아서 세우셨다. 즉, "택했다", "부르셨다"는 말은 필요 적절한 자를 세우셨다는 말이다. 아무나 아브라함이 아니며 아무나 모세가 아니다. 하나님으로부터 발견된 자들은 언제나 유능한 자들이었다. 영적인 면에서 돈독한 자들이었다.

(1) 모세의 지도력(교회행정의 원리)

구약에 나타난 모세는 모범적인 행정가였다. 출애굽기 18 : 13-27까지를 보면 다음과 같은 말씀이 있다. 본문은 별도로 대조하여 보기로 하고 그 구절마다 그의 행정(지도력의)지침의 내용을 요약하면
① 출애굽기 18 : 13(관찰과 감찰)
　　　　　　18 : 14(문제 제기)
　　　　　　18 : 15(요청)

---

1) 손병호, 교회행정학원론(서울 : 도서출판 그린, 1993), pp.182-186.

18 : 16(행정 : 재판 규칙을 알게 해 줌)
18 : 17(판단)
18 : 18(평가)
18 : 19(지도 : 상담)
18 : 20(가르침)
18 : 21(기본 자세 : 책임 보조행정가 세움)
18 : 22(행정 원리와 방법)
18 : 23(합리적인 행정과 그 결과)
18 : 24(듣고 : 적용)
18 : 25(선택하여 행정가를 삼고 행정력 위임)
18 : 26(자치적 행정과정)
18 : 27(성공적인 결과)

이상의 본문을 통하여 교회행정가의 행정력 개발과 지도력의 과정을 충분히 이해할 수 있다.

모세가 보여준 원리는, 자기 행정직을 천부장, 백부장, 오십부장, 또는 십부장에게 위임하여 주었고 장로들에게는 대의직을(출 3 : 16 이하) 입법은 하나님으로부터, 종교직 또는 제사직은 아론과 레위인들에게(출 28 : 29) 행정 역할을 분담해 주었으며, 오늘에 이르기까지 그것이 교회행정의 원리가 되고 있다.

모세의 행정력, 지도력은 부지기수이나 신약 히브리서 11장에도 언급되어 있다.

② 히브리서 11장 24절에서 29절까지
11 : 24 (믿음있는 사람)
11 : 25 (통찰력있는 사람)
11 : 26 (비전있는 사람)

11 : 27 (결단력 있는 사람)
11 : 28 (행동하는 사람)
11 : 29 (책임적인 결과)

(2) 다윗의 행정력(지도력)

다윗은 40년간 왕위에 앉아 이스라엘의 왕국의 전무후무한 치세의 업적을 남겼으며, 여기에는 남다른 행정력과 지도력이 있어 온 나라 민족은 그를 흠모하였다. 어떤 지도력인가?

첫째는, 그의 외교의 능이 있었다. 적국과의 외교술은 나라를 평온케 했다.

둘째는, 그는 하나님의 축복을 잘 다스리는 데 있음을 확신한 사람이었다. 백성을 자기에게 맡기신 뜻을 알고 있었다.

셋째는, 은혜의 보답심을 품고 법궤 안치와 성전 건축을 잊지 않았다. 자기의 일과 행정의 목적이 어디에 있음을 기억하고 있었다.

넷째는, 다윗이 과오의 신앙을 부끄러워하지 않았다. 그는 주저 없이 회개하였고, 용서의 감격하는 인생을 살았다.

다섯째는, 다윗은 이스라엘 민족의 위대한 지도자였다. 왕이었으며, 법궤를 찾아 백성들의 신앙을 충만케 해주었다.

성경에는 영성만 강조되어 있는 것이 아니다. 행정력과 영성의 조화가 훌륭한 지도자, 또는 행정가의 길을 걸을 수 있음을 가르쳐 주고 있다.

(3) 느헤미야의 지도력

느헤미야(Nehemiah)는 에스라와 스룹바벨과 함께 예루살렘 성전과 성곽 건축에 탁월한 행정력을 보였다. 그는 기도하는 사람이었다. 그는 용기와 통찰력과 결단력을 가졌다. 문제 수습 능력을 가졌으며 책임감이 있었고 백성들에게 용기를 주는 능력을 지녔다, 그는 조직력이 특출했고 능숙한 전략가요 치밀한 기획가였고 행정력, 지도력 또는 경영력들로 가득 차 있었다. 특히 그의 기획(planning)에 대한 예증이 많다.

느헤미야 3장 1절에서 6장 16절까지를 보면 세 가지의 행정력을 구사한 점을 지적할 수 있다

첫째로, 그는 위대한 행정가였다. 느헤미야는 해야 할 일을 알고 있었다. 어떻게 하고 누가 해야 함을 알고 있었다. 교회행정에 있어서 매우 중요한 것이 무엇인지(What), 어떻게(How), 그리고 누가(Who)를 아는 일이다. 행정가는 분석(to analyse)할 수 있는 능력을 갖지 못하면 안 된다.

둘째로, 느헤미야는 모든 사람들이 가담해서 시행할 수 있는 계획을 세웠고, 실천할 사람들을 만들어 내었다. 그는 온 국민에게 활성화를 주었으며 그를 대신할 수 있는 대리자(delegate)를 세울 수 있는 능력이 있었다.

셋째로, 그는 총괄하는 능력의 사람이었다. 그는 조정력, 총괄력이 우수하고 감독력(to supervise)과 지휘력과 통제력이 충만한 사람이었다. 잠언 12장 24절에는 다스림, 즉 행정의 교훈을 주는 말씀이 있다.

3) 그리스도가 가르쳐 주신 행정력과 지도력[2]

주님은 제자들에게 차원 높은 내용을 구약적, 세속적인 것과는 대조가 되는 지도력, 행정력을 말씀하셨는데 그것은 섬김 또는 봉

---

2) Ibid., pp.188-192.

사 행정 철학을 말씀하셨다

(1) 주님은 자기 부정과 섬김과 봉사 행정의 교훈

주님은 자기를 하나님 앞에서 부정(unselfish)하고 '고난 받는 종'(suffering servant)으로서 제자의 발을 씻으며 봉사의 도리로 섬김으로써 하나님의 사랑을 증거 하는 자를 지적하셨다.

① 훌륭한 지도란 위계조직이나 참모 조직에서 장을 차지하는 것이 아니라 서열이나 직위가 없어도 봉사함으로써 하나님의 사랑을 나타내는 자이다.

② 섬김과 봉사는 상호 섬김이요, 상호 종 됨이요, 상호 사랑이라는 말이다. 사랑 없는 섬김은 굴종이요, 바보짓이다. 피차 복종, 상호 사랑하는 사이의 섬김과 봉사를 가르쳤다.

(2) 주님의 봉사는 사죄와 자유와 인간 해방을 교훈

주님의 봉사는 사죄이고 자유를 주시기 원하시며, 인간 해방이다. 인간 자체 문제를 중시하셨다. 주님은 '진리가 너희를 자유케 하리라' 하셨다

① 예수를 믿으면 진정한 자유를 누려야 한다. 이 자유는 해방이나 다름없다.

② 어떤 경우, 어떤 환경, 어떤 정황이든 자유 하는 인간, 해방된 인간, 인간 자체, 인간성 자체가 중요하다.

③ 그리스도의 봉사는 사죄함이며 참된 자유와 해방이었다. 신약성경은 그런 진리의 내용인 것이다.

이러므로 그리스도의 정치적, 행정적인 면을 제시한 도리는 매우 역설적이셨다. 특히 막 10 : 42-44에는 집권자들의 행위, 즉 지

도력을 강조하셨다.

(3) 주님의 지도력은 섬김으로 나타나야 함을 강조

주님은 통치자들이 백성을 강제로 지배하고, 권력으로써 억압하는 것이 옳지 못하므로 너희는 그래서는 안 된다고 하셨다.

위대함과 위대한 지도자란 억압이나 강압이 아니라 사랑으로 대함이며, 자기를 내세움이 아니라, 봉사를 말한다. 이 봉사(to serve)는 바로 성경적인 의미에 있어서 '행정' 임을 이미 알 수 있다.

(4) 주님의 교훈 가운데 원칙

① 정치적 실력 행사(political power play)는 아니었다. 교회에서 정치적 실력 행사가 더 추할 때가 많다. 대립과 갈등, 분파, 파벌, 교권 이는 교회를 봉사하는 원리가 아니다. 참 자유와 해방, 사죄함에 지도력을 발휘해야 한다. 정치적 실력 행사는 금물이라. 주님의 길을 좇는 것이 정치와 행정의 원칙이다.

② 군주적 권위주의 자세(authoritarian attitude)는 아니었다. 성경은 교회 일을 맡은 자는 결코 지배하려 들지 말라고 하신다. 복종하고 섬기며 모범이 되라 하셨다. 눅 22 : 25, 롬 13 : 1, 행 19 : 16 등에는 군주적 권위주의의 당연시, 군주적 권위를 하나님의 권위와 동일시, 악령 들린 자들이 사람을 억제하고 이긴다는 말씀이었다. "너희는 그래서는 안 된다"고 하셨다.

③ 봉사자 양성(servants training)이었다. 교회는 봉사를 발로만 하는 곳이 아니다. 봉사자를 양성하는 곳이다. 교육하고, 훈련해서 실제로 섬기고 봉사하게 하는 일을 할 뿐 아니라 지도자 훈련(leadership training)이라고도 한다. 섬기는 자와 봉사

자를 양성한다.

주님은 앉아서 먹는 자보다 서서 먹는 자가 더 크다고 하셨다. 성경이 말하는 봉사자는 식탁에 음식을 나르거나 전해 주는 자를 말한다. 성경이 말하는 봉사(Gtakova)는 말씀을 음식으로 비유해서 말할 때 사용되었다(행 6장, 고전 1 : 26-31).

④ 교회행정의 목적은 교회 전체가 섬김과 봉사의 수고를 아끼지 않는 교회여야 한다. 그리스도께서 명령하셨다.

4) 사도들에게 나타난 행정력과 지도력[3]

주님으로부터 교회를 위임받은 사도들이 교회의 당면한 문제에 어떤 능력과 지도력을 발휘하였는지 살펴보고자 한다.

사도들이 주님 명령을 온전하게 따른 사실은 서신(Epistles)을 통하여 알 수 있다. 그들이 명령 안에서 특별히 발휘한 지도력을 보면 놀라운 것들이 많다.

(1) 모성적이었다

이는 아이들을 먹이고 입히고 돌보며 양육하는 어머니와 같은 지도력을 발휘했다(딤후 2 : 24-25, 살전 2 : 7, 8).

그들의 모성적(motherhood)인 행정력 발휘를 볼 수 있다. 사도들은 고용된 보모(baby sitter)가 아닌 친자식을 돌보는 부모 같이 사랑으로 대하라는 바울의 간곡한 권면이 앞 구절 괄호 안의 성경의 가르침이다. 거기서 양육(nurture)이 가능해 진다. 모성은 아이의

---

3) Ibid., pp.193-196.

육적, 정신적인 양육을 등한히 하지 않는다. 어머니에게는 유아가 먹을 수 있는 젖을 가지고 있다. 거기서 생물적 성장이 오고 양육이 온다.

(2) 부성적이었다

어머니와 같았던 사도들은 아버지와 같이 교회를 다스렸다. 성부(Holy God)의 시대에서 성자(Holy Son)를 맞은 당시, 그리고 그 후의 성령(Holy Spirit)의 시대에는 아버지를 등한히 하는 경향이 따랐다. 성자신학, 성령신학, 교회신학에서 성부의 신학이 결핍되기 쉬운데, 사도들의 부성적(father's love)인 교회행정은 우리에게 많은 교훈을 준다.

부권(paternal authority) 부재에서 오는 가정, 사회, 국가, 세계 혼란은 사뭇 심각하다. 그러나 군주적, 독재적, 권위주의적인 것을 부성으로 보지 않는다.

① 아버지에게는 어머니를 전제로 한 통치를 말하며 모성적 부성을 말한다. 아버지는 어머니보다 본성이 외적, 사회적, 국가적, 세계적이며, 어머니보다 사상적, 정신적, 의지적이다. 양육은 어머니에게서 정신은 아버지에게서 영향을 받는다.

② 사도들의 부성은 모성보다 더 엄하고 강하였다. 일단 자라난 교회에는 원칙적인 면과 근본적인 일을 강조하는 지도력을 발휘하였다. 그것이 그들의 권위였다.

(3) 지도자를 양성하였다

사도사역 중반부터는 바울은 조종사처럼 그의 동역자들(co-workers)을 지도자로 양성하였다. 이에는 디모데, 실라, 디도, 에바

브로디도, 바나바, 그리고 장로들과 감독, 그리고 집사를 지도자로 길러 내었다. 딤전 3 : 1-7의 말씀은 교회 지도자 양성에 매우 중요한 본문 말씀이다. 여기 나오는 감독(Bishop)은 장로(Elder)와 같은 직무를 수행하는 자로서 둘 다 교회의 지도자이다. 그들의 임무는 교회 봉사이다. 그 봉사 가운데는 '감독하라', '돌보라', '먹어라', '치라' 는 뜻도 들어 있다.

① 바울은 이들을 따로 세워서 임직했다(딛 1 : 5). 또 무경험자를 세우지 않았다(딤전 3 : 6, 7). 평판이 좋아야 하며 존경을 받아야 하며, 흠 잡힐 데가 없어야 하며, 한 아내의 남편이어야 하며, 신중하고 품위가 있어야 하고, 금주해야 하며, 난폭하지 말아야 하며, 가정을 잘 다스려야 하며, 비난을 받지 않아야 한다고 지도자의 자질을 말하였다(딤전 3 : 1-7).

② 좋은 지도자 밑에서 좋은 교인이 배출될 수 있다. 지도자적 소양을 지니지 못하면 거짓 지도가 될 수밖에 없다. 교회든 나라든 민족에게서도 좋은 지도자를 양성하지 않고 좋은 행정을 기대할 수 없다.

③ 베드로는 지도자의 자질에 대하여 지도자는 양떼를 돌보는 자여야 하고, 지도자적 소명을 받은 자여야 하며, 결코 폭군이어서는 안 되는 겸손을 강조하였다(벧전 5 : 1-9).

④ 서신에 나타난 지도자의 자질과 행정력 발휘는 자기 경험이나 지식이나 지혜 위주로 할 것이 아니라 하나님의 뜻을 따라 성실한 종의 자세로 임해야 할 것을 우리에게 보여주고 있다.

주의 종들은 율법적 구습이나 옛 사고방식을 배제하고 복음에 입각한 의와 거룩함과 진리 위에서의 삶이었고, 새 사람으로서의 영생과 구원이 하나님 나라의 새 시민이 되는 길을 말하였다.

2. 행정의 은사

행정가는 아무나 되는 것이 아니다. 하나님께서 부르시지 않으면 안 된다. 그런 기본자세가 없는 자에게 훈련만 시키면 행정가가 되는 것은 아니다.

"지도자는 타고나야 한다"는 말이 있다.[4] 교회행정학에서는 은사(gifts)를 받은 자, 즉 자질을 갖춘 자를 말한다. 성령의 은사(gifts of spirit) 안에는 행정의 은사도 포함되어 있다. 즉, 성령의 은사 안에는 다른 은사도 포함되어 있어 함축성(implication, significant)이 있다는 것이다.

교회에 가장 중요한 은사 중에 하나는 행정의 은사이다. 은사는 은혜의 구체적인 선물인데 행정의 은사는 현대 사회에 이르러 더 절실하게 되었다.

1) 행정이 은사가 되는 근거(Basis of Gifts)

부름 받은 자들이 해야 할 일은 곧 행정(To serve God and people)이었다. 그들은 하나님을 대신해서 사람들에게 말씀을 선포하고 그 말씀에 입각한 성장과 성숙을 위해 해야 할 일은 아무나 할 수 없는 일임을 알 수 있다.

(1) 바울의 행정은사

바울은 자기가 받은 은사의 분량을 넘어서거나 한계(limit,

---

[4] 손병호, op. cit., p.197.

boundary)를 떠난 것을 말하지 않았다(고후 10 : 13).

바울은 자기임의(discretion, option)로 주의 일을 하는 것이 아니며 그렇게 하는 것은 그런 직분을 받았기 때문이며 그 직분에 빚진 자로서 일을 하였다(고전 9 : 16-17, 롬 1 : 14). 바울은 하나님께서 주신 은사 가운데 행정적인 은사를 언급하지 않은 적이 없었다.

롬 12장에서 바울이 언급한 것은 가르치는 은사와 교훈하는 은사, 다스리는 은사, 근면의 은사도 언급하였는데 이런 은사는 지도자에 의하여 조직하고 운영하고 돌보고 하는 등의 은사인 것이다.

(2) 신·구약 성경에 지도자의 행정은사

구약과 신약에 나타난 지도자들에 대한 그들의 은사는 자연 발생적이거나 하나님에 의해서였다. 이 자연 발생적이라는 말도 곧 은사이다. 그것은 자기(自己)이전에 주어지는 경우를 말한다. 이는 곧 하나님으로부터 선물(gifts)이다. 이는 성령의 은사와 구별된다.

잠언에는 행정에 은사가 없으면 백성이 허우적거리고, 훌륭한 지도자가 없으면 백성들은 망하고, 많은 카운슬러(counsellor)가 있으면 그들이 평안을 얻고, 전훈 전략가(strategist)나 행정가(administrator)가 있으면 전쟁에서도 이길 수 있다는 그들의 필요성을 여러 군데 강조하였다(잠 1 : 5, 11 : 14, 24 : 6 등).

(3) 지도력의 은사

헬라어에서 강조되는 행정의 능력과 행정의 기술 등은 곧 지도력의 은사(Gifts of Capacity as leader)를 개발하는 데 역점이 있다.

만일 목사가 행정력을 발휘하지 못하면 다른 사람에게 짐을 지우는 것이 되며 임의로 나가다가 곁길로 가거나 변질되기도 한다.
교회행정가나 지도자가 어떤 행정을 할 것인가 하고 생각하는 것이 중요하다. 악의적 행정을 하면 무서운 결과를 가져오며 조직체나 교회나 기관은 고난을 받을 것이며 결과적으로 비 성령(Unspiritual)으로 끝날 것이다.

교회행정가는 오케스트라(Orchestra) 지휘자와 같다. 그는 대원들로부터 나오는 모든 소리를 조화시켜야 한다. 소리를 내게 하고 맞추게 하고 끌고 가야 한다. 연습도, 공연도, 곡 해석도 작곡자 의도를 파악해야 하고 작품을 완전 이해해야 한다.

사도들은 행정에 도와줄 자들을 뽑아 적절한 일을 시켰다. 하나님은 작곡자이시고 사도들은 지휘자였으며 '7인'은 연주자나 다름없다(행 6 : 3).

2) 은사의 종류

은사는 여러 가지이다(고전 12 : 4) 그것은 고전 12 : 8절에서 11절까지에 나열된 은사는 9가지는 신령적 행정 은사이고, 롬 12 : 5-8에는 예언, 섬김, 가르침, 권면하는 일, 구제, 다스림, 긍휼 등의 은사는 행정적인 성격의 특히 교회적 은사로 꼽을 수 있다.

그리고 고전 12 : 4과 엡 4 : 11 등에도 은사에 대한 반복적인 언급과 은사를 주신다는 언급이 있다.

(1) 은사의 유형

① 은사를 베푸는 사람이나 직분을 말한다. 고전 12장 28절 이하의 상반부는 직분자의 은사가 언급되었다.

② 그가 누구든 때로는 한 사람이 한 성령 안에서 여러 가지 재능을 발휘하듯 은사를 발휘할 수 있는 그 은사(선물) 자체를 말한다. 고전 12장 28절 상반부 이하에서 은사만 언급되었다. 그리고 가장 좋은 은사는 곧 사랑이라고 바울은 결론을 맺는다(고전 28 : 31절 이하).

구약성경에는 은사란 개념이 단 한 번 쓰여 지고 있는데(렘 31 : 12) 그것도 70인 역은 아니다. 유대인들에게는 은사가 잘 쓰여 지지 않는다. 신약에는 약 20가지의 은사가 언급되었다. 이런 은사에 오해가 있다. 은사는 초자연적이고 기적적인 현상으로만 잘못 이해되고 있다. 바울은 은사를 구별하지 않았다. 돈을 관리하는 은사나 방언을 말하는 은사는 같은 정도의 은사이며 귀신을 내쫓는 은사도 다르지 않다는 것이다.

(2) 은사는 하나님의 선물

누구나 할 수 있는 일을 은사로 보는 잘못이 없지 않다 예컨대, 하루 종일 전화를 받는 교환원을 은사라고 할 수 없는 것이다.

은사를 범신론적(pantheistic)으로 생각하는 것은 잘못이다. 성경이 말하는 은사는 하나님께서 주시는 성령의 선물로서 그것을 통하여 그의 능력을 드러내시고자 하는 것이다. 그리고 은사는 반드시 그리스도 안에서 그리고 그리스도의 지체(the body)로서 행동한다. 그리고 분량 또는 직분대로(롬 12 : 3), 사랑을 최고점으로 해서(고전 13장), 예수 그리스도를 의지하는 가운데(고전 12 : 3) 수행되어야 바른 은사인 것이다.

3) 행정의 은사(Gifts of Administration)

신약성경은 교회가 수행하는 사역의 개념을 명시함에 있어서 절대로 권력이나 위엄 혹은 제사장으로서의 임무 수행이 아니라 봉사(to serve)의 개념으로서의 작은 수행을 말한다. 이것이 교회행정이다.

은사와 행정은 자동차의 엔진과 핸들과 같다. 은사가 방향을 못 잡으면 교회 안에는 혼란이 온다. 핸들은 행정이다. 이 행정은 봉사이며, 다양한 은사를 통제나 억압하는 것은 아니다.

교회행정가인 목사에게 많은 기대의 은사가 있으며, 이상(ideal)과 현실(real)의 불협에 당면한다. 목사에게만큼 다양한 역할을 필요로 하는 직무도 없다.

그리스도께서 목사를 교회로 보내시고 항상 교인들보다 압력을 더 넣으신다. 이것이 목사의 길이다. 그 밖의 압력으로는 국가적, 사회적, 지역적, 정치적, 문화적으로도 닥친다. 그럴 때마다 목사에게는 부담과 긴장이 온다.

목사는 교인들 앞에서 성경적으로, 역사적으로, 현실적으로, 의학적으로, 가정적으로 어떤 요구에 해답을 주지 않으면 안 된다.

그러나 목사는 교인들에게 말씀 선포와 성례전과 집례함이 본분이다. 이 외의 것은 교인들 모두의 의무이다. 성례와 말씀 설교는, 다른 사람이 함부로 할 수 없는 원칙이다.

은사와 Gifts와 기능(functions)은 같이 보아야 한다. 은사는 은혜의 구체적 단계이다. 구체적 한계는 기능면이 아닐 수 없다. 이는 능력이나 지도력이나 경영력과도 상통한다.

신약의 기자들이 사회학적 범주(Sociological Categories)에 입각해서 기능(functions)이나 역할(roles)을 다룬 것으로 보지 않는다. 그들은 목회(Ministry) 연관된 여러 가지 은사를 연관지은 것이 분명하다. 그리고 목회 형태에 관계된 은사들은 모두 성령의 은사 (Gifts of Holy spirit)로 언급하였다(히 2 : 4). 그들은 정상적인 하나의 재능이나 특수한 능력을 다 경탄해 마지않으며 모두가 하나님이 주신 것으로 받아들였다(고전 12 : 12-26, 엡 4 : 7-8, 고전 14 : 33, 36, 벧전 4 : 10-11).

(1) 구심적인 은사와 원심적 은사[5]

목사는 교회의 중심이다. 목사 중심이 되지 못한 교회는 교회가 교회답기 어렵다. 하나님께서 교인들을 온전하게 하기 위하여, 봉사하게 하기 위하여, 그리스도의 몸(교회)을 세우기 위하여 세워 주신 자들이 있다. 그가 목사이다. 목사에게는 많은 기대가 걸려 있다.

초대 교회에서 보면 행정력이나 지도력이 발휘되었는데 때로는 같은 사람이 여러 가지의 기능을 발휘했고 때로는 같이, 때로는 다른 사람에게 맡기기도 하였다. 그것이 점차 정착(fixation)이 되어 주된 일을 하는 사람, 보조하는 사람 등으로 각기 지기 기능을 발휘하였다.

리차드 니버(H. Richard Niebuhr)는 목사(Pastor)는 "큰 운영자"에서 착안이 된 전원적이고 목가적(牧歌的, pastoral)인 '지도자' (director)에서 기인된 것이라 지적한 바 있다.

행정의 은사(gifts of administration)는 바로 이런 의미에서 하는

---

5) Ibid., p.204.

말이며, 목사(Minister)든 행정가(Administrator)든 여기서 복합(Compositeness)되는 것이다.

① 행정의 은사는 다른 은사와는 다른 면을 갖는다. 교회행정의 구심적(求心的 : Centripetal) 은사란 교회와 교인들 중심부에서 항상 주어진 사명을 수행해야 하는 것을 말하며, 원심적(圓心的 : Centrifugal) 은사란 교회 교인을 넘어선 세상을 향한 봉사의 목회까지 말한다. 목사는 안으로 끌어들이는 일과 밖으로 던지는 일까지 해야 한다. 모든 교인은 다 봉사자(ministers)이다.

② 공적(public) 지도자적인 직분의 구분 : 공적으로는 첫째는 사도(Apostles)요, 둘째는 선지자(Prophets)요, 셋째는 교사라는 말은 고위 성직제(hierarchical system)를 말하는 것이 아니며 또한 계급이 아니다. 은사 가운데 첫째, 둘째, 셋째를 말하기도 한다. 엡 4 : 11에는 혹은(some)으로 언급되었다. 물론 성경에는 "첫째 자리"(first seats)가 무엇이라는 것을 명확히 하지는 않는다. 바울은 우선순위를 말했다. 그런데 '행정가'라는 은사는 바울이 언급한 바에 의하면 저 밑쪽에 있다. 그러나 그것은 경시(contempt)해도 된다는 것이 아니다.

③ 행정 은사는 교회의 각종 은사 중에서도 교회를 조직, 운영, 관리 등을 할 때 당연 가장 책임적인 은사라는 것이다. 무슨 사회든 위계(位階 : grade of ranks)나 질서가 없을 수 없다. 교회에도 교회를 다스리는 행정부(administrative organ)가 있다. 예수 그리스도를 구주로 가르치는 일이나 성례를 집례 하는 일은 결코 경시될 수 없다. 그리고 교회를 성장하게 하고, 교인을 온전하게 하며, 봉사하게 하는 행정적 은사는 결코 무시

될 수 없다. 사도와 선지자와 교사는 행정가가 아닐 수 없다. 행정은 독특한 은사이다.
④ 목사는 행정가로서 그리스도와 직관(直關 : direct connection) : 목사는 그리스도와 직접 관계되어 있고 교인들과 세상과도 직관되어 있다. 그는 마치 그리스도가 자기 백성들 앞에서 감추인 것이 선구자(pioneer) 역할을 하였듯이 목사에게도 그런 역할이 주어졌다.[6] 그는 따로 부름을 받았고 따로 세움을 받아서 실수란 있어서 안 된다는 아주 무거운 압력 속에서 행정의 모범을 보여야 하는 자가 되어 있는 것이다.[7]

(2) 통합 조정의 은사

교회행정가에게는 구심력과 원심력이 있어야 하고 이를 통합 조정하는 능력도 있어야 한다. 이런 은사나 기능도 있어야 한다. 수단과 방법보다, 또는 부분적인 구심력보다, 밖으로의 원심력보다, 이런 점들을 통합하고 조정하는 통솔력을 지녀야 한다. 교회는 사업체가 아니라 사법적인 목적이나 목표에 도달이 아니라 교회의 목적과 목표의 도달을 위하여 두 주인을 섬기지 않도록 통합하고 조정하는 것을 말한다.

---

6) A. T. Hanson, The pioneer Ministry(Westminster, 1961), p.62.
7) 손병호, op. cit., p.206.

제10장
교회행정가로서의 목회자의 자기관리

예일 대학교 교수 파토우렐 박사는 "목사(목회자)의 직은 독특한 것이다. 또한 창의적인 것이다"라고 했고, 윌리암 박사는 "그 인류의 공동사회의 영역에 차고 또 지역주민에게 신뢰받고 있는 분"이 목사(목회자)직이다 라고 했다. 이러한 이상의 실현을 말하고 또 그 실현을 위해서 헌신하는 사람은 기독교의 목사(목회자)직 외에는 찾아볼 수가 없다[1]고 하였다.

1. 목사의 명칭과 직능

목사의 명칭과 직은 다른 장(章)에서 다루기로 하고 다만 목회자 자기 관리를 논의하는 데에 필요한 부분만 간략히 언급하고자 한다.

---

1) William C. Martin, The Fulfill This Ministry(New York, 1961), p.2. 박두현, 현대교회행정학(서울 : 교회 교육연구원, 1991), p.31에서 recite.

1) 목사의 명칭

목사라는 명칭이 한글판 개역성경(엡 4 : 11)에 있는데 공동번역에는 목자라고 번역하였다. 영어로 목사를 pastor, minister라고 하는데, 감리교회에서는 pastor, 장로교에서는 minister라고 흔히 사용하여 왔다. 지금은 서로 함께 사용하는 편이다.

(1) 목사의 신약적 어원

목사 명칭의 어원에 있어서 pastor는 라틴어 파스토르(pastor)에서 온 말이고, 이 말은 또한 헬라어 포이멘(ποιμην)에서 유래되었다. 그 뜻은 목축자 또는 목자를 뜻하는데 "먹이다", "보호하다"라는 뜻이 있다.

좀더 구체적으로 찾아보면, "양떼의 목자"라는 뜻으로 성경에 81회 사용되었고[2] 예수를 상징적으로 나타내는 뜻으로 7회 사용했다.[3] 또 "큰 목자"라는 뜻으로 한 번 사용되었고(히 13 : 20), "목자와 감독"이라는 이중 명칭으로 묶어서 한 번 사용되었다(벧전 2 : 25).

(2) 목사의 구약적 어원

목자라는 뜻을 가진 단어가 구약에서 네 가지인데 그중 "로아"라는 말을 167회나 사용했는데 이 낱말의 뜻은 '기른다', '친다', '풀을 먹게 한다'[4] 등의 뜻으로 영어의 'shepherd'에 해당되는 뜻이 있다.

---

2) 신약 인용 - 마 9 : 36, 25 : 32, 막 6 : 34, 눅 2 : 8, 15, 18, 20 등.
3) 신약 인용 - 마 26 : 31, 막 14 : 27, 요 10 : 11, 14, 16 등.
4) 박두현, op. cit., pp.31-32.

2) 목사(목회자)의 직능

칼빈(Calvin)은 목사의 역할을 "예언자적", "제사장적", "왕적" 등의 세 가지 직능이 있다고 했다. 칼빈에게 있어 이 세 가지 직능들이 교회생활과 복지에 똑같이 중요했고 균형 잡힌 목회(교역)를 마련하는 데 필요했다. 이 세 가지 직능을 간략하게 설명하면 다음과 같다.

① 예언자적 직능(Prophetic function) : 교회로 하여금 인간의 사랑과 정의를 위하여 도전하고 경각심을 일으키며, 경고하도록 요청하는 일. 이 직능은 주로 설교활동에서 가장 분명히 나타난다.

② 제사장적 직능(Priestly function) : 교회로 하여금 위안, 위로, 용납, 용서의 직능을 요청하는 일. 이 직능은 목회적, 성례적 활동(성례집행, 상담, 심방 등)으로서 제사장 직책의 전반적인 활동을 말한다.

③ 왕적 직능(Kingly function : Administrative function) : 하나님이 교회에 부여한 여러 가지 자원을 현명하고도 효과적으로 관장하는 일로서 이 직능은 가장 분명하게 표현되는 것은 교회조직 활동(관리, 조직, 훈련)에서이다.[5] 이상의 3가지 직능은 목사(목회자)에 있어 "목사의 3직적 기능(직능)"이라고 할 수 있다.

---

5) Ibid., pp.32-33.

2. 목회자(목사)의 성품과 인격

교회의 성장과 문제는 여러 가지 측면에서 얘기될 수 있겠으나 크게 비중을 두고 얘기될 수 있는 것이 목회자의 성품과 인격에서 찾을 수 있다. 이 성품과 인격에서 교회 성장의 차이를 가져오기 때문에 매우 중요시하지 않을 수 없다.

1) 목회자의 성품

(1) 희생의 성품

이사야 선지자는 장차 나타나실 메시야의 "성품"을 예언할 때 "그가 찔림은 우리의 허물을 인함이요, 그가 상함은 우리의 죄악을 인함이라....그가 채찍에 맞음으로 우리가 나음을 입었도다. 우리는 다 양 같아서 그릇 행하여 각기 제 길로 갔거늘 여호와께서 우리 무리의 죄악을 그에게 담당 시켰도다"(사 53 : 5-6). 이 예언이 신약에서 성취되었다. 목회자는 무엇보다도 양을 위하여 희생의 각오가 있어야 한다.

(2) 섬김의 정신

목회자의 성품은 예수님의 성품을 닮아야 옳을 것이다. 예수님의 목회(목양) 정신과 성품은 오늘날 목회자가 이어받아야 할 모든 요소를 다 포함하고 있다.

예수님은 자신의 양떼를 돌보며 봉사와 인도자로서 의무를 수행하고 목자의 고상한 인격을 가지고 실천하셨다. 또한 "인자가 온 것은 섬김을 받으려 함이 아니라, 도리어 섬기려 하고 자기의 목숨을 많은 사람의 대속물로 주려함이니라"(마 20 : 28)고 한 선언은

땅 위에 서로 높은 자리에 앉겠다고 싸우던 예수님의 열 두 제자에게 뿐 아니라 오늘날 모든 목회자에게 합당한 교훈이 되고 있다.

(3) 온유 겸손의 성품

예수님은 "나는 마음이 온유하고 겸손하니 나의 멍에를 메고 내게 배우라. 그러면 너희 마음이 쉼을 얻으리니"(마 11 : 29)라고 하였다. 교회 지도자는 아니 주님의 종 된 목회자는 예수님의 성품과 같이 온유 겸손하여야 한다. 낮아지는 자세로서 양떼를 지도할 때 목자의 온유 겸손의 향기를 맡고 따르게 되는 것이다.

바울은 "모든 겸손과 온유로 하고 오래 참음으로 사랑 가운데서 서로 용납하고"(엡 4 : 2)라고 했다. 목회자 권위는 온유와 겸손에서 유지되어야 한다.

(4) 관용의 성품

바울은 고린도 교회를 향하여 관용을 강조하였다. "너희를 대하여 대면하면 겸비하고 떠나 있으면 담대한 나 바울은 이제 그리스도의 온유와 관용으로 친히 너희를 권하고"(고후 10 : 1)라고 했다. 목회자는 남의 실수와 허물을 용서하고 남의 의견을 진지하게 수용하는 관용의 정신이 필요하다. 성도는 목회자가 남을 용서하고 포용하는 관대한 성품의 소유자를 존경하고 따르게 되는 것이다.

(5) 인내하는 성품

목회자는 교회를 관리하며 목양 과정에서 많은 인내심이 요구된다. 그것은 영적 차원에서 그렇고 육적 차원에서 그렇다. 어떤 의미에서 목회는 인내하는 과정일 수도 있다. 대신적(對神的), 대인적

(對人的), 대아적(對我的) 관계에 인내는 목회자에게 있어 귀한 덕목이라 할 수 있다.

목회 서신에서 바울은 인내를 강조했다. "오직 하나님의 사람아 이것들을 피하고 의와 경건과 믿음과 사랑과 인내와 온유를 좇으며"(딤전 6 : 11)라고 했고, "나의 교훈과 행실과 의향(意向)과 믿음과 오래 참음과 사랑과 인내(딤후 3 : 10)와 …"라고 했다. 예수님도 십자가에 달리실 때의 무한한 인내심을 우리에게 보여주셨다. 교역(敎役)은 고역(苦役)이라는 말이 있듯이 십자가를 지고 쫓아가는 십자가의 도를 전하는 목회자에게는 남다른 인내가 요구된다고 하겠다.

(6) 사랑의 성품

"사랑은 하나님께 속한 것이나 사랑하는 자마다 하나님께로 나서 하나님을 알고 사랑하지 않는 자는 하나님을 알지 못하나니 이는 하나님은 사랑이심이라"(요일 4 : 7-8)고 했다. 요한이 선언한 말씀대로 목회자는 교인에게 설교하기 전에 자신이 먼저 이 진리를 발견하고 실천하는 목사의 인격이 필요하다. 목회자는 사랑을 실천하며 그 자신이 하나님께 속한 자가 되기 전에는 주님의 복음사역에 적합한 자 또는 지도자가 될 수 없다.

예수께서 "나는 선한 목자라 선한 목자는 양을 위하여 목숨을 버리거니와 삯군은 목자도 아니요, 양도 제 양이 아니라 이리가 오는 것을 보면 양을 버리고 달아나느니라"(요 10 : 11-12)라고 말씀하셨다. 목회자는 양을 위하여 사랑이 충만하여 자기의 목숨까지 버릴 수 있는 인격을 갖추도록 노력해야 한다.

오늘날 목회자 중에는 사랑으로 교회는 돌보는 자가 있는가 하면 그렇지 못한 목회자도 있다. 교회적으로 사회적으로 교인을 위

해서 지역을 위해서 일하는 사랑이 많은 목회자는 존경과 교회 발전에도 선두에 서고 있다.[6]

(7) 모성과 부성을 지녀야

사도들은 주의 명령을 좇아 행한 교회의 지도력을 보면 모성적, 부성적인 성향의 지도력을 발휘하였다. 목회 서신에서 바울은 "마땅히 주의 종은 다투지 아니하고, 모든 사람을 대하여 온유하며 가르치기를 잘하며 참으며 거역하는 자를 온유함으로 징계할지니 혹 하나님이 저희에게 회개함을 주사 진리를 알게 하실까 하며"(딤후 2 : 24-25)라고 했다.

이는 아이들을 먹이고 입히고 돌보며 양육하는 어머니와 같은 지도력을 발휘했다. 그들은 모성적 행정력으로서 고용된 보모(baby sitter)가 아닌 친자식을 돌보는 부모와 같이 사랑으로 대하라는 바울의 간곡한 권면이다. 이 모성은 아이의 육적, 정신적인 양육을 등한히 하지 않는다. 어머니에게는 아이가 먹을 수 있는 젖이 있음으로 인해 거기서 생물적 성장이 오고 양육이 오는 것이다. 따라서 목회자는 모성을 성품을 지니고 교인을 양육해야 한다.

그리고 사람들은 부성적인 교회 다스림을 가졌다. 부권 부재에서 오는 가정, 사회, 국가, 세계의 혼란은 심각하다. 군주적, 독재적, 권위주의적인 것을 부성으로 보지 않는다. 여기서 부성이라 함은 모성적 부성을 말한다. 아버지는 본성적으로 외적, 사회적, 국가적이며 어머니보다 사상적, 정신적, 의지적이다. 그래서 양육은 모성적, 정신은 부성적인 영향을 받는다. 그래서 지도자는 교회를 관

---

6) Ibid., pp.38-39.

리함에 있어 보호적 기능을 가지고 교회를 관리하고 신뢰도를 높여 가는 지도력이 요구되고 있다. 이 외에도 목회자의 성품에 관계되는 덕목이 많이 있으나 목양에 또는 교회행정에 관련한 성품적인 요소는 앞에 언급한 것으로 대표될 것으로 본다.

2) 목회자의 인격[7]

목회자의 인격은 신앙 및 영성 다음으로 귀한 것이다. 아니 인격은 윤리적 인격과 신앙 인격이 결합된 인격인 것이다. 목회자로서 바른 영성을 지닌 인격이어야 한다. 목회자는 하나님의 사람들을 양육 관리하는 목양자이기 때문에 그 품격은 매우 중요한 것이다. 물론 그 인격의 표준은 예수님의 인격적 요소인 것이다.

(1) 목양적 인격

목회자는 그리스도의 양떼를 치고 먹이면서 영원한 푸른 초장으로 인도할 책임있는 인격이 필요하다. 양의 배부름과 갈한 목을 축일 수 있게 좋은 꼴로 시냇가로 인도할 수 있어야 한다.
① 목회자는 목자인 까닭에 양을 지키고 인도 보호하는 자이다 (벧전 2 : 25).
② 목회자는 양떼의 선두에 서서 양들의 갈 길을 인도하는 자이다(요 10 : 4).
③ 목자는 양떼에게 꼴을 먹게 하는 보조자이다(요 10 : 4-5).
④ 목회자(목자)는 때때로 양떼를 위하여 자기 목숨을 버리면서

---

7) Ibid., p.39.

남을 구해야 한다는 각오가 있어야 한다(요 10 : 11-12).
⑤ 예수님은 선한 목자의 모범을 보여주셨다. 우리도 그와 같은 인격으로 목회를 해야 한다(요 10 : 2-3, 마 9 : 36).

(2) 사회 봉사자의 인격

현대 사회는 정신적 불안과 문명병에 걸려 있다. 개인과 가정이 생활의 혼란을 겪는다. 이런 시대의 현대 사회에서 목회는 대단히 중요한 것이다. 이 사회를 안정시키는 책임은 목회자에게 많은 비중이 있게 되는 것이다.

바울은 "너희는 어떻게 행할 것을 자세히 주의하여 지혜 없는 자 같이 말고 지혜 있는 자 같이 하여 세월을 아끼라 때가 악하니라"(엡 5 : 15-16)고 말하고 있다. 목회자는 세상을 구원으로 인도할 책임이 있다. 목회자는 사회에서 기다리는 손길을 찾아서 구원하려는 인격과 사명감이 있어야 한다. 특히, 현대 교회는 사회봉사보다는 자기 교회에 대한 관심이 많고 사회를 외면하는 경향이 많은데 속히 고쳐야 할 과제이다.[8]

(3) 가르치고 배우려는 인격

예수님은 "너희는 가서 모든 족속으로 제자를 삼아 아버지와 아들과 성령의 이름으로 세례를 주고 내가 너희에게 분부한 모든 것을 가르쳐 지키게 하라"(마 28 : 19-20)고 했다. 목회자는 가르치는 일에 최선을 다해야 하며 가르치기 위해서 배우는 일에도 게을리 하지 말아야 한다.

---

8) Ibid., pp.39-40.

교육의 뜻은 동양에서는 '배운다', '흉내 낸다', '연습 한다', '양육 한다' 라는 뜻으로 이해하고, 서양에서는 교육이 'educare'에서 파생된 단어(education)인데 이 뜻은 '가르치다', '이끌어 내다', '인도하여 나아가다' 등의 뜻이 있다. 목회자는 많은 사람에게 성경을 가르치고 인생을 가르친다.[9]

종교교육자 바우어(William C. Bower)는 "삶과 관련되어 근본적인 문제들에 관한 지성적이고 의미 있는 결단이 배움 과정에 대한 중요한 접근방법이 된다"라고 주장하면서 성경을 배우는 자들의 마음속에 참된 삶의 결단을 내리도록 인도할 것을 권장했다. 또한 바우어는 "세속적 교육은 물리적, 지적, 정서적, 사회적, 심리적, 도덕 인격의 발달을 추구하며, 종교교육은 영적 인격발달에 관여함으로써 그 교육과정을 완성시키려 한다"고 말하며 세속교육과 종교교육의 구별과 두 종류의 교육의 연속성을 지적하였다.[10]

목회자는 가르치는 것이 중요한 만큼 배우는 것도 중요하다. 학문은 변천하는데 교육을 받지 못하면 퇴화될 수밖에 없다. 그래서 배울 기회를 마련해야 하고 교회는 배울 수 있는 기회를 허락하고 후원해야 한다. 대개 목사는 가르치기를 좋아하고 남에게서 배우기를 꺼리는 경향이 있는데 시정되어야 할 사항이다.

(4) 겸손하면서도 강한 의지의 인격

안드레 머리 목사는 "겸손이야말로 모든 덕의 어머니이고 하나

---

9) Ibid., pp.39-40.
10) William C. Bower, Religious Education in the Modern Church(New York, 1967), p.138.
    Ibid., p.40에서 recite.

님 앞에서 첫째 되는 인간의 의무이며, 우리의 영혼을 영원히 보호하는 이성이다. 여러분의 심령은 이 만복의 근원되는 겸손 위에 기초를 세우라. 하나님의 약속은 진실 되고 거짓이 없다. 자기를 낮추는 자를 하나님께서는 반드시 높일 것이다. 스스로 낮추라고 하신 예수님의 유일한 요구를 여러분이 실행할 것이며 하나님께서도 자신이 약속하신 것을 이루어 주실 것이다"라고 말했다.

목회자의 겸손의 인격은 자신이 많은 사람에게 존경받기에 가장 기본적인 것이다. 특히, 동역자 앞에서 겸손의 덕을 세우는 일은 중요한 인품이다. 바울은 "겸손한 마음으로 각각 자기보다 남을 낮게 여기라"(빌 2 : 3)고 했다. 겸손의 덕이 부족하면 사랑도 없어지고 양떼를 지도할 자격도 없고 목회도 결국 실패한다.[11]

3. 목회자의 자격과 목회자 개인의 생활관리

목회자의 자격을 논의한다는 것은 매우 어려운 문제임에는 틀림없다. 왜냐하면 목회리는 특수한 직능에 비추어 보면 너욱 그렇다. 여기에는 먼저는 하나님의 소명적 조건이 있고 목자 자신의 사명적 조건이 결합되어 있기 때문이다. 그리고 여기에는 영적 조건이 있고 일반적 조건이 수반되어 있기 때문에 단순히 일반적인 자격기준만을 말할 수는 없는 것이다. 다만 목회자로서의 특성에 비추어 몇 가지 자격을 다음과 같이 논급하고자 한다.

---

11) 박두현, op. cit., p.41.

1) 일반적 자격[12]

일반적인 자격은 목회자의 인간 본성에 속하는 자격을 가리킨다. 이 자격은 일반 성도들도 갖추어야 가정과 사회생활에서 성공할 수 있을 것이다.

(1) 정신적으로 안정감을 가져야 한다

인간은 감정의 동물이기 때문에 흥분하기 쉽고, 흥분하면 실수하게 된다. 목회자가 정신적으로 불안정하면 목회를 바르게 할 수 없다. 불안정한 교인을 안정 상태로 인도하자면 자신이 먼저 안정이 되어야 한다.

목회자는 감정을 억제할 수 있어야 문제 해결의 지혜를 가지게 되지만 자신이 불안정하면 문제를 오히려 야기 시키게 될 수도 있다.

(2) 동정심이 많아야 한다

영어에 'sympathy'는 헬라어 '셈파데오'(συμπαθεω)에서 유래된 말인데 그 뜻은 "…와 함께 …을 겪다" 혹은 "경험하다"라는 뜻이다. 이 단어의 뜻을 근거하여 설명하면 '동정'이란 다른 사람의 슬픈 일과 고통을 함께 경험하는 것을 의미한다.

목회자의 주변에 가족을 잃은 사람, 사업 실패자, 무직자, 파탄된 가정, 교통사고, 경제적 고통을 당하는 사람 등이 많다. 이런 사람들이 동정을 기다린다. 이때 그리스도의 사랑과 동정은 용기와 희망을 주게 되고 영원한 천국에까지 인도해야 할 것이다.

---

12) 박두현, 현대교회행정학(서울 : 교회교육연구원, 1991), pp.42-44.

(3) 원만한 대인관계를 가져야 한다

과거에는 권위로 목회를 했다면 현대는 '관계'로 목회를 해야 한다. 예수님은 "이제부터는 너희를 종이라 하지 아니하리니, 좋은 주인이 하는 것을 알지 못함이라. 너희를 친구라 하였노라"(요 15 : 15)고 했다. 예수님은 종의 관계에서 친구의 관계로 변화시켜 그들을 더욱 가까이 하며 생활했다. 현대 목회는 목회자들의 사랑에 감격하여 하나님을 찾는 자들이 증가하도록 좋은 인간관계가 필요하다.

(4) 부지런한 목회생활을 해야 한다

목회자나 일반 성도나 이 부분은 차이가 있을 수 없다. 하나님 관계에서나 이웃과의 관계에서나 생업에 있어서도 근면은 생활인의 덕행이다. 특히, 목회자는 목회 영역에 있어 하루도 방심할 수 없는 목회적 상황이 있으므로 늘 부지런해야 한다.

잠언서는 "좀더 자자, 좀더 졸자, 손을 모으고 좀더 눕자 하면 네 빈궁이 강도 같이 오며 네 곤핍이 군사 같이 이르리라"(잠 6 : 10-11)고 했다. 목회나 사생활이나 게으른 자는 가난해지고 부지런한 자는 부하게 되는 진리는 마찬가지이다.

목회자는 교회의 일과 속에서 부지런해야 하며 자신의 영적 충만을 위해서 스스로 많은 시간을 연구하고 기도해야 한다. 늘 눈물의 기도와 교인수가 적더라도 심방을 부지런히 하고 말씀 준비, 성경연구에 부지런하여야 한다.

(5) 정죄와 비판을 삼가야 한다

"비판을 받지 않으려면 비판하지 말라… 너희 헤아리는 그 헤아

림으로 너희가 헤아림을 받을 것이라"(마 7 : 1-2)

　목회자는 말씀의 대변자이지 심판자는 결코 될 수 없다. 그러므로 강단에서 개인을 비판하거나 정죄해서는 안 된다. 교인이 기대하는 만큼 따라오지 않고 순종이 부족하다고 비판하거나 정죄해서는 안 된다. 참고 가르치고 일깨워야 하고 장기 계획을 세워 이끌어야 한다.

(6) 사람을 신뢰해야 한다

　오늘날은 서로가 서로를 못 믿는 불신 풍조가 만연되어 있다. 심지어, 교회 안에서도 목회자가 교인을, 교인이 목회자를 믿지 못하는 경우는 슬픈 일이다.

　교회는 하나님이 자신에게 맡겨 준 목양지이며 자신은 하나님의 청지기로서 일들을 감당해야 하는데도 불구하고 목회자 자신이 주인인 양 자기 신봉자만 가까이하면서 목회를 한다면 하나님의 청지기 직분을 감당하지 못하며 또한 하나님도 청지기를 신뢰하지 못하면 언젠가는 책망 받을 것이다. 그러므로 목회자는 성도를 신뢰하고 성도는 목회자를 신뢰할 때 하나님도 목회자를 신뢰하리라고 믿는다. 여기에는 언제나 표리부동한 인품과 전후 일치한 태도가 있어야 하고 신중하고 진지한 자세와 언어의 실수가 없어야 한다.

(7) 검소한 삶의 모습을 가져야 한다

　호의호식을 탐하지 말고 사치와 지나친 유행에 영합하지 말며 항상 여력을 이웃을 위하여 쓰고 내면을 가꾸면서 교양적인 자세와 윤리적인 태도를 가지고, 합리적 삶을 계획하고 실천하여 사회와 교회에 본을 보여야 한다.

2) 영적인 자격[13]

목회자는 모든 자격이 갖추어졌다 하더라도 영적 자격이 불비하면 영적 성장을 도모할 수 없다. 이에 몇 가지로 그 자격을 말하자면,

(1) 체험적인 신앙을 가진 자

신앙인으로서 중생의 체험이 중요한 은혜 중의 은혜이다. 목회자는 중생의 확실한 체험이 있어야 양들의 구원에 확신을 가르칠 수 있다. 소경이 소경을 인도하여 멸망에 이르게 하는 꼴이 되어서는 안 된다. 목회자의 체험이 근본적으로는 중생의 체험이지만 하나님의 살아계신 섭리와 역사의 체험을 성령의 인도와 기도를 통해서 진리를 지키고 전함에 있어 많은 체험을 가져야 생명력 있는 목회를 할 수 있다.

(2) 성령 충만을 사모하는 자

성령 충만을 가지되 정적 요소와 지적 요소의 조화를 가지고 지나치게 의지적인 것에나 지나치게 감성적인 것에 치우치지 말아야 한다. 성령의 인격성을 항상 믿고 신비성에 치우치지 말아야 한다. 성령의 감동과 영감을 통한 목회적 행위가 있어야 한다. 바울은 지적인 것과 영적인 것을 함께 갖추어서 충령 충만을 강조하였다.

(3) 말씀과 기도생활을 겸비한 자

목회자의 성령 충만을 위해서 그리고 영적 자질을 위해서 자신

---

13) Ibid., pp.44-45.

이 기도하는 시간과 말씀 연구의 시간을 갖도록 노력하고 실천해야 한다. 목회생활에 쫓기다 보면 이 일을 소홀히 할 수가 있다. 기도와 성경연구, 독서 등은 목회의 내용으로 보아야 하며 목회 계획에 반영해야 한다. 육신을 위해 1일 3식이 필요하듯이 영적인 양식도 중단 없이 공급되어야 한다. 그러므로 목회자는 기도생활과 말씀 읽고 묵상하는 시간을 항상 병행해야 한다. 어느 것에 치우쳐 편식이 없이 조화로운 시간의 분량을 가지므로 목회자 자신의 신앙을 성장시켜야 하고 영성을 깨우쳐 나가야 한다.

3) 교육적인 자격

미국의 장로교 헌법도 그렇거니와 한국 장로교도 4년제 대학 졸업 후 3년제 M.div(석사과정) 과정을 마친 후 고시를 거쳐 합격한 자가 목사로 안수받도록 되어 있다.

이것이 목회자의 기본적인 교육적인 자격기준이고 목회자는 한 평생 연구하여 자질을 높여야 하고 소양을 길러야 하며 교양을 쌓아야 하고 신학적·학문적 체계를 깊고 넓게 이해하는 데 항상 긴장해야 한다. 현대 사회에 처한 지상교회의 목회는 목회 현장의 교인의 교육수준과 문화수준이 매우 높고 또 높아지고 있다. 이러한 환경에 적응력을 높일 수 있는 끊임없는 자기 계발과 연찬(硏鑽)이 필요하다.[14]

---

14) Ibid., p.45.

4) 목회자의 개인생활의 관리[15]

(1) 가정생활

Edward W. Gedhad 목사는 "지교회 목사가 화평과 능력과 기쁨을 그의 가정의 보금자리에서 찾을 수 있게 하는 교회는 복 받은 교회이다. 목사의 가정이 화평하고 사랑스럽고 교양과 신앙이 겸비되어 있으면 그 교인들도 자연히 닮아간다"라고 말했다.[16]

목사의 가정생활은 교회생활과 관계가 있기 때문에, 위대한 설교와 행정의 재질이 있다고 해도 그의 가정에 좋은 남편으로, 좋은 아버지 노릇을 못하면 그의 목회는 실패하기 쉽다. 현대인들의 생활문제 중의 하나가 가정문제의 비중이 크다. 가정의 자식문제, 이혼과 경제문제 등이 큰 문제이다. 이 일을 해결하는 데 목회자의 역할은 매우 중요하다. 이럴 때 그들은 목회자의 가정을 보려고 한다. 목회자의 가정이 안정되고 행복하면 교인들은 본을 삼고 그들도 그런 가정을 만들기 위해 노력할 것이다.

목회자 가정이 행복하지 않거나 문제가 있으면 교인을 전도하는 일에도 많은 지장이 있게 된다.[17]

(2) 건강생활

목회자는 정신 수양을 많이 쌓는 직이기 때문에 정신은 맑고 깨

---

15) Ibid., pp.45-50.
16) John Caldwell Jhiessen, Pastoring the Smaller Church(Zondervan Publishing, 1976), p.126.
  Ibid., pp.45-46에서 recite.
17) 박두현, op. cit., pp.45-46.

끗해야 한다. 그러나 바쁜 목회생활 속에서 자신의 건강을 돌보지 못하여 은퇴할 시기에 건강이 나빠지고 고혈압, 당뇨병, 위장병 등으로 고생하는 분들이 근래에 많이 생기고 있다. 목회자들은 평소에 건강관리가 너무 부족한 것에 원인이 있고, 하나님의 치유능력을 자부하고 현대 의학을 무시하는 경향이 있고, 사전 예방과 조기 치료를 소홀히 하여 병을 키워서 나중에는 큰 병이 되어 고통을 겪는 경우가 많이 있다. 그래서 목회자는 다음과 같은 건강관리 방법을 유의해야 한다.

첫째, 정기적으로 종합 진단을 받아야 한다.

둘째, 매일 일정량의 운동을 하고 산책과 가벼운 체조, 달리기, 테니스 등을 통해 예방하는 것이 좋다. 동역자 끼리 모임을 갖는 것도 좋다.

셋째, 부부와 함께 여행을 하라.

1년에 한 번 이상 목회생활을 잠시 떠나 여행을 하면서 머리를 식히고 견문을 넓히는 것이 좋다. 재정문제가 있기 때문에 형편에 맞게 여정을 택하여 쉬고 오는 것이 활력소를 재충전할 수 있다. 그리고 여행은 부부 동반이 사랑을 나눌 수 있고 가정생활의 기초를 다질 수도 있다.[18]

(3) 경건생활[19]

성 어거스틴은 "경건생활은 하나님을 두려워하는 생활로 시작되어 사랑하는 생활의 실천으로 완성 된다"라고 말하였다.

---

18) Ibid., pp.46-47.
19) Ibid., p.47.

경건이란 근엄한체하는 위선이 아니고 위로는 하나님을 두려워하며 아래로 사람을 사랑할 줄 하는 생활이다. 시편 기자는 "여호와께서 자기를 위하여 경건한 자로 택하신 줄로 너희가 알지어다"(시 4 : 3)라고 노래했다. 목회자는 다른 동역자들에게도 경건생활에 칭찬을 들을 수 있기까지 노력해야 한다.

목회자의 경건생활의 내용을 열거하면 다음과 같다.
① 하나님과 은밀한 기도시간을 많이 가져야 한다.
② 매일 성경 읽기와 연구하는 시간을 갖는다.
③ 가난한 교인을 가까이 하여 그들의 어려움에 동참한다.
④ 경제적인 어려움이 있어도 불평을 하지 말 것
⑤ 목회 하루가 보람 있는 생활이 되도록 자신이 만들 것
⑥ 전도하는 일을 연구하고 열심히 노력할 것
⑦ 어린이와 청소년에게 관심을 갖고 가까이 할 것
⑧ 때로는 목회 연장 교육에 참여하여 배우기에 힘 쓸 것
⑨ 죄인을 용서해 주고 정죄하지 말 것
⑩ 독서를 통하여 많은 학문에 경험을 쌓을 것

(4) 윤리생활[20]

목회자는 강단의 말은 천사 같이 하고 실제 자신의 윤리적 삶은 말과 같이 살지 못할 때가 많이 있다. 목회자도 사람인고로 죄인으로 살 수 있음을 부인할 수는 없으나 기본적인 윤리생활까지 갖추지 못하면 목회는 성공하지 못한다.

기본적인 윤리생활의 몇 가지를 열거하면 다음과 같다.

---

20) Ibid.

① 물질문제가 청렴해야 한다.
② 이성문제가 깨끗해야 한다.
③ 목회자간에 신의를 지키는 윤리를 형성해야 한다.
④ 후임자와 선임자 간에 지켜야 하는 목회자 양심을 지켜야 한다.
⑤ 교인에게 지켜야 할 예의를 잘 갖추어야 한다.
⑥ 당을 짓고 싸움에 참여하는 일은 말아야 한다.
⑦ 남의 교회나 기관을 비방해서는 안 된다.
⑧ 남의 교인에게 자기 교회 출석을 권하지 말아야 한다.
⑨ 금주, 금연을 꼭 지켜야 한다.
⑩ 약속시간을 잘 지켜야 한다.
⑪ 금전 거래를 삼가야 한다.
⑫ 사치를 하지 말아야 한다.

(5) 목회자의 개인목회 자료기록과 일지작성[21]

목회는 계획을 세울 뿐 아니라, 시행(진행)의 결과를 기록으로 남겨 보면서 반성해야 한다. 이런 계획 실천사항이 문서로 만들어 잘 보관할 때 장래 계획의 기초가 되고 참고자료가 되어 목회에 많은 도움이 될 것이다.

① 설교 원고와 설교 녹음 테이프 : 모든 설교 원고를 절기별로 분류하여 설교한 시기와 장소를 기록하여 두면 설교집 발간에 도움이 되고 한 번 시행되었던 곳에서 이중으로 설교하는 실수를 예방한다. 또한 설교 녹음 테이프를 제작하면 결석 교인에게 주어 듣게 하며 전도용으로도 쓸 수 있고 본인의 설교의

---

21) Ibid., pp.48-50.

수정할 곳을 찾아서 고쳐 나가면 설교에 발전이 있게 된다.
② 설교일지
- 본 교회 설교일지 : 섬기는 교회에서 설교한 내용(본문, 제목, 집회 종류, 참가인원)을 기록한다.
- 초청 설교일지 : 타 교회와 기관, 모임에서 설교한 것을 위와 같이 하되 자신의 감정(설교 소감)과 기관의 반응(분위기)을 기록해 두면 좋다.
③ 독서일지 : 독서 생활은 목회의 필수적인 일이다. 독서는 설교 준비에 도움이 된다. 여기에는 책명, 저자, 출판사, 발행일, 독서기간, 내용 요약, 인용 구절 및 예화, 느낀 점 등을 기록하여 남기면 설교 준비에 활용될 것이다.
④ 주례일지 : 목회자는 결혼 주례와 상례 주례의 두 가지를 많이 하게 되는데 이것도 기록을 남기면 좋은 자료가 된다. 여기에는 날짜, 장소, 신랑·신부 이름과 생년월일, 주례자와 관계, 신랑·신부 학력, 성경, 제목, 기도, 축도, 참석인원, 느낀 점 등을 기록하고 장례, 주례한 내용, 장소, 일시, 사망자, 생년월일, 주례자와 관계, 성경, 제목, 기도, 축도, 사망자 약력, 느낀 점 등을 기록해 둔다.
⑤ 예화자료 정리 : 설교 시 인용한 예화나 인용 예정인 예화를 정리하되 예화는 실제의 이야기, 경험된 이야기가 더 효과적이다. 목회자는 자신의 생활 주변에서 보고 느끼고 들은 바를 기록하여 두었다가 적재적소에 사용하되 간결하고 교훈적인 것을 선택하는 것이 유익할 것이다.
⑥ 세례자, 학습자, 입교자, 사망자, 결혼 자, 실종자, 출교 자, 전출입자의 명단 정리 : 이 명단은 교회의 법정 대장(당회 비치

서식)으로 당연히 기록 보존하고 필요시 참고할 수 있을 뿐 아니라 교인 관리에 소중한 자료가 될 수 있다. 그리고 서식은 교회 백화점 등에 기존 서식이 있으나 교회 실정에 맞게 고안하거나 취사 선택하여 쓸 수 있다(본 서 실제 편의 서식 참고).

제11장 교회행정 규정[1]

1. 제직회 규칙

본 제직회 규칙은 대한 예수교 장로회 교회 제직회 규칙이다.

1) 대한 예수 장로회 교회 제직회 규칙

제1조 【명 칭】 본회는 대한 예수교 장로회 교회 제직회라 칭한다.

제2조 【목 적】 본회는 성경과 대한 예수교 장로회 헌법에 기초하여 복음을 전파하며 그리스도의 몸 된 교회로서 성장하게 하는 일을 실행함을 목적으로 한다.

제3조 【조 직】 본회는 본 교회의 시무 목사, 장로, 안수집사, 권사, 전도사, 서리집사로 구성한다.

제4조 본회의 회장은 당회장이 예겸하고 서기와 회계를 본회에서 선정한다.

---

[1] 박완식, 교회행정론(서울 : 기독교문사, 1992), 행정의 실제 부분 참고 인용.

제5조 본회는 제직 회장인 목사가 다음과 같이 소집한다.
  1. 회장이 제직회 소집의 필요를 인정할 때
  2. 교회 제직원의 3분의 1의 요청이 있을 때
제6조 본회는 1년에 1회 이상을 회집하여야 한다.
제7조 본회의 효율적이고 원활한 임무 수행을 위하여 다음의 부서를 둔다.
  1. 예배부 : 예배에 따르는 모든 준비와 예배 안내를 협조하고 강대상 장식을 위한 업무를 담당하며 성가대를 관할한다.
  2. 교육부 : 교회 학교 지원, 성인교육 프로그램 등 교육에 관한 업무를 담당한다.
  3. 의료 선교부 : 벽지 교회 순회 진료 및 극빈자 치료의 지원 등의 의료 선교에 대한 모든 업무를 담당한다.
  4. 친교부 : 교우 상호간의 친교를 위한 일과 친교실에 관한 업무를 담당한다.
  5. 봉사부 : 교회 내외의 각종 행사시에 봉사에 관한 업무를 담당한다.
  6. 구제부 : 구제 대상을 선정하고 구제방법을 결정하는 활동을 담당한다.
  7. 경조부 : 교우들의 혼례와 성례, 기타 경조사에 관한 업무를 담당한다.
  8. 심방부 : 효율 적인 심방활동에 협력한다.
  9. 재정부 : 헌금의 수금, 계수, 예금 업무 및 재정에 관한 업무를 관장한다.
  10. 관리부 : 교회 건물, 주택, 차량, 교회 비품, 교회 환경 미화 및 기타 교회 제반 시설에 관한 일체의 업무와 교회 경비에

관한 업무를 담당한다.
11. 서무부 : 교회의 각종 서류와 기록을 정리 보관하고 사무용품의 구입, 외빈 접대, 각종 인쇄물의 제작, 교회 사무 행정을 돕기 위한 일과 타부서에 속하지 않은 모든 업무를 담당한다.
12. 차량부 : 효율적인 주차장 관리와 차량 안내에 대한 모든 업무를 담당한다.
13. 예산위원 및 감사 3인을 별도로 한다.

제8조 【부원의 선정】 각부 부원은 교역자 회의가 공천하고 당회의 심의를 거쳐 제직회 결의로 선정한다.

제9조 【부서의 조직】 각부는 부장 및 차장과 부원의 10분의 1에 해당하는 실행위원과 부원으로 구성한다.

제10조 【임 기】
1. 부원의 임기는 2년으로 하되 2분의 1에 해당하는 부원은 2년차에 교체된다.
2. 부장 및 차장의 임기는 1년으로 하고 경우에 따라서 연임할 수 있다.

제11조 【부서의 운영방법】
1. 각부 부장은 당회가 임명하며 제직회에 발표한다.
2. 첫 모임은 부장이 소집하되 성원은 과반수이어야 하며 모임의 소집시간과 장소는 1주일 전에 통보되어야 한다.
3. 차장 및 실행위원은 첫 모임에서 선출하되 기도한 후에 무기명 투표로 하며 종다수로 선출한다.
4. 각부의 성원은 1주일 전에 통보한 시간과 장소에서 모인 수가 성원이 된다.
5. 실행위원회는 부장이 필요에 따라 소집하며 성원은 과반수

로 하고 월 1회 이상 모이는 것을 원칙으로 한다. 부서 전체의 모임은 각 부별로 소집을 할 수 있으며 연 2회 이상의 모임을 가져야 한다.
6. 각부 실행위원회는 그 소관사항을 심의연구하고 계획 추진 한다.
7. 교역자는 당회장이 임명하는 부서를 맡아 지도한다.
8. 각부 부장은 소관 사항을 계획 및 추진 결과를 당회에 보고하여야 한다.
9. 각부 및 위원회의 사업 집행을 위한 재정 지출은 각부 부장 및 위원장 그리고 재정부장, 당회장의 결재를 거쳐 회계가 지출한다.

2) 제직회 행정규칙

제1장 총 칙

제1조 【명칭 및 위치】 본회 명칭은 대한예수교장로회 교회 제직회라 칭한다. 본 회는 구 교회에 위치한다.
제2조 【목 적】 본 회는 대한예수교장로회 헌법에 명시된 정치 권징 조례 예배 모범에 의하여 교회의 합리적 운영과 유기적 행정과 효과적 관리를 위하여 본 행정 규칙을 제정 시행한다.
제3조 【감 독】 본 회는 당회의 지휘 감독을 받는다.

제2장 조직 및 상설 부서

제4조 【조 직】 본회의 조직은 대한예수교장로회 정치 규정에 준하여 조직한다.

1. 회원 : 본 회의 회원은 당회원과 집사와 권사, 전도사로 한다.
2. 임원 : 본회의 목적 수행을 위하여 하기와 같이 임원을 둔다.
   회장, 부회장, 서기, 부서기, 회계, 부회계, 출납회계
3. 임원의 선거 : 본회 임원은 매년 통상 제직회에서 선출한다. 단 회장은 당회장이 겸무하고 부회장은 장로 중에서 선출하며 이하 인원은 무기명으로 투표 선출하되 종다점으로 결정한다.
4. 임원의 임무
   회　장 : 회장은 교회행정의 수반이며 제반사의 통합 지휘한다.
   부회장 : 부회장은 회기 중 회무집행에 회장 유고시에 이를 대리한다.
   서　기 : 문서를 보관하여, 회록을 기록하며 회무 진행에 편리하게 준비한다.
   부서기 : 서기 유고시 이를 대리하며 예배 시에 일지를 기록한다.
   회　계 : 본 교회 금전에 대한 장부정리와 출납을 전담한다.
   부회계 : 회계를 보좌하며 십일조 특별 감사 헌금을 계수하며 회계 유고시 대리한다.
   출납회계 : 출납 회계는 회계에서 출납되는 헌금의 보관과 각 기관의 현금을 보관 출납하는 금고의 역할을 한다.

제5조 【상설 부서】
1. 상설부 조직의 목적 : 본 회는 예배와 교육과 전도, 설교, 신앙훈련, 성도봉사, 교제, 재산관리와 회의에서 결의된 사항을 실천하기 위하여 다음 부서를 둔다.
   예배부, 회우부, 재정부, 재단관리부, 전도부, 접대부, 초등교육부, 고등교육부, 경조부, 부녀부, 면려부, 사회사업부

2. 부서 조직 : 부서 회원으로 조직하되 당회장이 공천권을 가지고 각 부서에 적임자를 공천하고 당회가 이를 인준하여 임명한다.
3. 각부의 조직과 임무는 아래와 같다.
(1) 예배부의 조직과 임무

조직 : 당회장이 공천한 제직과 성가대장, 지휘, 반주 및 해당 월 예배위원으로 조직한다.

임무 : 예배에 참석하는 사람 동원, 개인과 가정의 신앙생활 지도, 성례 준비, 찬송 지도, 성가대 보호 육성, 악기 관리, 예배 안내, 수전 위원 관리, 예배당 미화, 예배 중 분위기 조성의 책임을 진다.

가) 성가대

예배에 중요한 부서로 대장, 지휘, 반주는 당회장이 추천하고 당회가 인준 임명하고, 대원은 대장의 추천으로 당회의 인준을 얻어 당회장이 임명한다. 예배의 질서를 위하여 거룩한 음악으로 진행하되 찬송, 찬양, 송영곡은 지휘자가 목사와 협의하여 택한다. 대장과 정·부 반주는 악기 관리 책임자가 된다.

나) 안내위원

안내위원은 매월 말에 내달 위원을 당회장이 집사, 권사, 장로 중에서 정한다. 안내위원은 복장을 단정히 하여야 한다(반복은 불허한다). 안내위원은 예배 30분전에 나와 예배당 후면 입구에 단정히 서서 오는 신자에게 주보를 배부하며 정중하고 친절한 인사로 자리를 안내하여 친절과 봉사로 예배의식의 경건한 진행을 담당한다. 그리고 예배에 참석한 인원을 계수하여 일지에 기록하여야 한다.

다) 수전위원

　　수전위원은 매달 말에 내달 위원을 당회장이 장로, 집사 중에서 정한다. 예배 전에 정복으로 맨 뒷자리에 착좌한다.
부장, 서기, 회계 각 1명씩으로 조직하고 부원 재능에 따라 선교 담당, 부흥 담당, 전도지 공급, 전도기관 통합 담당, 개척전도 담당, 특별전도 담당으로 분담 조직한다.

　임무 : 복음전도와 선교 정신의 배양을 위한 교육 개인전도 훈련과 찬양, 부흥회와 사경회 계획과 준비 진행, 교역자 양성기관에 협력, 전도지 공급, 특별전도 계획, 전도기관 통합 협력, 노방전도, 개인전도, 축호전도, 전도자 파송을 담당한다.

(2) 접대부의 조직과 임무

　조직 당회장이 공천 임명하는 부원으로 조직하되 여전도 회장이 함께한다. 부장, 서기, 회계는 각 1명으로 한다. 업무 분담은 목자생활 담당, 유급직원 사례 담당, 외래강사 및 방문객 접대 담당, 각급 행사 담당으로 분담한다.

　　임무 : 교역자 생활대책 수립, 각종 유급직원 위로, 사례 담당, 각종 행사의 봉사, 외래객의 봉사를 담당한다.

(3) 초등교육부의 조직과 임무

　　조직 : 당회장이 공천 임명하는 부원으로 조직하되 부장, 서기, 회계 각1명으로 조직한다. 업무는 영아부 담당, 유년주교 담당, 교육 교재 기구 관리 담당, 시상품 담당, 특별교육 담당으로 한다.

　　임무 : 각급 학교를 위한 예산안 수립, 운영감독, 관리지도, 시상품 관리 담당, 특별 교육계획 수립을 분담한다.

(4) 경조부의 조직과 임무

조직 : 경조업무에 재능이 있는 자로 당회장이 공천 임명한 자로 조직한다. 부장, 서기, 회계 각 1명으로 조직한다. 업무 분담은 경축 담당, 조사 담당, 타 교회 경축 담당, 사회 애경 담당으로 분담한다.

임무 : 경조부는 신자의 장례가 있으면 상례진행 철야 매장 위문까지 담당, 경사도 같이 준비하여 협력 담당, 각 교회 경축행사 담당으로 분담한다.

(5) 면려부의 조직과 임무

조직 : 당회장이 공천 임명하는 자로 조직하되 부장, 서기, 회계, 각 1명씩으로 조직한다. 소년 면려회 담당, 중등 면려회 담당, 고등 면려회 담당, 대학생 면려회 담당, 청년 면려회 담당, 청장년 면려회 담당, 노년 면려회 담당으로 분담 조직한다.

임무 : 면려부는 각급 면려운동을 조직화하며, 격려하고, 지도 육성하며, 각급 학교 부장과 지도교사의 협의로 한다. 재정 협조는 거의 자치적으로 해결케 함이 원칙이나 경우에 따라서 학교 지도부 요구에 따라 협조할 수 있다

(6) 부녀부의 조직과 임무

부녀부는 당회장이 공천 임명하는 자로 조직하되 부장, 서기, 회계 각 1명씩으로 조직한다. 부녀 생활지도 담당, 부녀 계몽 담당, 교양 담당, 친목 담당, 봉사 담당, 탁아 담당으로 조직한다.

임무 : 여신도간에 친목과 전도 협력과 가정 생활지도와 부

녀 계몽과 교양과 행사의 봉사를 임무로 한다.
(7) 고등교육부의 조직과 임무
    조직 : 고등교육부는 당회장이 공천하는 자로 조직하되 부장 1, 서기 1, 회계 1명씩으로 조직한다.
    분담 : 중등교육 담당, 고등교육 담당, 대학 담당, 청년교육 담당, 청장년교육 담당, 노년교육 담당, 교육교재 기구 관리 담당, 시상품 담당이다.
    임무 : 각급 학교를 위한 예산 수립, 운영 감독, 관리 지도를 한다.
(8) 사회사업부의 조직과 임무
    조직 : 당회장이 공천하는 자로 조직하되 회장 1, 서기 1, 회계 1명씩으로 한다.
    분담 : 구제 담당, 장학 담당, 노인학교 담당, 기타 사회사업 담당으로 한다.
    임무 : 교회가 사회를 위한 봉사와 기여를 하는 일을 운영 관리 지도한다.
제6조 【특별위원회 조직과 임무】 상설부서 이외의 임무나 업무 수행을 위하여 유기적인 연합을 위하여 아래와 같이 위원회를 둔다.
1. 교육위원회
    조직 : 교육부와 주일학교 부장과 교육 담당자와 교육 전도사로 조직한다. 부교육자가 위원장이 된다. 교육 전도사가 총무, 서기가 된다.
    업무 : 교육예산의 배정 신청과 집행과 유기적인 연락과 협력하며 각부 교육을 정리하며 효율적 교육의 연구 등을

담당한다.

주일학교 학칙은 별도로 정한다. 교장 당회장, 교감 교육목사, 총무는 교육 전도사로 한다.

주일학교 학급제를 아래와 같이 둔다.

1) 유년부 전도사 영아부 1~4까지, 부장, 총무, 서기, 회계, 교사
유치부 5~7까지, 부장, 총무, 서기, 회계, 교사
유년부 8~9까지, 부장, 총무, 서기, 회계, 교사
초등부 10~11까지, 부장, 총무, 서기, 회계, 교사
소년부 12~13까지, 부장, 총무, 서기, 회계, 교사
2) 학생부 전도사 중등부 14~16까지, 부장, 총무, 서기, 회계, 교사
고등부 17~19까지, 부장, 총무, 서기, 회계, 교사
3) 청년부 전도사 대학생부 20~학생 전원, 부장, 총무, 서기, 회계, 교사
청년부 20~30까지, 부장, 총무, 서기, 회계, 교사
청장년부 31~40까지, 부장, 총무, 서기, 회계, 교사
4) 장년부 전도사 장년부 41~70까지, 부장, 서기, 교사
노년부 71~영원까지, 부장, 서기

2. 구역협력위원회 : 위원장은 회우부장이 되고 서기를 선정한다.
  조직 : 회우부원과 각급 전도사와 당회에서 임명한 예배 인도
   할 분으로 한다.
  임무 : 전교회를 7세대에서 15세대로 구역을 조직하고 구역
   자 권찰을 두고 관리제이며 예배를 인도하며 신앙에
   도움을 주며 친목케 하며 교회의 지시를 실현하게 하
   는 것이다.
3. 예배위원회 위원장은 당회장이 된다. 총무는 부목사가 하며,

서기는 전도사가 한다.

조직 : 예배 부원과 담임 목사와 부목사, 전도사, 성가대장, 반주, 지휘, 해당 월 예배위원으로 조직한다.

임무 : 예배의 분위기 조성을 위한 연합과 모든 시설 준비, 장식 및 회의 토의와 예배에 관한 일체를 책임지고 협의 토의하는 것이다.

4. 면려위원회 위원장은 면려부장이 한다. 총무는 교육 전도사가 하며 서기를 선정한다.

조직 면려부 전원과 각급 면려회장과 면려회 고문과 전도사들로 한다.

임무 : 연락회의 본연의 목적을 달성하기 위하여 유기적인 연락관계를 총괄하며 각급 단체가 활발히 운영 연구 토의한다.

각급 면려회는 아래와 같이 조직한다.

소년 면려회 : 12~13세. 주일학생으로 조직하되 규칙에 의하여 조직한다.

중등 면려회 : 14~16세. 주일학생으로 조직하되 규칙에 의하여 조직한다.

고등 면려회 : 17~19세. 주일학생으로 조직하되 규칙에 의하여 조직한다.

대학 면려회 : 20세. 대학생으로 조직하되 규칙에 의하여 조직한다.

청년 면려회 : 21~30세. 주일학생으로 조직하되 규칙에 의하여 조직한다.

청장년 면려회 : 31~40세. 주일학생으로 조직하되 규칙에

의하여 조직한다.

장년 면려회 : 41~70세. 주일학생으로 조직하되 규칙에 의하여 조직한다.

노년 면려회 : 71~100세. 주일학생으로 조직하되 규칙에 의하여 조직한다.

5. 재정위원회 : 위원장은 재정부장, 서기는 재정부 서기가 한다.
조직 : 재정부원 전원과 각급 상설부장으로 한다.
임무 : 교회재정의 예산 수립과 유기적인 집행과 원만한 협의를 위한 임무가 있다. 각급 기관에 회계감사도 실시한다.

6. 전도위원회 : 전도위원장은 전도부장이 한다. 총무는 전도사가 한다.
조직 : 전도부원 전원과 각급 전도회장, 각급 면려회 전도부장, 전도사로 조직한다.
임무 : 전도업무에 유기적 토의와 효과적인 전도를 위한 연구와 전도에 대한 제반사를 협의 결정하고 시행케 하는 것이다.

제3장 회 의

제7조【통상 제직회의】
1. 회기 : 연 2회로 하되 12월 24일 하오 7시 교회당에서 한다.
2. 회순 : 경건회, 회원점명, 회의록 채택, 목사보고, 회계보고, 각부보고, 사업계획, 예산청원, 특별보고, 예하(隸下), 단체보고, 미진 사건 토의, 신 사건 토의 비판과 토의, 폐회로 한다.

제8조【정기제직회의】
1. 회기 : 연 6회 격월제로 하되, 1, 3, 5, 7, 9, 11로 하여 매월 첫주일 예배 후에 회집한다.
2. 회순 : 경건회, 회원점명, 회의록 채택, 회계보고, 각부보고, 신 사건 토의, 폐회로 한다.

제9조【정기 부장협의 회의】
1. 매월 말 주일예배 후 정기당회 후에 회집한다.
2. 토의 각부에 전월 경과보고와 내월 사업 계획과 행사 보고에 의한 재정 청원서를 제출하고, 재정부장은 청원서를 총괄하여 재정부 협의회를 경위제직회에 제출한다.

제10조【각 상설부서회의】월 1회 이상 부장이 이를 소집하여 월간 사업을 검토하여 계획을 수립하고 협의회의를 거쳐 월간 보고서와 계획서를 작성한다.

제11조【공동의회】
1. 회기 : 공동 의회는 정치 제21장 1조 1-4에 의하여 소집하되 정기 공동의회는 12월 마지막 주일날 소집한다.
2. 안건 : 1) 당회 경과보고, 2) 제직회 경과보고, 3) 구역회 경과보고, 4) 결산과 예산통과, 5) 기타 적법 안건토의

제12조【직원회의】교역자와 유급직원 회의를 행정상 유기적 연락과 효과적 집무를 위하여 매월 첫 주일 후 월요일 하오 필요에 의하여 소집한다.

제13조【임시회의】
1. 임시회의는 필요에 의하여 회장이 소집한다.
2. 제직회의는 회원 3분의 1의 요청으로 회장이 소집한다.
3. 협의회는 부장 2인 이상 요청으로 회장이 소집한다.

4. 공동의회는 세례교인 3분의 1의 청원이 있으면 소집한다. 당회
의 요청으로 소집한다.

제14조【성수와 정족수】
1. 회의 성수 : 1) 통상 제직회는 과반수이상으로 개회한다.
2) 월례 제직회는 회원 3분의 1이상으로 개회한다.
3) 협의회는 부장 6인 이상이 회집하면 개회한다.
4) 임시제직회는 회원 20명 이상이면 개회한다.
5) 부장회, 공동의회, 직원회는 과반수이상으로
각 각 개회한다.
2. 결의 정족수 : 정치에 명시된 것 외에는 재적위원 다수로 결정한다.

제4장 재 정

제15조【재정원칙】그리스도인은 하나님의 교회 청지기로 모든 수입의 십일조와 감사 헌금과 특별 헌금으로 교회생활에 충당하며, 그 외에 어떠한 상업적 방법의 이득이나 상업적 목적의 수단을 사용치 아니하며 어떠한 경우에도 통상경비의 부채를 지지 아니한다.

제16조【헌 금】
1. 십일조헌금 : 모든 신도는 반드시 소득의 십일조를 바쳐야 한다.
2. 주일헌금 : 모든 성도는 매주 예배 시에 감사하는 헌금을 드려야 한다.
3. 절기헌금 : 부활절, 해방절, 추수감사절, 성탄절, 선교일에는

특별히 예산을 수립하여 헌금한다.
4. 특별헌금 : 특별헌금은 필요에 따라 당회가 이를 결정한다.
5. 구역헌금 : 구역 예배시 헌금하는 것을 수합하여 교회재정에 편입한다.

제17조 【지 출】 교회의 모든 재정은 예산서에 의하여 지출한다. 예산 항목은 다음과 같다.

회우부비, 전도비, 재단관리비, 교육비, 접대비, 재정비, 예배비, 면려비, 경조비, 부녀비, 기타 예비비로 한다.

제18조 【재정관리 원칙】
1. 수입 : 교회 모든 수입과 장학회비, 선교회비는 재정부의 수입 결의를 거쳐서 회계가 은행에 예금 보관한다
2. 지출 : 1) 월간 지출 범위는 협의회의 제출된 청원서에 의한 재정부 조정안을 제직회에서 통과한 후에 지출한다.
   2) 모든 지출은 해당 부장의 청구와 재정부장의 지불 결의를 얻어 회계가 장부를 정리하면 출납회계가 이를 지출한다.
3. 현금보관 : 모든 현금은 은행에 예치하며 예치은행에 당회가 결정한다. 통장은 재정부장 명의로 하고 출납회계가 보관하고 인장은 부장이 보관한다.
4. 기장과 출납 : 기장과 출납의 사무는 분리한다.
5. 검사 및 보고 : 1) 각급 회계장부는 검사를 받아 월례 제직회에 보고 하여야 한다.
   2) 검사원은 검사 결과를 보고 하여야 한다.
   3) 모든 수입은 매 주일 주보에 기재 공개한다.
6. 예산과 결산

1) 예산과 결산은 재정부와 각 상설부장으로 된 재정위원회가 수립한다.
2) 재정부장이 예산위원회 의장이 되며 회계가 서기가 된다.
3) 위원회가 작성한 예산결산서는 제직회의 심의를 거쳐 통과되어야 한다.
4) 제직회에서 토의가 된 예산결산서는 공동의회 심의를 거쳐 통과되어야 한다.
5) 공동의회 통과한 후 목사가 접수 결재로 시행이 된다

제5장 건물 및 시설의 관리

제19조【건물 사용】
1. 교회당 건물은 당회가 정한 예배와 기도와 모든 기관의 합법적 집회에만 사용한다. 기타 목적에는 여하한 일에도 사용할 수가 없다.
2. 강단의 설교는 당회장의 허락 없이는 아무도 할 수가 없다.
3. 교회 내의 부서라도 상례집회가 아니면 당회의 사용 허락을 받아야 한다.
4. 책임자의 사회가 없이는 집회가 일체 허락되지 않는다.
5. 사찰 및 청소비용
  결혼 및 기독교회 외부 단체의 집회는 사용 10일 전에 당회에 청원하여 허락을 받아야 한다.
  사찰 및 청소비용은 사용자가 부담하여야 한다.

제20조【비품 사용】 모든 비품과 보관 및 관리는 사찰의 임무이며 사용이나 이동은 사찰 허락 없이 하지 못한다. 교회비품을 개인

이 사용하다가 분실 파손하면 변상한다.

제21조【건물의 청소 및 수리보존】교회 건물 및 주변의 청소, 난방, 통풍 방법은 사찰의 임무에 속하며 수리 및 관리의 비용은 관리부가 책정한다.

제6장 구역회

제22조【목 적】구역조직은 개개 신도의 신앙지도와 신입교인의 보호 육성과 성도간에 친목, 협조와 유고가정, 외래가정, 이거가정의 신속한 파악과 전체 신도의 완전한 보호를 위한다.

제23조【운 영】
1. 조직단위 : 7세대 단위로 하되 15세대면 분할한다.
2. 구역회직원 : 구역장 1명, 권찰 1명으로 한다.
3. 구역임무 : 1) 구역장은 권찰과 해당구역 내의 성도들의 신앙 형편을 살피며, 출석을 독려하며, 매주 금요일 빠짐없이 심방하며 사 유무를 매주 보고한다.
    2) 새 신자나 이사 온 가정을 지체 없이 심방 보고한다.
    3) 긴급한 사고는 즉시 목사에게 보고한다.
    4) 금요일마다 구역예배를 실시하여 가정의 보고를 듣고 성도의 교제를 두텁게 한다.

제7장 심방과 직원 임무

제24조【심방의 원리】심방은 예수님을 본받아 전도와 신앙 교회생활의 지도와 신령한 위로와 약한 자의 위문과 특별히 보호를 필

요로 하는 자나 가정을 목사의 지도 아래 행하므로 성도의 교제와 교회 내의 은혜와 평강을 유지하는 데 목적이 있다.

제25조【심방의 종류】
1. 대심방 : 연 2회로 춘기는 3월 둘째 주일 지난 후부터, 추기는 9월 첫주일 지난 주간부터 시작하여 매 가정을 방문 심방한다.
2. 구역장심방 : 구역장과 권찰이 매 금요일 행하며 교회에 보고한다.
3. 유고심방 : 보고에 따라 목사, 전도사가 유고가정을 방문한다.
4. 출석심방 : 결석자, 새 교인의 가정을 전도사가 수시 방문한다.
5. 병원심방 : 입원중인 자를 목사, 전도사가 방문한다.
6. 축호전도심방 : 연 2회 전 직원과 권찰로 편성, 축하전도심방을 한다.
7. 여전도사심방 : 여전도사 심방은 목사의 지시 하에 별도로 정한다.

제26조【심방의 방침과 제한】
1. 심방에는 예의와 질서를 정중히 하여야 한다.
2. 심방에는 잡담이나 세상 이야기는 하지 않는다.
3. 심방 목적이 끝나면 바로 떠나야 한다.
4. 여하한 직분자라도 목사의 허락 없이 심방을 하지 못한다.
5. 심방과 사사로운 친교 방문과의 한계를 엄격히 한다.
6. 교우로 방문하며 교회방침을 해하는 언동이나 이단 교리를 유포시키는 자는 처리한다.

제27조【목사, 전도사 및 기타 직원의 임무】
1. 목사는 교회의 장으로 모든 처리 행정과 수반이 되며 각 직종

직분의 분배와 권리의 위임을 위하여 임명권을 행사하며 모든 사업을 관리하며 모든 행사와 예배를 주관한다.
2. 부목사, 전도사는 목사의 행정을 보좌하되 특히 전도사와 심방을 주로 한다.
3. 교육 전도사는 교회행정을 보좌하며 주로 교육에 관한 사업을 장려한다.
4. 여전도사는 목사의 지시를 받아 각종 문서를 정리하며 통신 연락 사무를 담당한다.
5. 사찰은 실내·외의 정돈과 미화, 청소, 조명, 난방, 통풍, 창문 단속, 기물보관 방법, 연락, 교회 잡무 등이다.

제28조【직원의 선택과 임명】목사를 제외한 모든 유급 직원은 목사의 추천으로 당회의 인준을 얻어 임명한다.

제8장 사 무

제29조 교회는 사무실을 설치하고 모든 사무를 수행하며 모든 문서를 정리 보관한다.
1. 사무실 : 사무실은 교회 내에 설치 운영한다.
2. 교회문부
   1) 회록 : 당회록, 제직회록, 각부 회록, 협의회록, 공동의회록, 직원회록
   2) 명부 : 세례교인부, 유세자명부, 학습명부, 별명부, 사망자명부, 결혼자명부, 책벌 해벌명부, 직원명부, 각부 및 속회 명부, 제직회명부, 당회원명부, 역대목사명부, 교적부 등
   3) 문부 : 곡명수발부, 이명접수부, 구역조직표, 교회일지, 역사표, 주보철, 교회연혁, 공문서수발부, 공문서철, 각부 보고서철, 계획서철, 각종 행사철 등

4) 회계문서 : 수입 결의서철, 지출결의서철, 월말보고서철, 예산결산서철, 회계장부, 증빙서철, 접수문서부, 회계문서는 교회금고에 보관하고 단초일기만 보관한다.
5) 각종 대장 : 각종 대장은 영구 보존한다. 도서대장, 비품대장, 소모품대장 등
6) 재단문서는 교회금고에 영구 보존한다. 부동산 등기문서, 임대계약서, 임대통장, 기타 인가서 등
3. 인장 : 교회의 모든 인장은 교회에 엄히 보관이 되어야 하고 목사의 승인을 얻어 통제자가 사용하여야 한다. 인장의 종류로 교회 직인, 당회장 직인, 계인, 주교인, 각 단체인 등이 있다.

제9장 부 칙

제30조【규칙 변경】본 규칙과 방침을 변경 또는 추가 시는 당회장이 그 안을 작성하여 당회의 건의를 거쳐서 체직회에 제출하여 출석회원 3분의 2로 개정한다.
제31조 본 법에 없는 부분은 통상회의 규칙에 의하여 시행한다.
제32조 본 법은 통과된 날부터 유효하며 시행한다.

1900년 ○월 ○일 통상제직회
회 장 ○○○

2. 교회 처무규정

제1조【목 적】 본 교회는 교회의 평화 및 질서 유지와 일관성 있는 교회운영을 위하여 성경과 대한예수교장로회 헌법에 입각하여 진리를 수호하고 복음을 전파하며 소속 교인을 교육하며 몸 된 교회의 성장과 발전을 도모하고자 본 처무규정을 제정한다.

제2조【행정조직】 본 교회의 행정조직은 다음과 같다.
 1. 당회(치리기관)
 2. 공동의회
 3. 제직회
 4. 권찰회

제3조【교역자】 당회장 밑에 부목사와 전도사를 둔다. 교역자의 정원 조정은 교세에 의거 당회가 정하고 그 사례는 당회 의결로 예산에 산정한다.

제4조【기 관】 본 교회는 제1조의 목적을 달성하기 위하여 다음 기관을 둔다.
 1. 교회학교
   유아부, 유치부, 유년부, 초등부, 소년부, 중등부, 고등부, 청년부, 장년부, 교회학교 직원회
 2. 유치원
 3. 남선교회, 제1 남선교회, 제2 남선교회
 4. 여전도회, 제1 여전도회, 제2 여전도회, 제3 여전도회, 제4 여전도회

5. 특별선교회
6. 기관장회
7. 70인 전도대, 제1대, 제2대, 제3대
8. 성가대 및 리듬 합주단
   글로리아, 사론, 카리스, 아가페, 로고스, 마리마, 리듬합주단

제5조【당 회】당회의 운영은 정치 제9장 제53조에서 제59조에 의한다.
1. 정기당회 : 매월 셋째 주일 후 토요일(오후) 당회장이 소집한다.
2. 임시당회 : 필요시 당회장이 소집한다.
3. 당회 서기는 매년 연말 당회에서 선출한다.

제6조【공동의회】공동의회 운영은 정치 제12장 제74조에 의한다.

제7조【제직회】제직회 운영은 정치 제12장 제75조에 의한다
1. 정기제직회 : 매월 첫 주일 2부 예배 후에 모인다
2. 임시제직회 : 필요 시 당회장이 소집한다.
3. 제직회 서기는 매년 연말 제직회에서 선출한다.

제8조【권찰회】권찰회의 정기모임은 매주 금요일 오전 당회장이 정하는 시간과 장소에서 모이되 당회장이 주재하고 서기는 당회장이 지명한다.

제9조【상설부서의 조직 및 업무】본 교회의 상설부서 및 관장 업무는 다음과 같다.
1. 상설부서의 조직은 제직회 회원으로 하되 정원은 제직회원수에 의거 적절히 배정한다.
2. 상설부서에는 고문 1, 부장 1, 차장 1, 총무 1인을 두며 그 임명은 당회가 한다. 단 고문은 63세 이상의 장로 중에서 추대하고 부장은 항존직 중에서 임명한다.

3. 각부 업무를 분담하기 위하여 해당 부서에 소위원회를 둘 수 있으며 소위원회는 약간명의 실행위원으로 하여금 그 업무를 위임할 수 있다.
4. 각부의 고문, 부장, 차장, 총무의 임무는 다음과 같다.
   1) 고문 : 업무에 대한 지도와 자문
   2) 부장 : 해당 부서의 통솔
   3) 차장 : 부장을 보좌하고 부장 유고시 대행
   4) 총무 : 실무를 담당
5. 상설부서의 업무 추진은 제직회의 허락을 받아야 하며 그 결과를 제직회에 보고해야 한다.
6. 상설부서의 조직 및 관장업무는 다음과 같다.
   1) 관리부
      (1) 신영사업에 관한 사항
      (2) 대지 및 건물의 유지 관리에 관한 사항
      (3) 시설물 유지 관리에 관한 사항
      (4) 비품 보존 및 관리에 관한 사항
   2) 교육부
      (1) 교회학교 육성 및 관리에 관한 사항
      (2) 유치원 교육에 관한 사항
      (3) 청소년 교육 및 자치회 지도 육성
      (4) 평신도 교육에 관한 사항
   3) 사회부
      (1) 구제 및 친교에 관한 사항
      (2) 사회문제 대책협의에 관한 사항
   4) 상조부

(1) 교우 상사 시, 묘지주선 협조(산역)에 관한 사항
(2) 장례식(입관, 발인, 운구, 하관) 준비 및 협조에 관한 사항
5) 서무부
(1) 제 규칙에 관한 사항
(2) 행사(사경회, 부흥회, 제직연수회) 기획 및 관리에 관한 사항
(3) 인쇄 출판에 관한 사항
(4) 홍보에 관한 사항
(5) 성전 장식(주일예배, 절기예배, 특별행사시 성단 및 교회 내외)에 관한 사항
(6) 타 부서에 속하지 않는 사항
6) 운수부
(1) 차량 관리에 관한 사항
(2) 배차 및 운수에 관한 사항
7) 음악부
(1) 교회 음악 육성지도에 관한 사항
(2) 성가대 조직 및 지도육성에 관한 사항
(3) 리듬합주단 지도육성에 관한 사항
(4) 교회음악 행사에 관한 사항
8) 재정부
(1) 예산 및 결산에 관한 사항
(2) 교회 경상비 세입 세출 경리 및 현금 보관에 관한 사항
(3) 세입 세출의 현금 관리에 관한 사항
(4) 성미관리
(5) 특별회계 관리

(6) 기관 재정관리 및 현금 보관
9) 전도부
　(1) 초신자 지도 및 교육에 관한 사항
　(2) 70인 전도대 지도육성에 관한 사항
　(3) 남선교회 지도육성에 관한 사항
　(4) 여전도회 지도육성에 관한 사항
　(5) 농어촌 미자립 교회 자매관계 수립에 관한 사항
　(6) 개척교회 설립 추진에 관한 사항

제10조【특별위원회】본 교회는 다음과 같이 특별위원회를 두며 그 운영에 관한 규정을 별도로 정한다.
1. 교육연구위원회 7명
2. 해외 선교위원회 7명
3. 장학위원회 7명
4. 묘지관리위원회 7명

제11조【유치원 운영 이사회】유치원을 운영하기 위하여 운영 이사회를 둔다.
1. 이사회의 임원은 이사장 1명, 이사 6명, 감사 2명으로 한다.
2. 유치원 운영 이사회 회칙은 따로 정한다.
3. 유치원 운영 원칙은 문교부 준칙에 따른다.

제12조【자치기관 조직과 모임】제4조에 규정된 각 자치기관 조직과 모임은 당해기관 회칙으로 정하고 동 회칙은 당회의 허락을 받아야 하며 아래 사항을 준수해야 한다.
1. 매년 연말에 회원명부, 회의록, 재정장부 및 증빙서류를 당회에 제시 검사를 받을 것
2. 당회로부터 고문 1인을 선정 파송 받아 회무에 대해 지도를

받을 것

제13조【교구 설정 및 구역조직】교구 설정 및 구역조직은 교인의 분포와 행정구역을 고려하여 당회장이 조직하고 당회가 이를 채택한다.
1. 교구의 조직은 교구장 1, 구역장 1, 담당권사 1, 권찰 약간 명으로 한다.
2. 1항의 추천은 당회장이 하고 그 임명은 당회가 한다.

제14조【교회학교 조직】교회학교 교장은 당회장이 되고 각부의 구분은 교단 총회의 결의에 따르며 조직과 임명은 아래와 같다.
1. 각부에는 부장 1, 부감 1, 총무 1, 교사 및 학생 선도를 위한 권사 1을 둔다.
2. 부장, 부감, 총무, 교사 및 권사는 교육부 추천으로 당회가 임명하되 부장은 항존직이라야 한다.
3. 연도 중 교사 이동에 따른 교사 임명은 당회장이 진행하고 당회에 보고 채택한다.

제15조【성가대 조직】각 성가대 조직의 연령 구분은 음악부에서 정한다. 각 성가대에는 대장, 지휘자, 반주자, 독창자, 총무 및 대원을 두며 매년 연말 음악부가 추천하고 당회가 임명한다. 단 연도 중 성가대원의 임명은 당회장이 진행하고 당회에 보고 채택한다.

제16조【서리집사의 선택】당회는 매년 시무할 서리집사의 수를 전년도 11월 정기 당회에서 정하고 당회장의 추천을 받아 12월중에 임명하되 그 자격은 교회 헌법 해석서 제55조 및 제56조에 의한다.

제17조【노회 파송 총대 장로 선출】당회는 정치 제10장 제60조 3항

에 의거 노회에 파송할 총대 장로를 매년 1월 정기 당회에서 투표로 선출하되 득표 순위로 결정하고 차점 부 총대 약간 명을 두어 득표 순위에 따라 원총대 유고시 대신 파송한다.

제18조【행정실 설치】교회관리 및 행정을 관장하기 위하여 아래와 같이 행정실을 둔다.
1. 행정실은 사무장, 간사, 사찰, 운전기사 및 사환으로 구성되며 그 정원과 보수는 당회 결의로 예산을 정한다.
2. 직원은 당회의 결의로 당회장이 임명하되 사무장은 항존직이라야 한다.
3. 사무분장은 당회장이 정하고 당회장의 명을 받아 그 직무에 종사한다.

제19조【교회 재정의 전도 경리 및 신원보증】재정부장은 교회 운영과 행정 업무에 필요한 경비를 사무장에게 전도하고 사무장은 예산과목에 의거 당회장 결재 후 경리한다.

사무장은 전도 경리를 매월 말 주일로 마감하여 월말 재정 보고서를 작성 재정부장에게 제출하여 검사를 받아야 한다.

재정부장 및 사무장과 경리를 담당하는 직원은 신설한 재정보증인 2인의 재정 보증서를 당회장에게 제출한다.

제20조【신용협동조합】본 교회는 소속교인의 경제성장과 상호 협조를 위하여 신용협동조합을 조직할 수 있다. 신용협동조합의 조직과 운영에 관한 규정은 신용협동조합 관계 법규와 내규에 의하여 별도로 정한다.

제21조【처무규정의 변경】본 처무규정은 당 회원 재적 3분의 2이상의 찬동으로 변경할 수 있다.

제22조【시 행】본 처무규정은 1900년 1월 1일부터 시행한다. 단 제

17조의 시행은 현임 장로 순차가 끝난 후부터 한다.

3. 교회행정장정

제1장 총 칙

제1조 본 교회는 대한예수교장로회 ○○ 교회에 소속한다.
제2조 본 교회는 성서와 대한예수교장로회 헌법에 기본하여 복음 전파와 교인 훈련과 봉사사업을 실행한다.
제3조 이 행정장정을 제정함은 본 교회가 제반 사업을 운영함에 있어서 교회의 성결과 평화와 질서를 유지하고 합리적이며 효율적인 방법으로 교회 발전을 도모하려는 데 그 목적이 있다.

제2장 당 회

제4조 정기당회는 원칙적으로 매월 마지막 주일 다음 월요일 저녁 7시에 당회장이 소집한다.
제5조 당회 운영을 신중, 신속, 원활하게 하기 위하여 당회 안에 다음의 분과를 설치하고 그 소관 안건을 심의하여 당회에 상정하게 한다.
 1. 예배분과 : 예배 전반, 성례, 음악, 결혼, 상례에 관한 사항
 2. 교육분과 : 교회학교 교육, 평신도 교육에 관한 사항
 3. 선교분과 : 국내·외 선교, 교우 심방에 관한 사항

4. 봉사분과 : 대내·외 봉사, 교우 친교에 관한 사항
5. 총무분과 : 서무 일반, 인사, 홍보 및 재산 관리에 관한 사항
6. 재정분과 : 예산, 감사 및 재정관리에 관한 사항
7. 기획위원 : 교회 전반에 대한 기획 및 조정 업무에 관한 사항
    (단, 조직은 각 분과위원장 및 당회 서기로 한다)

제6조 각 분과의 위원은 원칙적으로 다음에 의하여 배정한다.
1. 당회원 전원을 가급적 6등분하여, 1인 1분과에 배정하되 당회 서기는 예배분과 위원을 겸한다.
2. 제직회 각부의 부장인 당회원과 각 이사회 및 위원회의 장인 당회원은 원칙적으로 관계되는 분과에 소속하고 당회원은 소속 희망분과를 제1, 제2로 지망하게 하여 당회장과 당회서기가 이를 조정 안배한다.
3. 부목사는 각기 직무상 관계되는 분과에 속한다.
4. 각 분과는 위원장과 서기를 호선한다.
5. 각 분과는 필요에 따라 분과위원 이외의 전문 인사를 수시로 초청하여 협의에 참가하게 할 수 있다.

제7조 분과위원의 임기는 1년으로 한다.
제8조 당회 서기는 매 연말 당회에서 선임한다.

제3장 제직회

제9조 정기 제직회는 원칙적으로 매월 첫주일 다음 월요일 저녁 7시(겨울) 또는 7시 30분(여름)에 제직회장이 소집한다.
제10조 제직회에 다음의 부서를 둔다.
1. 서무부 : 교역자 및 직원의 인사관리와 서무 일반에 관한 일

2. 재정부 : 일반 및 특별회계 정리 집행에 관한 일
3. 관리부 : 교회 재산 관리 및 매입 매도에 관한 일
4. 전도부 : 국내·외 일반 및 특수전도 전반에 관한 일
5. 교육 1부 : 초등학교 이하의 교회학교 교육 및 탁아부, 어머니교실에 관한 일
6. 교육 2부 : 중등부, 고등부의 교회학교 교육 및 교사양성에 관한 일
7. 평신도 1부 : 대학부 및 청년부의 교회학교 교육과 훈련에 관한 일
9. 친교부 : 교우 간의 친교 증진에 관한 일
10. 심방부 : 교우 심방 및 초 신자 지도에 관한 일
11. 음악부 : 교회음악 전반에 관한 일
12. 봉사부 : 구호금품 수집 및 대내·외 불우 교우 구제에 관한 일
13. 상례부 : 상가 조문 및 상례 전반에 관한 일
14. 홍보출판부 : 교회 사업과 활동에 관한 홍보 및 출판에 관한 일
15. 예산위원회 : 교회 일반회계 및 특별회계의 세입, 세출, 예산 편성에 관한 일
16. 감사위원회 : 교회 재정 및 산하 각 기관의 재정 감사에 관한 일

제11조 각부의 부 차장과 각 위원회의 위원장, 부위원장 및 위원은 공천위원회에서 선정하여 당회의 인준을 받아 제직회에 발표한다.

제12조 공천위원회는 당회원 7인, 안수집사 2인, 권사 2인, 남녀 서리집사 각각 1인, 계 13인으로 구성하되 당회에서 선정한다.

제13조 각부는 부 차장 회의에서 협의하여 제직원 전원을 각부에 배속한 부원으로 구성하되, 부원 중에서 다시 실행위원을 선정

하여 실행위원회를 조직한다. 단, 각부 실행위원의 중복은 허락하지 않는다.

제14조 각부 실행위원회는 그 소관사항을 심의 연구하고 계획 추진한다.

제15조 소관사항 중 중요하다고 인정하는 안건은 당회의 해당 분과위원회를 거쳐 당회에 상정하여 그 의결을 받아야 한다.

제16조 제직회의 효율적인 운영의 연구와 그 추진 및 각부간의 조정업무를 위하여 제직회 운영위원회를 둔다. 본 위원회는 위원 9인으로 하되 제직회장과 부회장은 당연직으로, 기타는 당회에서 선출하여 제직회의 인준을 받는다.

제4장 제직 선거 및 임명

제17조 장로와 안수집사를 선거할 때에 투표 결과 당선자 수가 예정 인원에 크게 미달할 때에는 당회는 그 득표순에 의하여 잔여 인원의 배수를 공천하여 제2차 투표에 부칠 수 있다. 당회는 제2차 투표의 결과가 여전히 충분한 인원을 선출하지 못했다고 인정할 때에는 동일한 방식으로 제3차 투표까지 실시할 수 있다. 단, 당회는 공동의회의 동의를 얻어 제1차 때부터 후보자를 배수로 공천하여 선거를 실시할 수 있다. 이 경우에는 제2차 투표를 최종투표로 한다.

제18조 당회는 선거의 공정과 교회의 성결을 유지하기 위하여 선거의 전후와 선거과정에서 선거에 관한 계몽과 관리에 최선을 다해야 하고, 만약 부조리한 사안이 발생했을 경우에는 그 관련자의 당선을 무효로 할 수 있다.

제19조 권사는 다음에 해당하는 여신도 중에서 필요한 인원을 매년 당회에서 선임한다. 단 교회 실정을 감안할 수 있다.
  1. 40세 이상 65세 미만인 자
  2. 무흠 서리집사로 5년을 경과하고 다른 신도들에게 모범이 되는 자

제20조 서리집사는 다음에 해당하는 남녀 신도 중에서 필요한 인원을 매년 당회에서 선임한다.
  1. 27세 이상 65세 미만인 자
  2. 무흠 입교인으로 5년을 경과하고 다른 신도들의 신임을 받는 자

제5장 교역자, 직원

제21조 전도자 및 각부 전임 지도자(목사, 전도사)의 정년은 60세로 한다.

제22조 일반 직원의 정년은 60세로 하고, 용원의 정년은 55세로 한다.

제23조 전도사와 각부 전임 전도사 및 일반 직원과 용원은 당회 해당 분과의 심사를 거쳐 당회의 결의를 얻어 당회장이 임명한다.

제24조 당회장은 매년 각 교역자에게 담당할 직책과 지도 부서를 위촉한다.

제25조 당회는 부목사 중 당회장을 보좌하며, 당회장의 유고시 그 직무를 대행할 수석 부목사를 임명할 수 있다.

제26조 당회는 모든 교역자에게 연구와 수양을 위하여 일정 기간의 휴가를 허용할 수 있다.

제27조 당회는 본 교회에서 3년 이상 성실하게 시무한 교역자에게

국내 또는 해외에서 연구하거나 재훈련을 받을 기회를 부여할 수 있다.

제6장 성가대, 교회학교

제28조 각 성가대 대장과 부대장은 음악 부장이 그 실행위원회의 결의를 거쳐 대장은 시무장로 중에서 부대장은 안수집사 또는 증경장로 중에서 그 후보자를 선정하고 당회에 제청하여 인준을 받은 후 당회장이 이를 임명한다.

제29조 교회학교 각부 부장과 부감은 교육부장 또는 평신도 부장이 그 실행위원회의 결의를 거쳐 부장은 시무장로, 부감은 안수집사 또는 증경장로 중에서 그 후보자를 선정하고 당회에 제청하여 인준을 받은 후 당회장이 이를 임명한다.

제30조 성가대 대원은 음악부장이 각대 대장의 추천을 받아 실행위원회의 결의를 거쳐 당회에 보고하고 당회장이 이를 임명한다.

제31조 교회학교 교사는 교육부장 또는 평신도 부장이 각부 부장의 추천을 받아 실행위원회의 결의를 거쳐 당회에 보고하고 당회장이 이를 임명한다.

제7장 전도회, 청년회, 대학생회

제32조 본 교회에 다음과 같은 단체를 둔다.
1. 남선교회
2. 1, 2부 여전도회
3. 청년회

4. 대학생회

제33조 모든 자치단체의 회칙 또는 규칙은 당회의 인준을 받아야 한다.

제34조 각 자치단체에 고문을 둔다. 고문은 관계부 실행위원회에서 선정한 후 당회에 제청하여 인준을 받아 당회장이 이를 임명한다.

제35조 고문은 각 단체의 활동상황을 수시로 당회에 보고한다.

제8장 기관이사회, 위원회

제36조 본 교회에 다음과 같은 기관 이사회와 위원회를 둔다.
1. 재단법인 ○○ 교회 유지재단
2. 학교법인 ○○ 학원
3. 사회복지법인 ○○ 원
4. ○○ 여자 신학원 운영이사회
5. ○○ 유치원 운영 이사회
6. 농아인 교회 운영위원회
7. ○○ 기도원 운영위원회
8. ○○ 의 동산 운영위원회
9. 설악산 수양관 운영위원회

제37조 각 법인 이사회나 각 기관 운영위원회는 그 운영에 관한 정관이나 규칙을 제정하여야 한다.

제38조 각 법인의 정관이나 각 기관의 규칙을 제정 또는 개정하려 할 때에는 당회의 인준을 받아야 한다.

제39조 각 법인이나 각 기관의 장을 임명 또는 해임하려고 할 때에

당회의 인준을 받아야 한다.

제40조 각 기관의 장은 유급으로 하고 그 정년은 65세로 한다. 단 임기는 4년으로 하고 정년까지 연임할 수 있다.

제41조 법인의 인원은 제직 중에서 1인 1이사에 한하여 선임하되 당회원이 과반수이상이어야 한다. 단, 법인 이사회에서 결의된 사항은 당회에 바로 상정한다.

제42조 기타 기관의 이사나 위원은 제직원 중에서 1인 1위원에 한하여 선임하되 당회의 인준을 받아야 한다. 그 임기는 3년으로 하되 연조제로 한다.

제9장 재정관리

제43조 본 교회의 회계 년도는 1월 1일부터 동년 12월 31일까지로 한다.

제44조 신년도 일반회계 및 특별회계의 세입 세출 예산안은 매년 12월중에 공동의회에서 심의 통과하고, 전년도 결산안은 매년 1월 중에 공동의회에서 통과되어야 한다.

제45조 예산을 공정하고 정확하고 신빙성 있게 집행하기 위하여 모든 수입과 지출은 반드시 일정한 결제를 받고 증빙서류를 구비하여야 한다.

제46조 어느 부서에서나 추가예산을 신청하려 할 때에는 해당부의 실행위원회 또는 기관의 위원회의 결의를 거친 후에 그 사업내용과 소요금액 등을 명시한 청원서를 작성하여 당회에 제출하여야 한다. 당회가 그 예산안을 승인하였을 때에는 제직회에 회부하여 그 동의를 얻어야 한다.

제47조 제직회 각부와 각 기관 운영위원회의 예산 집행상황은 매월, 각 법인 이사회와 유치원 운영 이사회, ○○여자 신학원 운영이 사회 및 농아인 교회 운영위원회의 예산 집행상황은 매년 2회(상·하반기)에 걸쳐 감사위원회의 감사를 받아야 한다.

제48조 본 교회의 각 부와 모든 기관의 수지 잔금은 반드시 은행이나 이에 준하는 금융기관에 예금하여야 한다.

제49조 행정장정 개정 정족수는 출석회원의 3분의 2이상으로 한다.

제10장 사무처

제50조 본 교회의 서무, 관리, 경리 교적 및 출판에 관한 행정사무를 수행하기 위하여 사무처를 둔다.

제51조 사무처 사무 분장은 다음과 같다.
1. 사무처장
   (1) 교회 사무처 사무 전반에 대한 지휘 통괄에 관한 사항
   (2) 교회 직인 보완에 관한 사항
   (3) 교회 전체 사무직원 및 용원의 근태에 관한 사항
2. 서무
   (1) 교회 전체 문서 수발에 관한 사항
   (2) 제직 명부 정리 보관에 관한 사항
   (3) 제 증명서 발급에 관한 사항
   (4) 혼인 예식에 관한 사항
   (5) 성례, 성찬, 임직원 및 기념예배 등 행사에 관한 사항
   (6) 직원 근태에 관한 사항
   (7) 헌금위원, 안내위원 배정 등 예배 준비에 관한 사항

(8) 법인 업무에 관한 사항
(9) 문서철, 증명서철, 회의록 정리 보관에 관한 사항
(10) 물품 구매에 관한 사항
(11) 주보 편집 및 발행에 관한 사항
3. 경리
 (1) 회계
  (가) 교회 전체의 경리 업무에 관한 사항
  (나) 회계장부, 전표 및 증빙서류 정리 보관에 관한 사항
  (다) 각종 예금통장 보관에 관한 사항
 (2) 출납
  (가) 금전출납 업무에 관한 사항
  (나) 금고 관리에 관한 사항
4. 관리
 (1) 부동산 권리증, 비품대장 정리 보관에 관한 사항
 (2) 차량 운영 및 관리에 관한 사항
 (3) 시설 영선 업무에 관한 사항
 (4) 비품 관리에 관한 사항
 (5) 구입물품의 검수 및 출고에 관한 사항
5. 교적
 (1) 교인 등록서류 접수 및 분류 처리에 관한 사항
 (2) 교구 담당자를 통하여 확인된 등록서류 접수 처리에 관한 사항
 (3) 교적 카드, 목회 카드, 심방록 작성 정리에 관한 사항
 (4) 교인 생일축하 카드 정리 및 발송에 관한 사항
 (5) 교인 명부(학습교인 명부, 입교인명부, 유아세례 교인명부,

책벌 및 해벌교인명부, 실종교인 명부, 이명교인 명부, 혼인 명부, 별세명부)정리 보관에 관한 사항

6. 출판

(1) 각부에서 회부된 각종 인쇄물의 인쇄에 관한 사항

(2) 설교 통역 및 녹음 업무에 관한 사항

제52조【사무처 기구표】

1. 사무처리 과정상 각부와 사무처의 관계 기구표는 다음과 같다.

2. 사무처의 사무처리 과정에서 처리키 곤란한 안건이 생겼을 때에는 제직회 운영위원회에 이를 회부하여 조정을 받아서 처리한다.

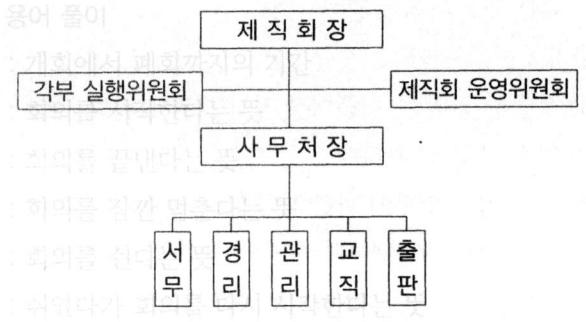

이 규칙은 1900년 1월 1일부터 시행한다.

이 규칙은 1900년 5월 1일 제4차 개정 시행한다.

이 규칙은 1900년 3월 30일 제5차 개정 시행한다.

이 규칙은 1900년 3월 1일 제6차 개정 시행한다.

이 규칙은 1900년 1월 1일 제7차 개정 시행한다.

4. 교회행정과 회의 진행

제1절 회의 진행방법

1. 회의의 의의
   1) 여러 사람의 의견을 모아 공통의 결론을 얻는다.
      (1) 보다 많은 정확하고 객관적인 정보 수집 가능
      (2) 보다 많은 사람들이 보다 적극적인 관심을 기울이게 되어 참신한 생각이 개발된다.
   2) 의견, 이해의 조정
   3) 결정의 민주화와 공정화에 도움
      (1) 객관적인 결정을 내릴 수 있는 공정성 확보
      (2) 여러 사람이 같은 문제를 같은 때에 같은 장소에서 같이 생각하기 때문에 몇몇 사람의 사고보다 전체적인 시야를 따라갈 수 있다.
      "한 사람의 천재적 사고가 대중의 능력을 따라갈 수 없다."
   4) 책임을 자각하고 연대의식을 지니게 되어 적극적으로 참여할 수 있게 한다.
      (1) 결정이 제3자로부터 강요되는 것이 아니고 자기 자신도 결정에 참여했다는 심리적 조건이 극히 중요하게 작용한다.
      (2) 집중적인 토론과 결정 과정에서 깊은 소속의식을 지니게 되므로 협조 의욕과 책임이 뭉쳐지게 되어 집단에서의 이탈을 막고 자진해서 결정하게 된다.
      "자신이 스스로 참여한 열정에만 관심을 갖는다"
2. 회의의 계획 : 6하 원칙에 따라

1) 왜-회의의 목적 결정
2) 무엇을-의제의 결정
3) 누가-참가자 범위, 회의명칭 결정
4) 언제-개최일시, 기간, 시간결정
5) 어디서-회의 장소의 선정
6) 어떻게-회의 진행순서 및 요령 미리 작성

3. 준비사항의 점검
1) 회의 목적은 확실히 결정했는가?
2) 의사일정(회순)은 준비되었나?
   (1) 회의순서는 결정했는가?
   (2) 어느 종류의 회의를 할 것인가?
      (문제해결회의, 정보교환회의, 의사결정회의)
3) 참가자는 고려되었나?
   (1) 내빈, 강사는?
   (2) 회의자료(목적과 의제)를 발송하고 준비사항은 부탁했나?
4) 참가자에 대한 분석을 완전히 했나?
   (1) 지식과 경험의 분석
   (2) 태도와 참여도의 분석
   (3) 말이 많은가, 적은가의 분석
5) 필요한 참고자료의 조사와 준비 자료는?
6) 회의 진행의 세부 계획 준비는?
   (1) 개회사의 준비는?
   (2) 질문과 기타 특별한 방법은?
   (3) 예정 시간과 진행은?
   (4) 이 계획이면 성공적으로 진행될 수 있는가?

7) 집행부(진행측) 구성과 기록반은 구성되었나?
   (1) 제안 설명은 누가 하나?
   (2) 질문에 대한 답변은?
   (3) 기록은 누가 하나?
8) 회의 보고서의 작성 준비는 되었나?
   (1) 누가 하나?
   (2) 보고서의 제출서(발송처)는 정했나?
      "30분간의 사전 준비가 3시간의 회의시간 낭비를 막을 수 있다."

4. 회의 장소
   1) 회의장 물색 예약
      (1) 쾌적한 장소인가?
      (2) 예약은 확실한가?
      (3) 시간은 충분한가?
   2) 회의 분위기 조성
      (1) 회의장의 넓이, 조명은 적당한가?
      (2) 환기장치는?
      (3) 시끄럽거나 불결하지는 않은가?
      (4) 온도, 음향의 효과는?
      (5) 명패, 필기도구는?
      (6) 의석의 배치
      (7) 스피커, 흑판
      (8) 자극적인 액자, 전화단절 조치

5. 회의의 소집공고
   1) 참가자들이 회의에 필요한 준비를 할 수 있도록

2) 일반회원들이 회의에 관심을 갖도록 알린다.
6. 회의의 원칙
   1) 회의 공개의 원칙
   2) 정족수의 원칙
   3) 다수결의 원칙
   4) 발언자유의 원칙
   5) 단일의제 상정의 원칙
   6) 소수 의견 존중의 원칙
   7) 평등의 원칙
   8) 폭력 배제의 원칙
   9) 일사부재의의 원칙
7. 회의 용어 풀이
   회기 : 개회에서 폐회까지의 기간
   개회 : 회의를 시작한다는 뜻
   폐회 : 회의를 끝낸다는 뜻
   정회 : 회의를 잠깐 멈춘다는 뜻
   휴회 : 회의를 쉰다는 뜻
   속회 : 쉬었다가 회의를 다시 시작한다는 뜻
   연회 : 회의를 연기한다는 뜻
   유회 : 시간이 되어도 정족수에 달하지 않아 회의가 성립되지 않음을 뜻함
   정족수 : 회의가 유효하게 성립되고 의결능력을 가지려면 일정한 인원의 출석과 일정 인원의 찬성이 있어야 하는데 이것을 일반적으로 "정족수"라 한다.
   과반수 : 반수를 넘어야 한다.

동의의 제안 : 발언권을 얻어 동의의 내용을 간단하게 설명함으로써 동의를 제출한다.

재정 : 1명 이상이 동의에 대해 찬성의 뜻을 표하는 것

일사 부재의의 원칙 : 어느 회의에서 일단 처리(의결 또는 부결)된 의안은 그 회기에는 다시 회의에 부치지 않는 원칙

단일 의제 상정의 원칙 : 한 번에 한 가지 의제만을 다루어 나간다는 원칙. 의장이 하나의 의제를 선포한 다음에는 그 의제에 대한 토론과 수정 등을 거쳐 표결로서 채택 여부가 결정되기 전에는 다른 의제를 동시에 상정시키지 못한다는 것이다.

8. 회의 진행의 실재

1) 의사일정에 올라 있는 의안의 상정
2) 동의와 재청 등의 절차가 필요 없이 우선 상정된다.
3) 발언권을 얻어 동의를 제안한다.
4) 동의의 재청을 얻는다.
5) 의장이 그 동의의 성립을 선포함으로써 정식 의제로 상정된다.
6) 의장이 상정된 의제의 제안이유를 설명하도록 요구한다.
7) 제안자가 제안이유를 설명한다.
8) 의장이 참가자들에게 질문을 시킨다.
9) 질문이 끝나면 의장은 찬반 토론에 부친다.
10) 토론이 대체로 끝나면 의장은 토론 종결을 선포한다.
11) 표결에 부친다.
12) 의장이 표결결과에 대하여 가결 또는 부결을 선포한다.

9. 회의록 작성 요령

1) 회의일시, 장소, 참석자 등을 기재한다.
2) 회순에 따라 발언내용을 기재하되 개회사, 축사, 격려사 등 중

요한 내용만 간추려 기재한다.
3) 회의록 마지막에 작성 연월일을 기재하고 의장과 서기는 서명 날인을 하여야 한다.
4) 회의록 각 페이지마다 의장, 서기의 간인을 날인하여야 한다.
5) 삭제한 부분은 적색으로 표시하고 의장과 서기의 날인을 하여야 한다.

10. 회의의 평가
    1) 회의의 목적은 달성되었나?
    2) 참가자의 참여도는?
    3) 회의목적이 전원에게 이해되었나?
    4) 전원이 골고루 발언했나?
    5) 사회자는 너무 지배적이 아니었나?
    6) 문제, 의견의 충돌, 긴장 등으로 미해결로 남은 것은?
    7) 사회자는 자유롭고 개방적으로 토론을 허용했나?

11. 회의 결정사항의 실행
    1) 모여서 의논하지 않고
    2) 의논하고 결정하지 않고
    3) 결정하고 실행하지 않고
    4) 실행하고 책임지지 않으면 회의의 본래 사명을 잃게 된다.

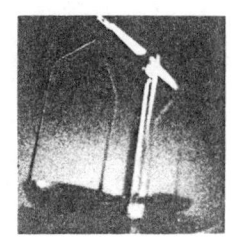

2부
정치편 / 교회헌법

정치편/교회헌법

총 론

주후 1517년 종교개혁으로 인하여 신·구교로 나누어진 기독교는 다시 여러 교파를 이룩하여 각각 자기 교파의 교리·정치·권징·예배 모범 등에 있어서 그 교훈과 지도하는 것이 다른 바 이를 다음과 같이 구분한다.

1. 교황정치
이 정치는 교황이 전제로 산하 전 교회를 관리하는 정치이며 주로 로마 가톨릭 교회와 희랍 정교회가 쓰고 있는 정치이다.

2. 감독정치
이 정치는 감독이 교회를 주관하는 정치이며 감독교회와 감리교회가 쓰고 있는 정치이다.

3. 자유정치
이 정치는 어떤 다른 회의 관할과 치리를 받지 아니하고 각 지교회의 자유로 행정하는 정치이다.

4. 조합정치
이 정치는 자유정치 형태와 흡사하나 지교회 대표의 연합회를 갖고 있어 피차 개교회의 유익한 문제를 토의한다. 그러나 개교회에서 명령 주관하는 권한은 없고 각 교회가 자유로 하는 정치이다.

5. 장로회 정치
이 정치는 지교회 교인들이 장로를 선택하여 당회를 조직하고 그 당회로 치리권을 행사 하게 하는 주권이 교인들에게 있는 민주적 정치이다.

당회는 목사(강도)와 장로(치리)의 두 반으로 조직되어 지교회를 주관하고 노회 및 총회의 3심제의 치리회가 있다.

이런 정책은 모세(출30:16, 18:25-26, 민11:16)와 사도(행14:23, 18:4, 딛1:5, 벧전5:1, 약5:14)때에 일찍이 있었던 성경적 제도이다. 또한 이 장로회 정치는 웨스트민스터 헌법을 기본으로 한 것인바 이 웨스트민스터 헌법은 영국정부의 주관으로 1643년에 런던 웨스트민스터 예배당에 120명의 목사와 30명의 장로들이 모여서 이 장로회 헌법을 초안 하고 영국 각 노회와 대회에 수의 가결한 연후에 총회가 헌법으로 채용 공포한 것이다.

본 대한 예수교 장로회 헌법도 1917년 제6회 총회 때 이 웨스트민스터 헌법을 기초로 하여 제정하였다.

제 1 장 원리

대한 예수교 장로회의 정치 원리는 다음과 같다.

제 1 조 양심자유

양심을 주재하는 이는 하나님뿐이시다. 그가 양심의 자유를 주어 신앙과 예배에 대하여 성경에 위반하거나 지나친 교훈이나 명령을 받지 않게 하였다. 누구든지 신앙에 관한 여러 가지 사건에 대하여 속박을 받지 않고 각각 그 양심대로 판단할 권리가 있다. 그러므로 양심의 자유를 침해하지 못한다.

제 2 조 교회자유

1. 전조(前條)에서 설명한 바 개인 자유의 일례(一例)로 어느 교파 어느 교회든지 각기 교인의 입회 규칙과 입교인 및 직원의 자격과 교회 정치의 일체(一切)조직을 예수 그리스도의 정하신 대로 설정(設定)할 자유권이 있다.
2. 교회는 국가의 세력을 의지하지 아니하고 오직 국가에서 각 종교의 종교적 기관을 안전보장하며 동일시(同一視)함을 바라는 것뿐이다.

제 3 조 교회의 직원과 그 책임

교회는 머리되신 주 예수 그리스도께서 그 지체된 교회에 덕을 세우기 위하여 직원을 설치(設置)하사 다만 복음을 전파하며 성례를 시행하게 하실 뿐 아니라, 신도로 진리와 본분을 준수하도록 관리(管理)하게 하신 것이다. 그러므로 교우 중에 거짓 도리를 신앙하는 자와 행위가 악한 자가 있으면 교회를 대표한 직원과 치리회가 당연히 책망하거나 출교할 것이나 항상 성경에 교훈한 법례(法例)로 행한다.

제 4 조 진리와 행위

진리는 믿음과 행위의 기초다. 진리 되는 증거는 사람을 성결케 하는 것이다. 그러므로 진리와 행위는 일치되어야 한다.

제 5 조 직원의 자격

제4조의 원리에 의지하여 교회가 당연히 직원을 선정하되 교회의 도리를 완전히 신복(信服)하는 자를 선택하도록 규칙을 제정(制定)할 것이다. 그러나 성격(性格)과 주의(主義)가 다 같이 선한 자라도 교규(敎規)에 대한 의견(意見)이 불합할 수 있다. 이런 경우에는 일반 교우와 교회가 서로 용납하여야 한다.

제 6 조 직원의 선거권

교회 직원의 성격과 자격과 권한과 선거와 위임하는 규례는 성경에 기록되었으니 어느 회에서든지 그 직원을 선정하는 권한은 그 회에 있다.

제 7 조 치리권

치리권은 치리회의나 그 택하여 세운 대표자로 행사함을 묻지 않고 하나님의 명령대로 준봉전달(遵奉傳達)하는 것뿐이다. 대개 성경은 신앙과 행위에 대한 유일한 법칙인 즉 어느 교파의 치리회든지 회원의 양심을 속박할 규칙을 자의(自意)로 제정할 권리가 없고 오직 하나님의 계시하신 뜻에 기인(基因)한다.

제 8 조 권징

교회가 이상(以上)각조의 원리를 힘써 지키며 교회의 영광과 복을 증진(增進)할 것이니 교회의 권징은 도덕성과 신령성의 것이요, 국법에 의한 시벌(施罰)이 아니므로 즉 효력(效力)은 정치의 공정(公正)과 모든 사람의 공인(公認)과 만국 교회의 머리되신 주 예수 그리스도의 권고와 은총에 있다.

제 2 장 교회

제 9 조 교회의 정의

하나님이 만민 중에서 자기 백성을 택하여 그들로 무한하신 은혜와 지혜를 나타내신다.

이 무리를 가리켜 교회라 한다. 이 무리가 하나님의 교회요, 예수의 몸이요, 성령의 전이다. 이 무리는 과거 현재 미래에 있는 성도들인데 이를 가리켜 거룩한 공회라 한다.

제 10 조 교회의 구별

교회를 두 가지로 구별하여 무형교회와 유형교회라 한다. 무형교회는 하나님만 아시는 교회요 유형교회는 온 세계의 산재한 교회다, 교인은 성부 성자 성령 삼위일체이신 하나님을 믿는 자들인데 그리스도인이라고 부른다.

제 11 조 교회의 집회

교회는 예수를 믿는 무리와 그 자녀들이 원하는 대로 일정한 장소에서 하나님께 예배하며 성결하게 생활하며 그리스도의 나라를 확장하기 위하여 성경의 교훈과 교회정치에 의하여 공동예배로 모인다. 또는 교회는 사회복지 사업을 병행할 수 있다(갈1:22, 계1:4, 20).

제 12 조 지교회의 설립(세칙 2장 2조)

1) 공동예배로 모이는 기도소에 교회를 설립코자 하면 입교인 10명 이상이 노회에 청원 하여 승인을 받아야 한다. 이것을 교회라 하며 당회가 조직되지 않는 교회는 미 조직 교회라 한다.
2) 설립·분립·합병·폐지 타당한 사유가 있을 시 노회의 결의로 설립, 분립, 합병, 폐지 할 수 있다.

제 3 장 교인

제 13 조 교인의 구분

교인은 성부 성자 성령 삼위일체이신 하나님을 믿는 자들로 이를 그리스도인이라 한다.

1. 원입교인
  예수를 믿기로 결심하고 공동예배에 참석하는 자
2. 세례교인
  교회에 출석하고 교인의 의무를 충실히 담당할 수 있는 능력자, 진실한 능력을 가진 자로서 14세 이상인 자에게 소정의 문답과 담임목사의 예문대로 받은 자, 단 담임목사의 재량에 의거 기간에 관계없이 받을 수 있다.
3. 유아 세례교인
2세까지 유아 세례를 줄 수 있으되 부모 중 한편만 입교인 이면 줄 수 있으며 유아 세례 받은 자는 14세부터 세례문답을 받고 수찬권을 가지며 18세부터는 입교인이 된 다.
4. 입교인
18세 이상 된 세례교인으로 공동의회 회원이 된다.

제 14 조 교인의 의무

교인의 의무는 공동예배와 출석과 헌금과 교회 치리에 복종하는 것이다(세칙 3장 제3조, 제4조)

제 15조 교인의 권리(세칙 3장 5조)

교인은 지교회에서 법규에 의한 선거 및 피 선거권이 있다. 그러나 무고히 6개월 이상 본 교회 예배에 참석치 않으면 위 권리를 상실한다. 무흠 세례교인은 성찬에 참례한다. 모든 교인은 그리스도의 몸 된 교회를 위하여 분량에 따라 봉사의 권리기 있다.

제 16 조 교인의 이명

교인이 이주하거나 기타 사정으로 교회를 떠날 때는 소속당회에 청원을 하여야 한다.

제 17 조 교인의 출타 신고

교인은 학업·병역·직업 등의 사유로 인하여 교회를 떠나 6개월 이상 경과하게 될 경우에는 담임 교역자에게 신고하여야 한다.

제 18 조 교인의 자격 정지

교인이 신고 없이 교회를 떠나 의무를 행치 않고 1년 이상을 경과하면 회원권이 정지되고 2년 이상 경과하면 실종교인으로 간주한다.

제 19 조 교인의 복권

교인이 회원권이 정지되었다가 다시 본 교회로 돌아왔을 때 당회장의 제청과 당회의 결의로 다시 복권 될 수 있다.

제 4 장 교회의 직원

제 20 조 교회의 직원 구분

교회의 직원은 항존직원, 준 항존직원, 임시직원, 준 직원으로 한다.

제 21 조 항존 직원

항존직은 목사, 장로, 집사, 권사이다(행20:17-28, 딤전3:1-13)
목사는 강도와 치리를 겸하여 장로는 치리만 한다.

제 22 조 준 항존직원

준 항존직은 강도사, 여 집사이다(세칙 제10조, 제11조).

제 23 조 임시직원

임시직은 전도사, 인정전도사, 서리집사이며 시무기간은 전도사는 재임기간으로 하되 인정전도사와 서리집사는 1년으로 한다(세칙 제12조).

제 24 조 준 직원
준 직원은 목사 후보생과 권찰이며 임기는 1년이다.

제 5 장 목사

제 25 조 목사의 의의(意義)

목사는 노회의 안수로 임직(任職)함을 받아 그리스도의 복음을 전파하고 성례를 거행하며 교회를 치리하는 자니 교회의 가장 중요하고 유익한 직분이다(롬11:13). 성경에 이 직분 맡은 자에 대한 칭호가 많아 그 칭호로 모든 책임을 나타낸다.
목사의 의의는 다음과 같다.

1. 목사는 그리스도의 양인 교인을 감독하는 목자며(렘3:15, 벧전5:2-4)
2. 교회 안에서 그리스도를 봉사하는 자이므로 그리스도의 종이라, 그리스도의 사역자라 하며 또 신약의 집사라 하며(빌1:1, 고전4:1, 고후3:6)
3. 엄숙하고 지혜롭게 하여 모든 사람의 모범이 되고 그리스도의 집과 그 나라를 근실히 치리하는 자이므로 장로라 하며(벧전5:1-3)
4. 하나님이 보내신 사자이므로 교회의 사자라 하며(계2:1)

5. 하나님의 거룩한 뜻을 죄인에게 전파하며 그리스도로 말미암아 하나님과 화목하라 권하는 자이므로 그리스도의 사신이라 혹은 복음의 사신이라 하며(고후5:20, 엡6:20)
6. 정직한 교훈으로 권면하며 거역하는 자를 책망하며 각성하게 하는 자이므로 교사라 하며 (딛1:9. 딤전2:7, 딤후1:11)
7. 죄로 침륜할 자에게 구원의 복된 소식을 전하는 자임으로 전도인이라 하며(딤후4:5)
8. 하나님의 광대하신 은혜와 그리스도의 설립하신 율례(律例)를 시행하는 자이므로 하나님의 오묘한 도를 맡은 청지기라 한다(눅12:42, 고전4:1-2). 이는 계급을 가리켜 칭함이 아니요, 다만 각양 책임을 가리켜 칭하는 것뿐이다.

제 26 조 목사의 자격

목사 될 자는 신학대학원을 졸업하고 학식이 풍부하며 행실이 선량하고 신앙이 진실하며 교수에 능한 자가 할지니 모든 행위가 복음에 적합하여 범사에 존절함과 성결함을 나타낼 것이요, 자기 가정을 잘 다스리며 외인에게서도 칭찬을 받는 자이어야 하며 연령은 27세부터다(딤전3:1-7). 단 군목과 선교사는 별도규정에 의한다. 총회에서 시행하는 강도사 고시에 합격되어 노회의 강도사 인허 후 1년 이상 교역에 종사하고 노회 목사고시에 합격되고 청빙을 받은 자라야 한다.

제 27 조 목사의 직무

하나님께서 모든 목사 되는 자에게 각각 다른 은혜를 주사 상당한 사역을 하게 하시니 교회는 저희 재능대로 목사나 교사나 그 밖에 다른 직무를 맡길 수 있다(엡4:11).
1. 목사가 지교회를 관리할 때는 양무리 된 교인을 위하여 기도하며 하나님의 말씀으로 교훈하고 강도하며 찬송하는 일과 성례를 거행할 것이요, 하나님을 대표하여 축복하고 어린이와 청년을 교육하며 고시하고 교우를 심방하며 궁핍한 자와 병자와 환난 당한 자를 위로하고 장로와 합력(合力)하여 치리권을 행사한다.
2. 목사가 신학교나 교회나 중등 정도 이상의 학교 교사로 청년에게 종교상 도리와 본분을 교훈하는 직무를 받을 때는 목자같이 그 학생을 돌아보며 구원하기 위하여 각 사람의 마음 가운데 성경의 씨를 뿌리고 결실되도록 힘쓴다.
3. 선교사로 외국에 선교할 때는 성례를 거행하며 교회를 설립하고 조직할 권한이 있다.
4. 목사가 기독교 신문이나·서적에 관한 사무를 시무하는 경우에는 교회의 덕의(德義)를 세우고 복음을 전하는데 유익하도록 힘써야 한다.
5. 기독교 교육 지도자로 목사나 노회나 지교회나 교회에 관계되는 기독교 교육기관에서 청빙을 받으면 교육하는 일로 시무할 수 있다.
6. 강도사가 위에 2, 4, 5항의 직무를 당할 때 노회의 고시를 받고 지교회 목사가 될 자격까지 충분한 줄로 인정하면 목사로 임직할 수 있다.

제 28조 목사의 칭호

목사가 그 담임한 시무와 형편으로 인하여 다음과 같은 칭호가 있다.
1. 위임목사
한 지교회의 청빙으로 노회의 위임을 받은 목사가 특별한 이유가 없으면 그 담임한 교회를 종신(終身)토록 시무한다. (세칙 제13조)
2. 임시목사
임시목사는 노회의 허락을 받으며 시무기간은 재임기간이다.
3. 부목사
부목사는 담임목사를 보좌하는 임시 목사이며 시무기간은 재임기간이다.
4. 원로목사
원로목사는 한 교회에서 근속 15년 이상을 시무하던 목사가 노후에 시무 사면할 때 (개척 단독 시무 전도사의 시무일 때는 그 시무 연한이 가산된다) 본 교회에서는 그 명예직 관계를 보존키 위하여 공동의회 과반수 결의로 사례금을 작정하여 원로목사로 추대하여 노회에 보고하며 노회는 원로 목사의 명예직을 준다. 원로목사 대우를 은퇴 당시 사례금의 100%를 지급하며 사례비 지급 상승률은 당회장 인상률에 준하여 인상 지급한다.
5. 공로목사
목사가 20년 이상 한 노회에서 목회하고 현저한 공적이 있는 자에게 연로(年老)하여 목회할 수 없는 때에 노회는 그 공로를 기념하기 위하여 노회원 재석 과반수 이상의 결의로 공로 목사의 명예직을 준다. 단, 원로목사와 공로목사는 지교회의 직무와 치리권은 없으나 노회의 정회원이 되고 다시 시무를 담임하게 되면 원로목사와 공로목사 명부에서 시무목사 명부로 옮긴다. 분 노회시는 전 노회 시무기간을 가산한다.
6. 무임목사

　담임한 시무가 없는 목사니 노회에서 언권은 있으나 결의권은 없으며 정당한 이유 없이 3년 이상 무임으로 있으면 노회 결의로 목사직을 정직(停職)하며, 복직시는 노회의 결의에 의한다.
7. 전도목사

　교회없는 지방에 파견되어 교회를 설립하고 노회의 결의로 그 설립한 교회를 조직하 며 성례를 행하고 교회의 부흥 인도한다.
8. 파송목사

　노회가 그 관할 지방 안에 많은 약한 교회가 있어 목사를 스스로 담당하지 못하는 경우에 그 교회들을 권고하기 위하여 파송하는 목사니 성례를 행하며 노회의 결의로 당회장권을 줄 수 있다.
9. 군종목사

　노회에서 안수를 받고 배속된 군인교회에서 목회와 전도를 하며 성례를 행한다.
10. 교육목사

　총회나 노회와 관계되는 기독교 교육 기관에서 청빙을 받아 시무하게 되는 목사이다.
11. 선교목사

　다른 민족을 위하여 외지에 파송을 받은 목사이다.
12. 기관목사

　총회나 노회의 기관에서 시무하는 목사이다.

13. 은퇴목사

은퇴한 목사이다.

14. 동사목사

목사 2인 이상이 한 지교회나 여러 지교회를 동등한 권리로 시무하는 목사이다.

제 29 조 목사의 청빙(세칙 5장 24조, 25조)

1. 위임목사

위임목사를 청빙코자 하면 당회의 결의로 공동의회를 소집하고 출석 회원 3분의 2 이상의 가표를 얻어야 하며 청빙서에는 입교인 과반수의 날인을 요하며 청원서 이력서 공동회의록을 첨부하여 노회에 제출하여 허락을 받는다. 단 교회를 개척하여 3년 이상 시무한 목사는 위임목사에게 준한다. 당회가 조직시 위임식을 갖는다.

2. 임시목사

목사가 교회를 개척하고자 하면 노회에 청원하여 허락을 받고 파송 받는다. 미조직 교회가 목사를 청빙할 때는 공동의회에서 출석교인 3분의 2이상의 가결로 노회의 허락을 받아 청빙한다. 임기는 재임기간이다.

3. 부 목사

지교회 부목사와 기관 목사는 당회장의 제청과 당회의 청빙으로 노회의 허락을 받으며 임기는 재임기간이다. 부 목사는 1명이며 지교회 기관 목사란 행정, 교육, 선교, 음악, 기타 등에 시무하는 목사이다.

4. 기관목사

기관목사를 청빙코자 하면 그 기관(이사회)결의로 대표자가 청빙서를 제출하여야 하며 그 임기는 기관이 정한다.
5. 다른 노회 목사 청빙
   다른 노회목사를 청빙코자 하면 다음과 같이 한다.
   1) 교회 또는 기관이 청빙서를 작성하여 노회에 제출하며 노회는 결의에 의하여 청빙 받은 목사가 속한 노회에 청빙서를 보낸다.
   2) 청빙서를 받은 노회는 그 청빙이 가하다고 인정할 때 이명증서와 함께 그 서류를 청빙한 노회로 환송하며 이명증서를 접수한 노회는 즉시 발송할 노회에 이명접수 회신을 하여야 한다.
6. 강도사가 목사로 청빙
   목사 될 자격이 구비된 자가 목사로 청빙을 받으면 노회의 허락을 받아 노회에서 임직 한다. 청빙 절차는 당회장과 당회의 청빙으로 하며 단독 목회시는 당회장과 공동의회 의 2/3 동의를 얻어야 한다.
7. 타 교파 목사의 청빙
   다른 교파 소속 목사의 본 총회 산하 노회에 가입하는 절차는 다음과 같다. 본 총회가 인정하는 교파에 속한 자로서 목회대학원 전 과정이나 총회에서 주관하는 특별과목을 이수하여야 하고 노회에서 목사 서약을 해야 한다. 이수하기 전에는 노회 준 회원이다.
8. 지 교회 후임 목사를 청빙할 때는 반드시 본 교단 소속 목사라야 한다.
9. 부목사가 담임목사로 취임 시는 바로 취임할 수 없으며 타 교

회에서 2년을 시무 하여야 한다. 단, 당회장이 원할 시는 바로 할 수 있다.

제 30 조 목사의 전임
목사가 전임코자 하면 소속노회의 허락을 받아야 한다(세칙 15조).

제 31 조 목사의 사임과 사직
1. 목사의 사임

   목사가 부득이한 형편으로 노회에 시무 사임 청원을 하면 노회는 그 이유를 조사한 후 충분한 이유가 있으면 허락한다.

2. 권고 사임

   지교회가 목사의 시무를 해약코자 하면 노회는 그 이유를 조사하며 시무 사임을 권고 한다.

3. 자의 사직

   목사가 지교회를 시무 중 교회발전에 유익이 없는 줄 알면 사직원을 노회에 제출하고 노회는 이를 심사하여 처리한다.

4. 권고사직

   목사가 임직 서약을 위약하거나 중대한 과오가 있거나 기타 사정으로 시무를 감당할 수 없을 때는 노회는 사직을 권고 처리한다.

5. 목사의 휴양

   시무 중에 있는 목사가 신체 수양이나 신학 연구나 기타 사정으로 당회의 결의로 3개월 이상 시무교회를 떠나게 될 때에는 노회의 허락을 받아야 한다.

제 32 조 목사의 복직

사직된 목사의 복직은 다음과 같이 한다.
1. 사직된 목사로 복직하려면 그 노회 목사 2인의 추천서를 첨부하여 노회에 청원한다.
2. 자의 사직자의 경우는 노회원 2/3 이상의 결의로 곧 허락한다.
3. 권고 사직자의 경우는 그 권고 사직 이유가 해소되어야 하며 노회원 2/3 이상의 결의 후 1년이 지나도록 별 이의가 없음이 확인되면 노회가 복직을 허락할 수 있다.
4. 사직목사의 복직 허락에는 임직 때와 같이 서약을 한다.

제 6 장 장로·집사·권사

제 33 조 장로의 직무

장로는 교회의 택함을 받고 치리회원이 되어 목사와 협력하여 행정과 권징을 관리하며 교회의 신령상 관계를 살피고 교우들이 오해하거나 도덕적으로 부패하지 않도록 권면하여 회개하지 않는 자가 있으면 당회에 보고한다.

제 34 조 장로의 자격

1. 장로의 자격은 상당한 식견과 통솔력이 있고 무흠한 입교인으로 7년을 경과하며 40세 이상인 남자라야 하며 집사 근속 5년 이상인 자라야 한다.
2. 디모데전서 3:1-7에 해당된 자이며 집사 과정을 거친 자라야 한다.

3. 그 시무 년한은 70세이다. 단 교인의 총의에 의거 연장할 수 있다.

제 35 조 집사의 직무

집사는 교회의 택함을 받고 제직회의 회원이 되어 교회를 봉사하고 헌금을 수납하고 구제에 관한 일을 한다.

제 36 조 집사의 자격

집사의 자격은 교우들의 신임을 받고 진실한 신앙과 지혜의 분별력이 있고 무흠 입교인으로 5년을 경과하고 30세 이상 된 자라야 한다(딤전3:8:10).

제 37 조 권사의 직무

권사는 교회의 택함을 받고 제직회의 회원이 되어 교역자를 도와 궁핍한 자와 환난당한 교우를 심방하고 위로하며 교회의 덕을 세우기 위해 힘쓴다.

제 38 조 권사의 자격

권사는 40세 이상 된 무흠 입교인으로 여 집사(서리집사 포함)5년 이상 근속한 여 신자이며 행위가 복음에 적합하며 교인의 모범이 되고 여 집사를 거친 자라야 한다.

제 39 조 장로, 집사, 권사의 선택

1. 장로의 선택

장로의 선택은 당회의 결의로 노회의 허락을 받아 당회장의 추천과 당 회원 과반수이상 동의와 공동의회 3분의 2 이상의 결의로 한다.

장로의 선택기준은 세례 교인 25명에 1명으로 하며 당회 개설 시 세례교인 15명이면 장로 1명을 선출할 수 있다.
2. 집사, 권사의 선택은 당회장 추천과 당회원의 과반수이상 동의와 공동회의 2/3 이상 결의로 한다.

제 40 조 장로, 집사, 권사의 임직

장로, 집사, 권사는 교회에서 임직한다.
장로는 선거 후 노회고시에 합격하여야 한다.
단 권사는 안수하지 않는다.

제 41 조 장로, 집사, 권사의 휴직과 사직 및 무임(세칙 제16조, 제17조)

1. 자유 휴직과 사직

  장로, 집사, 권사가 노혼(老昏)하거나 신병으로 시무할 수 없든지 이단이나 악행(惡行)은 없을지라도 교회원 태반이 그 시무를 원하지 아니할 때 본인의 청원에 의하여 휴직과 사직을 당회의 결의로 처리한다.

2. 권고 휴직과 사직

  장로, 집사, 권사가 범죄는 없을지라도 전조(前條)사건과 방불하여 교회에 덕을 세우지 못하게 된 경우에는 당회가 협의 결정하여 휴직 혹은 사직하게 하고 그 사실을 회록에 기록한다. 본인이 원하지 아니하면 상소할 수 있다.

3. 무임

  무임이란 전적 등에 의거 아직 소정의 절차를 거치지 않을 때나 기타 법에 의해서 무임 할 때이다(세칙 4장16조, 17조).
4. 은퇴 장로, 은퇴 권사직을 둔다.

제 42 조 장로, 집사, 권사의 복직
　면직된 장로, 집사, 권사는 해벌 후 3년이 경과 후에야 복직되며 그 절차는 임직식에 준한다. 단 안수례는 갖지 않는다.

제 7 장 강도사, 여 집사

제 43 조 강도사의 직무
　목사의 중임을 감당하게 하기 위하여 강도사는 목사직을 임직 전에 성경대로 먼저 시험하는 것이 가하다(딤전3:6, 딤후2:2)는 말씀대로 총회에서 고시 후 합격자를 노회가 강도사로 인허하고 1년 이상 노회와 당회의 지도 아래서 본직을 수양한다.

제 44 조 강도사 고시
　1) 강도사는 본 교단 신학대학원을 졸업하여야 하며 특히 교단 인정에 준하는 신학교 학생의 경우 대학원에 입학하여 전 과목을 이수하되 조직신학과 헌법을 이수 학점을 득한 경우에도 가능하며 목회 경력은 노회 전도사 고시합격 후 2년을 가져야 하되 이중 전무 교역 경력이 1년 이상이어야 한다. 단 단독 목회자는 전무 교역 경력 기간에 제한을 받지 않는다. 장로 경력 5년 이상인 자는 전도사 경력을 면제받는다.
　2) 연령은 27세 이상이어야 하며 단, 군목일 경우에는 연령 제한

을 받지 않는다.
해외에 거주하는 한국인과 외국인은 본 교단이 인정한 신학대학원 졸업자로서 시무하는 현지에서 고시할 수 있다.

제 45 조 강도사 인허
노회는 총회 강도사 고시 합격자 통보와 본인의 인허 청원서를 받으면 인허식을 거쳐 공포하고 강도사 인허증을 수여한다.

제 46 조 강도사의 전적
강도사의 전적 절차는 목사의 전적 이명 방법에 준한다.

제 47 조 강도사의 인허 취소
강도사가 강도하는데 덕을 세우지 못하는 경우와 3년 간 교역치 않을 시는 노회는 결의에 의하여 취소할 수 있다.

제 48 조 여 집사의 직무
여 집사는 매년 임명이 필요 없으며 그의 직무는 남 집사의 직무와 같다.

제 49 조 여 집사의 자격과 선택
여 집사의 자격은 남 집사의 자격에 준하며 그의 선택은 당회장의 제청으로 당회의 결의에 의한다.

제 50 조 강도사, 여 집사의 임기와 임직
강도사와 여 집사의 임직은 교회에서 실시하되 안수를 하지 않는다. 임기는 재임기간이다.

제 51 조 강도사, 여 집사의 사직

강도사와 여 집사의 재임기간 중 교회의 덕이 되지 못할 시는 당회장의 제청으로 당회의 결의를 거쳐 사직시킨다.

제 8 장 전도사·서리집사

제 52 조 전도사의 직무

전도사는 당회 또는 목사가 관장하는 본 교회를 시무하는 교역자다.

제 53 조 전도사의 자격

1. 전도사의 자격은 무흠 입교인으로 5년을 경과하고 신학과 2년, 또는 동등한 학력을 갖춘 자로 연령 23세 이상인 자로 노회 전도사 고시에 합격하여 당회장이 임명한 자라야 한다.
2. 본 교단 신학교 졸업자는 본인의 청원과 당회장의 추천에 의거 고시없이 노회 심의를 거친 자이다.
3. 타 교단 출신으로 신학교를 졸업한 자는 본 노회에서 헌법고시와 행정심의를 거쳐야 하며 비 장로교단 출신자는 조직 신학을 추가 고시해야 한다.

제 54 조 전도사의 선택과 해임

전도사의 선택은 당회장이 임명하며 해임도 이에 준한다.

제 55 조 전도사의 임기

전도사의 임기는 재임기간이다.

제 56 조 인정전도사

인정전도사란 교회형편에 의거 노회 고시전에 교역하는 자와 또한 자격 기준이 미달한 자를 당회장의 제청에 의거 임명 시무케 한 자를 말한다. 그의 직무는 전도사의 직무에 준한다. 해임은 당회장이 한다.

제 57 조 서리집사의 직무

집사의 직무는 같으나 그 시무기간은 1년이다.

제 58 조 서리집사의 자격과 선택

서리집사는 남녀 무흠 입교인 중에서 24세 이상인 자로 당회장이 임명한다. 해임도 이에 준한다.

제 9 장 목사 후보생 및 권찰

제 59 조 목사 후보생

목사 후보생은 목사직을 희망하는 자로서 노회의 자격심사를 거쳐 그 지도대로 신학에 관한 학과를 수학하는 목사 후보생이다. 지망생이 신학교 입학하고자 할 때와 매년 수학을 계속하려고 할 때에는 노회에 청원하여 추천을 받아야 하고 노회 관할 하에 목사 후보생으로 양성을 받는다, 신학생이 필요에 따라 다른 노회에 속하기를 원하면 이명을 청원할 수 있다. 신학생은 교인으로는 당회 아래 있고 직무상으로는 노회의 관리를 받는다.

제 60 조 권찰

권찰은 준 직원이며 신앙의 독실한 남녀 신도 중에 당회장이 임명하여 시무케 하고 구역장을 보좌하며 기타 당회나 당회장의 지시사항을 시행한다. 임기는 1년이다. 필요에 따라 당회장은 제직회원으로 자격을 부여할 수 있다. 해임은 당회장이 한다.

제 10 장 교회 정치의 치리회

제 61 조 정치의 필요

교회를 치리함에는 명백한 정치와 조직이 있어야 한다(고전 14:40). 정당한 사리(事理)와 성경 교훈과 사도시대 교회의 행사(行事)에 의지한 즉 교회 치리권은 개인에게 있지 않고 당회, 노회, 총회와 같은 치리회가 있다(행15:6).

제 62 조 치리회의 구분

치리회는 당회, 노회, 총회로 구분한다.

제 63 조 치리회의 성질

모든 치리회는 목사와 장로로 조직하며 서로 연결된다.

제 64 조 치리회의 관할

1. 각급 치리회는 교회 헌법이나 규칙에 대하여 이견이 있을 때는 성서의 교훈대로 교회의 성결과 평화를 위하여 치리한다.
2. 각급 치리회는 각기 사건을 처리하기 위하여 관할 범위를 정한다.
3. 각급 치리회는 고유한 특권이 있으나 순차대로 상급 치리회의 지도 감독을 받는다.
4. 각급 치리회는 모든 결정을 법대로 조직한 치리회로 행사한다.

제 65 조 치리회의 권한

치리회는 교회의 평화와 질서를 유지하며 행정과 권징을 장리한다. 각급 치리회는 헌법에 규정하는 바에 의하여 자체의 규칙을 제정할 수 있다(눅12:2-14, 요18:36, 행15:1-32, 마18:15-17, 고전 5:4-5)

제 11 장 당회

제 66 조 당회의 조직

1. 당회는 교회에서 시무하는 목사 시무장로로 조직된다. 담임목사가 당회장이 되며 장로 중 1인은 서기가 된다.
2. 담임전도사나 장로만 있고 목사가 없는 경우에는 노회에서 목사 중 1인을 임시 당회장으로 파송한다.
3. 담임목사와 장로 2명 이상 있는 교회를 당회라 하고, 장로가 없이 담임목사만 있는 교회는 준 당회라 칭한다.
4. 장로 1인이 있는 경우에도 당회의 일을 행하되 문제가 있는 경우에 노회에 보고하여 치리를 받는다.

제 67 조 당회의 소집 및 개회성수와 의결

1. 당회의 회집은 정기모임과 당회장 또는 장로 과반수와 상회의 요청이 있을 시 회집한다.
2. 당회의 개회성수는 당회원의 과반수로 한다(단 임시당회는 1/3이상 성수로 할 수 있다).
3. 당회의 의결은 출석회원 과반수이상이며 법으로 정한 것은 예외이다.

제 68 조 당회장의 임명과 직무

1. 당회장의 임명
   1) 당회장은 지교회 시무목사가 된다.
   2) 대리 당회장은 그 교회 당회장이 신병이나 기타 사유로 시무가 불가할 때 해당 교회 결의에 의거 목사를 청빙할 수 있으며 또한 노회에서는 대리 당회장을 파송할 수 있다.
   3) 임시당회장은 시무목사가 없는 교회가 목사를 청빙할 때까지 노회가 현재 목회를 시무하는 당회장을 파송한다.
2. 당회장이 임명권과 해임권을 갖는다.
   1) 예배 및 모든 집회에 관계되는 일체를 주관한다.
   2) 부목사(부교역자), 강도사, 전도사, 인정전도사, 서리집사, 권찰의 임명권을 가지며 해임 시는 당회장의 제청에 의거 당회의 결의에 의거한다.
   단, 전도사, 인정전도사, 서리집사, 권찰 해임은 당회장이 한다.
   3) 기타 유급직원(사무원 사찰, 기사 등)의 임명 및 해임을 한다.
   4) 교회 모든(각 기관 포함) 재정의 수입과 지출을 결재하는

일을 한다.
   5) 교회의 모든 행정(기관 포함)에 대하여 결재를 한다.
   6) 교회 건물 및 비품 사용을 관장한다.

제 69 조 당회의 직무
  1. 담임교역자를 청빙하는 일
  2. 교인의 신앙과 행위를 총찰하는 일
  3. 소속기관을 지휘 감독하는 일
  4. 회계 상황을 보고 받는 일
  5. 권징 하는 일
  6. 특별헌금을 결재하는 일
  7. 교회 재산관리에 관한 일
  8. 당회록과 제직(직원) 회의록을 노회에 제출하여 검열을 받는 일
  9. 각종 문부를 작성 보존하는 일
  10. 기타 법으로 정한 일
  11. 준 항존직의 선택, 해임 결의와 부목사(부교역자)의 해임결의를 한다.

제 70 조 당회 회의록
  당회 회의록에는 결의사항을 명백히 기록하고 회의록과 재판 회의록은 1년 1차씩 노회 검사를 받는다.

제 71 조 당회가 비치할 서류
  1. 공동회의록
  2. 당회록

3. 제직 회의록
4. 교회 역사철
5. 교회 재산목록
6. 교적부
7. 원입교인명부
8. 세례교인(유아) 명부 및 입교인 명부
9. 책벌 및 해벌교인 명부
10. 별세 교인 명부
11. 이전인 명부
12. 혼인 명부
13. 직원 명부
14. 교회 비품 대장
15. 교회 일지
16. 각종 통계표

제 12 장 노회

제 72 조 노회의 정의

그리스도의 몸이 교회가 나누어져서 여러 지교회가 되었으므로 서로 협의하고 협력하여 교회의 순전함을 보존하고 권징을 같이 하며 신앙적 지식과 바른 도리를 합심하여 배도와 부도덕을 금지 할 것이 요청된다. 이러한 일을 효과적으로 수행키 위하여 상회인 노회가 있으며 또한 사도 시대에도 이와 같은 모임이 있었으니 이는 각 지교회가 한 노회 아래 속하여 있던 증거라 할 수 있다(행2:41-

47, 행6:1, 9:31, 21:20, 4:4, 15:2,4,6, 23-30, 18:19, 24-26, 19:18-20, 20:17-18, 25:31, 36-37, 21:17-18, 고전16:8-9, 계 2:1-6).

제 73 조 노회조직

1. 노회는 일정한 구역 안에 있는 시무목사 20인 이상과 당회를 포함하여 20개 처 이상의 교회로 조직할 수 있다. 단 도서지방, 해외 노회는 예외로 한다.
2. 총회 산하 지교회수가 5천 교회가 될 때까지 일정한 구역을 잠정 유보하고, 무 지역 노회와 무 지역 교회의 가입을 허락한다.
3. 노회는 노회 소속 목사 중 담임목사와 부목사 1인과 당회에서 파송한 장로 총대로 구성한다. 단 기관 목사는 준 회원이다.

제 74 조 노회원의 자격

각 지교회의 시무목사와 당회에서 피송한 총대 장로 1명이다. 증경 노회장, 원로목사, 공로목사 및 총회나 노회가 파송한 기관시무를 위임한 목사는 회원권이 있으며 그 밖의 목사는 투표권이 없다. 무임 및 은퇴목사는 언권회원이 된다.

제 75 조 노회 성수와 의결

1. 성수 : 노회 개회 성수는 회원 과반수의 출석으로 한다.
2. 의결 : 회의 가결은 출석회원 과반수이상으로 가결한다(법으로 정한 것은 예외).

제 76 조 노회의 직무

1. 행정적 총찰
   구역 안에 있는 모든 지교회와 목사, 강도사, 전도사, 목사 후보생 등을 총찰한다.
2. 청원 안건
   각 당회가 규정대로 제출하는 헌의, 청원, 문의건 등을 접수 처리한다.
3. 인사
   1) 목사, 장로, 전도사 고시(세칙 5장 21조)
   2) 목사, 후보생 지원자를 고시하여 신학대학원에 추천하고 지도, 육성하며 그 교육 전적 및 권징을 관리한다.
   3) 신학대학원 졸업자를 강도사 고시에 응시할 수 있도록 추천하며 합격자에게 강도권을 인허하고 그 교역 전적 및 권징을 관리한다.
   4) 목사 고시를 거쳐 목사의 임직 취임 사임 전적 및 권징을 관리한다.
4. 사업(세칙 5장 21조)
   노회는 지교회의 설립, 분립, 병합, 폐지하는 일과 당회의 조직 및 폐지 등 안건을 심의 결정하며 전도, 교육, 봉사, 재정 관리 등 일체 상황을 지도하며 그러한 사업을 직영도 한다. 이의 효율적 운영을 위한 시찰회를 둘 수 있다.
5. 검열
   년 1차씩 노회 비치 서류와 지교회 당회록을 검사하되 처리 안건에 대하여 착오가 없도록 지도하고 필요할 때는 교정을 지시한다.
6. 재판

지교회가 제출하는 소송, 상소, 소원, 위탁 판결에 관한 일들을 처리하며 교회 권징에 관한 문의에 대하여 답변한다.

7. 재산관리

지교회와 산하기관의 재산관리 사항을 지도하고 부동산 문제로 사건이 발생하면 노회가 이에 협력한다.

8. 시찰회

노회는 효율적인 운영을 위하여 시찰회를 두며 지교회 및 미조직 교회를 순찰하고 노회 치리를 보조한다. 시찰회는 치리회가 아니므로 당회나 지교회의 내정을 침해할 수 없으며 시찰내의 교역자의 청빙 처우문제에 대한 협의기구로 일한다.

제 77 조 노회록 보고

노회는 강도사 및 전도사 인허와 목사의 임직과 이명과 별세(別世)와 목사 후보생의 명부와 교회 설립, 분립(分立), 합병과 지방의 각 교회 정황(情況)과 처리하는 일반 사건을 일일이 기록하여 매년 상회에 보고한다.

제 78 조 노회가 비치할 명부

노회가 비치할 명부는 다음과 같다.

1. 위임 목사 명부
2. 임시목사와 부목사 명부
3. 기관 목사 명부
4. 전도 목사 명부
5. 원로목사 및 공로목사 명부
6. 무임목사 명부

7. 은퇴목사 명부
8. 신학교·신학대학 및 목회연구원 재학생 졸업생 명부
9. 장로 명부
10. 강도사·전도사 명부
11. 지교회 명부(설립, 분립, 합병, 폐지 연월일을 명기할 것)
12. 책벌 및 해벌 명부
13. 역대 임원 명부

제 79 조 노회 회집

노회는 예정한 날짜와 장소를 20일 전에 소집 통보하여 회집하며 특별한 사건이 있는 경우에는 각 다른 지교회 목사 7인과 각 다른 지교회 장로 7인의 청원에 의하여 회장이 임시회를 소집할 수 있다(회장이 유고한 때는 부회장 또는 서기가 대리로 소집한다). 회장이 임시회를 소집할 때는 회의(會議)할 안건과 회집 날짜를 개회 10일 선기(先記)하여 관하(管下)각 회원에게 통지하고 통지서에 기재한 안건만 의결(議決)한다.

제 13 장 총회(세칙 6장)

제 80조 총회의 의의와 명칭

총회는 대한 예수교 장로회의 모든 지교회 및 치리회의 최고이니 그 명칭은 대한예수교 장로회 총회라 한다.

제 81 조 총회의 조직(세칙 6장 29조)

1. 총회는 각 노회에서 총대로 파송한 목사와 장로로서 조직한다. 파송 기준은 5당회(준 당회 포함)목사, 장로 각 1총대로 한다.
2. 각 노회 총대 파송 시 증경 총회장 각 기관 대표 총대를 1명씩 파송한다. 단 신학교는 교장 각 원장 각 이사장에게 총대권을 준다.
3. 지역별 해외 선교사 대표 1명씩은 언권회원이 되며 지역별 구분과 대표 선정은 선교국 동의와 총회 실행 위원회를 거쳐야 한다.
4. 총회 임원은 당연직이다.

제 82 조 총회의 직무

총회의 직무는 다음과 같다.
1. 총회는 소속 치리회의 산하기관 및 단체를 총괄한다.
2. 총회는 하급 치리회에서 합법적으로 제출한 문의, 헌의, 청원, 소원, 상고, 위탁 판결 등의 서류를 접수하여 처리한다.
3. 총회는 각 노회록을 검사한다.
4. 총회는 대한 예수교 장로회 헌법을 해석할 전권이 있다.
5. 총회는 노회를 설립, 분립, 합병, 폐지하며 노회의 구역을 정한다.
6. 총회는 강도사 자격을 고시하고 규칙에 의하여 다른 교파 교회와 연락하며 교회를 분열케 하는 쟁론을 진압하고 성결의 덕을 세우기 위하여 힘쓴다.
7. 총회는 신학교, 신학대학원 및 목회 대학원을 설립하고 경영 관리하며 교역자를 양성한다.

8. 총회는 선교사업, 교육사업, 사회사업 등 여러 가지 사업을 계획 실천한다.
9. 총회는 노회 재산에 대한 분규가 있을 때 처리한다.
10. 총회에서 위임하는 중요 운영 방책의 수행을 위하여 총회실행위원회를 둔다. 이에 수행은 별도 실행위원회 규칙에 의한다.

제 83 조 총회 회집

총회는 매년 9월 정례로 회집하되 예정된 날짜에 회집한다. 회장이 출석하지 못할 때는 부회장 혹 전 회장이 개회하고 신 회장이 선거할 때까지 시무할 것이요 각 총대는 서기가 천서를 접수 호명(呼名)한 후부터 회원권이 있다. 총회 개최는 1개월 전에 공고한다.

제 84 조 개최·폐회의식(儀式)

총회가 기도로 개회하고 폐회하기로 결정한 후에는 회장이 선언하기를 「교회가 나에게 권위로 지금 총회는 폐회함이 가한 줄로 알며 차기 총회는 다시 모월 모일 모처에서 회집함을 요하노라」한 후에 기도함과 감사함과 축도로 산회(散會)한다.

제 14 장 교회 소속 각 회의 권리 및 책임

제 85 조 속회(屬會)조직

지교회나 혹 여러 지교회가 전도사업과 자선사업이나 도리를 가르치는 것과 은혜 중에서 자라기 위하여 여러 가지 회를 조직할 수 있다.

제 86 조 속회 관리

어느 지교회든지 위에 기록한대로 여러 회가 있으며 그 교회 당회의 치리와 관할과 지도를 받을 것이요, 노회나 총회 지경 안에 보급(普及)하게 되면 그 치리회 관할 아래 있다. 당회원이나 다른 직원으로 각 기관에 고문을 정하여 연락 지도할 수 있다.

제 87 조 속회 권한

이런 각 회가 그 명칭과 규칙을 제정하는 것과 임원 택하는 것과 재정 출납하는 것을 교회 헌법에 의하여 그 치리회와 검사와 감독과 지도를 받는다.

제 88 조 공동의회

공동의회는 다음과 같다.
1. 회원
   회원은 그 지교회 무흠 입교인이다.
2. 소집
   1) 당회 또는 당회장이 소집할 필요가 있을 때
   2) 제직회의 1/2 이상 청원이 있을 때
   3) 무흠 입교인 1/2 이상의 청원이 있을 때
   4) 상회의 지시가 있을 때
   5) 소집은 당회의 결의로 당회장이 소집하며 일시, 장소, 안건을 1주일 전에 공고한다. 위 항들의 청원을 당회는 의무적으로 공동의회에 제안한다.
3. 임원
   지교회의 당회장은 회장이 되며 당회 서기는 공동의회 서기가 된다.
4. 회집 성수
개회는 회집된 회원으로 한다. 만일 회집 한 총대 수가 너무 적어 성수가 되지 못하면 회장은 권하여 다른 날에 다시 회집할 수 있다.
5. 결의사항
   1) 당회와 당회장이 제시한 사항
   2) 예산 및 결산(해 년도의 예산결산 및 편성)
   3) 법에 정한 직원 선거
   4) 상회가 지시한 사항과 교회에서 제안된 사항
   5) 당회 의결사항과 제직회 부속 각 회의 보고를 받는다.
6. 결의 성수
일반 의결은 재석 과반수로 하되 담임목사 청빙과 장로, 집사, 권사, 선거에는 투표수 3분의 2 이상의 가표로 선정하되 무기명 투표로 한다.

제 89 조 제직회

1. 조직
지교회 당 회원과 집사와 권사를 합하여 제직회를 조직한다. 회장은 담임목사가 겸무하고 서기와 회계를 선정한다. 당회는 각각 그 형편에 의하여 제직회 사무를 처리하기 위하여 강도사, 전도사, 인정전도사, 서리집사들에게 제직 회원 권리를 줄 수 있다.

2. 의장
제직회의 의장은 직무상 목사가 되며 서기는 의장이 지명한다. 필요에 따라 기타 부서를 둘 수 있다. 단, 의장이 유고할 시는 의장의 위임에 따라 대행할 수 있다(담임 전도사 포함).
3. 소집
   소집은 다음과 같이 제직회 의장이 하다
   1) 의장이 제직회가 필요하다고 인정할 때
   2) 제직회원 과반수의 소집요청이 있을 때
   3) 상회의 지시가 있을 때
   4) 위 항들의 소집 요청 시 의무적으로 제직회를 소집한다.
   소집공고는 1주일 전에 한다.
4. 개회성수
   성수는 출석회원으로 한다.
5. 의결사항
   1) 당회나 당회장의 지시 사항
   2) 공동의회에서 결정한 예산 집행
   3) 연말 결산보고 및 익년 예산 편성을 심의하여 공동의회에 보고 통과 받는 일
   4) 구제비의 수입 지출 및 특별헌금 수지 업무
   5) 기타 중요 사항

제 15 장 재정

제 90 조 교회의 재정
교회(지교회, 노회, 총회)의 재정은 신도의 헌금과 소속 단체 및 개인이 헌납하는 재산과 그 밖에 교회가 조성하는 재산 등으로 한다. 상회는 그 운영과 사업을 위해 하회에서 상회비를 받을 수 있고

하회의 운영과 사업을 위해 보조할 수 있다. 신도가 동산이나 부동산을 교회에 헌납했을 때는 헌납과 함께 교회의 재산이 되며 헌납자는 그 후 권리를 주장할 수 없다.

제 91 조 재산의 보존
1. 총회 소유 부동산은 총회 유지 재단에 편입 보존한다.
2. 노회나 지교회의 재산은 노회 유지재단 또는 개교회 명의로 보존한다. 총회의 유지 재단에 편입하여 보호받을 수 있다.

제 92 조 재산관리 및 용도
총회나 노회의 재산은 각 유지 재단의 이사회로 관리케 하며 재단 법인에 편입되지 아니한 지교회의 재산은 총회 재산관리 규정에 준한다.

제 16 장 선교협력

제 93 조 선교협력의 정의
총회는 복음의 전파를 효과적으로 수행할 수 있기 위하여 해외 교회에 협동 선교사와 협력 자금을 보낼 수 있다. 또 해외 교회로부터 이를 받아들일 수 있다. 총회는 관계 해외교회와 선교 협약을 맺는다.

제 94 조 해외 협동 선교사
1. 총회는 협약을 맺은 해외 교회로부터 해외 협동 선교사의 파송을 받으면 먼저 파견서를 접수하고 소정의 준비 교육과정을

마친 후에 해당 노회와 기관에 배치된다.
2. 목사인 해외 협동선교사는 해당 노회의 정회원이 된다. 평신도 협동선교사는 노회에서 언권회원이 되며 위원회의 위원이 될 수 있고 지교회에서는 교인의 자격과 권리를 갖는다.
3. 해외 협동 선교사는 각자의 기능대로 교회의 사역자로서 봉사하되 파송 받는 기관의 지시대로 일한다.
4. 해외 협동 선교사가 본 장로회의 신조, 정치, 권징조례에 위배되는 행위가 있을 때는 당해 치리회가 심사한 후 회원권의 정지 또는 해제를 할 수 있고 파송 교회에 통보한다.

제 95 조 협동사업비

총회는 해외에서 오는 협동사업 보조비를 국내 헌금과 합하여 사용 혹은 배당하고 배당을 받은 기관에서도 그렇게 한다.

제 96 조 해외 선교

총회는 해외선교에 적합한 사역자를 선교사로 고시를 통해 선발하고 교육하여 해외 교회에 파송한다. 해외 선교사업비는 총회 재정, 유지 헌금 및 산하 파송기관의 부담 등으로 충당한다. 선교활동을 원활히 하기 위해서는 선교 위원회가 이를 관장하며 별도 규정에 의한다.

제 17 장 의사규정(세칙 7장 32조)

제 97 조 회장의 임무

1. 교회의 모든 회는 회장을 선임하여 사무를 관장하고 처리케

한다.
2. 회장은 그 회가 부여한 권한 안에서 회의를 순서에 의하여 질서 정연하게 인도한다.
3. 각 회원 간에 타인의 언권을 침해하지 못하게 하며 회장의 허락으로 언권을 얻어 말하게 하되 의안의 범위에서 탈선되지 않도록 관장한다. 회원 사이에 모욕 혹은 풍자적 언사를 금지 제한하며 회무 진행 중에 임의로 퇴장하는 것을 금한다.
4. 가부를 물을 의제는 회중에게 밝혀 설명한 후 취결해야 한다. 가부가 동수일 때에는 회장에게 결정권이 있고 회장이 취결을 원하지 않으면 그 안건은 자동적으로 부결된다. 회장도 투표 하였으면 동수일 경우라도 결정권이 없고 그 안건은 부결된 것이다.
5. 결의사항은 회장이 공포함으로 효력을 발한다. 회장은 결의 안건마다 공포한다.
6. 특별한 사정이 있어 회의 질서를 유지하기 곤란할 때에는 회장이 비상 정회를 선언할 수 있다.

제 98 조 서기의 임무

1. 교회의 모든 회는 서기를 선임하여 의사의 원활한 진행과 회의록 및 일체의 문서를 기록 보관한다.
2. 서기는 회의의 의사진행을 상세히 기록하고 일체의 문부와 서류를 보관한다.
3. 정당한 요구자가 회의의 어떤 부분에 대하여 사본을 청구하면 교부하되 서기의 날인이 있어야 한다.

제 99 조 소속 회의 권리와 권한

1. 한 지교회나 여러 지교회가 선교, 봉사, 교육 등의 활동을 도모하고 그리스도의 은혜 안에서 함께 성장하기 위하여 각종 회를 조직할 수 있다.
2. 지교회의 모든 회는 해당 당회의 처리와 관할과 지도를 받는다. 노회와 총회 산하 모든 회는 각기 그 치리회의 관할을 받는다.
3. 교회안의 모든 회는 명칭과 자체 규정의 제정, 임원 선거, 재정 출납 및 사업 등을 헌법안에서 행사할 수 있고 해당 치리회의 검사와 감독 및 지도를 받는다.

제 100 조 일반 의회 규칙

각 치리회가 사용할 일반 의회 규칙은 일정하게 제정, 사용한다.

제 18 장 헌법 개정

제 101 조 정치·권징·예배 모범의 개정

교회정치, 권징, 예배 모범을 개정코자 하면 다음과 같이 한다.

1. 총회는 헌법개정위원을 목사 과반수로 조직하며 총회 재석 3분지 2결의로 개정안을 각 노회에 수의한다.
2. 각 노회에 수의한 개정안은 노회 과반수의 출석과 각 노회에서 투표한 투표 총수의 과반수의 가표를 얻어야 한다.
3. 각 노회는 수의된 개정안의 가부 투표수를 종합하여 즉시 총회장에게 보고한다.

4. 총회장은 개정안의 투표결과를 수합하여 가결된 결과를 즉시 공고하여 실시한다.
5. 개정한 헌법조항은 3년 이내에는 재 개정할 수 없다.

제 102 조 교리의 개정

교리(신조, 요리문답, 웨스트민스터 신앙고백)의 개정절차는 다음과 같다.

1. 총회는 출석 회원 3분의 2이상의 가결로 개정안을 작성하여 각 노회에 수의한다.
2. 각 노회에 수의된 개정안은 노회 3분의 2이상의 가결과 각 노회에서 투표한 투표 총수의 3분의 2이상의 가표를 얻어야 한다.
3. 각 노회는 수의된 안건의 투표 총수와 가부 투표수를 종합하여 총회장에게 보고한다.
4. 총회장은 각 노회에서 투표한 투표수를 종합하여 다음 총회에 보고 실시한다.

제 103 조 헌법 개정 위원

총회는 헌법을 수정 또는 개정코자 하면 다음과 같이 한다.

1. 총회는 헌법 위원 9인을 선정하여 개정안을 작성케 하되 목사가 과반이어야 한다.
2. 헌법 위원은 한 노회 총대 회원 중 2인 이상은 선출하지 못한다.
3. 교리를 개정코자 하면 위원으로 하여금 반드시 1년간 연구케 한 후 다음 총회에 보고한다.
4. 헌법위원회는 매 3년마다 공천위원회에서 선출하되 1/3씩 교체한다.

헌법 세칙

제 1 장 총칙

제 1 조 목적

이 세칙은 대한 예수교 장로회 헌법위원회에서 위임된 사항 및 헌법의 시행에 관한 사항을 규정함을 목적으로 한다.

제 2 장 교회

제 2 조 미조직 교회설립(정치 2장 12조)

일정한 구역 안에 예배 장소를 준비하고 입교인 10명 이상 합심하여 예수 그리스도를 신봉하며 교회 신설(新設)을 원하는 때에는 다음과 같은 사항을 기록하며 그 구역 시찰회 경유(經由)로 노회에 청원하여 인가를 받는다. 만일 입교인 10명 미만 되거나 예배장소가 준비되지 못한 때에는 기도회 처소로 하여 부근 어느 교회의 도움을 받는다.

1. 신설 교회 위치
2. 신설 연 월 일
3. 장년 신자 수와 가정 수
4. 유년 주일 학생 수
5. 예배당 형편(가지 평수 건물과 소유자)

6. 신설 교회의 명칭
7. 교회 유지 방법
8. 부근 교회와 그 거리
9. 구역 가호(家戶)수 (도시는 제외)
   구역 가구 수(區域家口數)를 1개 리(동)에 1개 교회, 면 단위 3개 교회로 하고 군 단 위는 500m 이상으로 한다.

제 3 장 교인

제 3 조 교인의 의무(정치 3장 14조)

1. 교인은 교회의 정한 예배회와 기도회와 모든 교회 집회에 출석하여야 한다.
2. 교인은 노력과 협력과 거룩한 교제로 교회 발전에 진력하며 사랑과 선행(善行)으로 하나님을 영화롭게 하여야 한다.
3. 교인은 교회의 경비와 사업비에 대하여 성심 협조하며 자선과 전도사업과 모든 선한 일에 노력과 금전을 아끼지 않아야 한다.
4. 성경 도리를 힘써 배우며 전하고 성경 말씀대로 실행하기를 힘쓰며 예수 그리스도의 정신을 우리 생활에서 나타내어야 한다.
5. 교회의 직원으로 성일(聖日)을 범하거나 미신(迷信)행위나 음주흡연(飮酒吸煙) 구타하는 등의 행동이나 고의(故意)로 교회의 의무(義務)금을 드리지 않는 자는 직임(職任)을 면(免)함이 당연하고 교인으로는 의무를 이행 않는 자로 간주한다.
6. 교인은 진리(眞理)를 보수(保守)하고 교회 법규(法規)를 잘 지키며 교회 헌법에 의지하여 치리함을 순히 복종하여야 한다.

제 4 조 단체생활에 있어서 교인의 자세(정치 3장 14조)

단체 생활에 있어서 교인의 자세

1. 무근지설을 허위 날조하여 개인이나 교회의 명예가 훼손될만한 말을 유포 하지 말 것
2. 개인의 부당한 주장을 달성할 목적으로 인쇄물을 배포하여 군중을 선동치 말 것
3. 대중생활에서 폭언 공격하여 타인의 신앙을 손상케 하며 교회를 소란케 하지 말 것
4. 상회의 명령을 불복 반항하여 교회 질서를 문란케 하지 말 것
5. 개인으로나 강단에서나 성경의 계시됨을 부인하고 비판적으로 해석하지 말 것
6. 이단을 주장하거나 불법으로 교회를 분립치 말 것이며 직원회장의 승인 없이 부당한 비밀회의를 열거나 불온한 결의를 하지 말 것
7. 문서를 위조 변조하는 일이나 당회장의 지시 없는 행위를 하지 말 것

제 5 조 무흠이란(정치 3장 15조)

교회에서 권징에 의한 책벌함이 있거나 교인 생활에서 경시할 수 없는 공사 생활에 뚜렷한 흠이 없는 것을 말한다.

제 6 조 주일예배(정치 3장 14조)

1. 주일예배는 경건한 마음과 깨끗한 복장 단정한 태도로 정 시각에 정성껏 영적예배를 한다.
2. 주일 예배 시간에는 예배와 성례 외에 다른 예식은 다른 날에

행하되 가급적 간단히 행함이 좋다.
3. 주일 예배 시간에 어떤 개인(個人)을 기념, 축하, 위안, 치하하는 예배를 행하지 말고 온전히 하나님께만 예배하여야 한다.
4. 주일에 음식을 사먹거나 모든 매매하는 일은 하지 말며 연회나 세속적 쾌락을 삼가며 힘써 전도, 위문, 기도, 성경과 종교서적 열람하는 일로 시간을 보내야 한다.

제 7 조 성례(정치 3장 13조 2·3항)

1. 교회는 성례를 1년에 2회 이상 거행함이 좋으며 성례 실시 전 최소한 1개월 전부터 광고하여 교인들로 하여금 준비케 한다.
2. 성찬으로 쓰고 남은 떡과 포도즙의 처리는 집례자에 의거 경건하게 먹고 마셔 거룩하게 처리한다.

제 8 조 혼상례(婚喪禮)

1. 혼상 예식에 번다(煩多)한 허례는 폐하고 정숙하고 간단히 행하며 비용은 절약하여야 한다.
2. 부모상에 상복은 소복(素服)을 입고 양복인 경우에 흰(白) 상장(喪章)을 가슴이나 왼편 팔위에 붙인다. 장례식에 상주는 베 감투를 쓴다.
3. 복기(服期)는 부모상에는 1개년이고 부(夫)상에는 6개월간으로 한다.
4. 시신을 입관할 때에 관 안에 고인(故人)의 성경과 찬송가를 넣거나 또는 불에 태우는 일은 옳지 않고 잘 보관하여 고인을 추념(追念)함이 정당하다.
5. 별세자의 무덤이나 관 앞에 촛불을 켜거나 향(香)을 사르거나

배례(拜禮)함을 금한다.
6. 부부(夫婦)간 일방이 별세한 후에 재혼(再婚)하려면 별세한 후 6 개월이 지나야 결혼한다.

제 9 조 병자에게 안수

교회에서 헌법에 의지하여 성직(聖職)을 받은 자 외에 병자를 위하여 함부로 안수하는 일은 삼가야 하며 다른 자가 안수할 때 당회장의 인정을 받아야 한다.

제 4 장 교역자와 직원

제 10 조 여 집사(정치 4장 22조)

여 집사란 교회에서 충성스러운 청지기로 평생을 서리집사로 매년 임명하는 기존제도를 시정함이다. 고로 여 집사는 권사의 과정에 반드시 거쳐 갈 과정으로 했으며 안수는 하지 않고 취임식만 갖는다.

제 11 조 인정 전도사(정치 4장 23조)

인정 전도사란 고시 전에 지교회 사정에 의거 당회장이 임명하여 시무케 하는 전도사이다.

제 12 조 전도사 임명의 노회의 재량권(정치 8장 56조)

노회 전도사 고시를 거치되 개인적으로 자격기준이 미달하는 자를 고시위원회를 거쳐 노회의 결의로 자격을 부여할 수 있다.

제 13 조 위임목사와 무임목사(정치 5장 28조)
1. 교회를 개척하고 3년 이상 시무한 자는 자동으로 위임목사로 법적인 효력을 가지며 위임식은 당회가 구성되어야 할 수 있다.
2. 무임목사는 당회장이 될 수 없다.

제 14 조 목사의전임(정치 5장 30조)
목사가 전임코자 하면 노회 폐회 기간 중에는 시찰 경우 정치부 결의에 의거 노회임원회에서 승인하고 이명 청원서 서식에 의하여 이명 증서를 발부한다.

제 15 조 무임(無賃)집사·무임권사(정치 6장 41조)
집사가 다른 교회로 이거하여 무임 집사인 경우에 그 교회가 투표로나 당회의 결의로나 서리집사의 임무(任務)를 맡길 수 있고 집사로 투표를 받으면 취임 예식만 행하고 안수는 다시 하지 않는다. 권사가 다른 교회로 이거하였을 경우에 그 교회가 투표하여 권사로 취임식을 하기 전에는 무임권사이다.

제 16 조 무임장로(정치 6장 41조)
1. 교회를 잘 봉사할 수 있는 무임장로가 있는 경우에 당회의 결의로 그 장로를 제직회의 회원으로 참여 시킬 수 있다.
2. 성찬 예식을 거행할 때에 필요하며 무임장로에게 성찬을 나누는 일을 맡길 수 있다.

제 17 조 근속시무(정치 5장 28조, 6장 38조)
정치 5장 28조의 4장의 원로목사는 한 교회에서 한 직분을 말하며 정치 6장 38조의 권사의 자격은 한 직분의 계속 시무이다.

제 5 장 노회

제 18 조 노회 지리적 구분(정치 12장 73조)
일정한 구역안이란 지리적 구분이다.

제 19 조 각 기관대표(정치 12장 74조)
노회 산하의 각 기관 연합회 대표를 말한다.

제 20 조 시찰회 조직(정치 12장 76조)
그 시찰 구역 내 시무하는 목사, 장로로 하되 한 교회에서 시찰위원이 2명 이상 할 수 없으며 시찰장은 목사로 한다.

제 21 조 전도사 및 장로 고시(정치 12장 76조)
1. 고시에 청원코자 하면 고시 청원서를 서식에 의하여 노회장에게 제출한다.
2. 전도사 고시합격은 ① 성경 ② 헌법 ③ 교회사 ④ 일반상식 ⑤ 면접이며 합격은 각 과 목당 60점 이상이어야 한다.
3. 신학교 졸업자는 본인의 청원에 의거 고시없이 노회 심의를 거쳐야 한다. 타 교단, 타 신학교 출신, 신학부 졸업자는 헌법 고시와 심의를 거쳐야 한다.
   단, 비 장로교회 출신자는 조직신학을 추가 고시한다.
4. 장로고시는 전도사 고시 과목에 준하되 교회사는 제외다.

제 22 조 추천서

목사, 전도사, 장로 고시에 응시코자 하면 당회장의 추천서에 시찰장 경유하여 서식에 의하여 노회장에게 제출한다.

제 23 조 이력서

교회에서 사용되는 이력서에는 교회 신력을 필히 기록하여야 하되 수세 년 월일, 집례자, 교회직분, 임직 년 월일 및 학력, 경력, 가정상황을 기록하여야 한다.

제 24 조 목사 청빙(정치 5장 29조)

지교회가 목사를 청빙코자 청빙서를 제출할 때는 생활에 불편 없는 주택과 봉급, 수당, 가봉 등을 결정하여 청빙서에 명기하여야 한다.

제 25 조 강도사가 목사로 임직 받을 때 청빙(정치 5장 29조)

목사의 자격을 말함이 아니라 청빙을 말함이니 아래와 같은 경우는 각 청빙 방식이 다르다.
1. 담임 목회시에는 공동의회에서 3분의 2이상의 의결한 목사 청빙서와 당회장이 목사 청빙 허락 청원서를 시찰장 경유 노회에 제출하여 허락을 받아야 한다.
2. 당회(준 당회 포함)밑에서 현재 강도 중인 강도사는 당회장의 목사 허락 청빙서를 시찰장 경유 노회 제출하여 허락을 받아야 한다.

제 26 조 목사 후보생(정치 9장 59조)

목사 후보생은 당회장의 천거에 의하여 노회의 허락을 받아야 하며 매년 새 학년에 진학될 때마다 당회장의 추천과 본인의 청원에 의거 계속 청원하여 노회의 허락을 받아야 한다. 목사 후보생은 준 직원이며 개인으로는 그 당회 관리 아래 있고 직무상으로는 노회 관리 아래 있다.

제 6 장 총회(정치 13장)

제 27조 강도사 고시(정치 7장 44조)
1. 시취
   고시는 필기 면접 2종이 있으니 그 과목은 아래와 같다.
   1) 필기
      ① 조직신학 ② 헌법 ③ 성경 ④ 교회사 ⑤ 일반상식
   2) 논문
   3) 강도(강도는 실기를 병행한다. 단 논문과 강도는 5개월 전에 고시문제를 주며 과목 당 합격은 60점 이상이어야 한다)
   4) 면접 : 60점 이상은 합격자이다.
   5) 제출서류
      ① 고시원서 1 통 ② 노회장 추천서 1통(당회장 시찰장 경유)
      ③ 목회경력 확인서 (당회장, 시찰장, 노회장, 타 교단 경력자는 해당증명서 각 1통 첨부)
   6) 신학교, 대학원 졸업증명서 및 성적 증명서 각 1통
   7) 노회장(당회장) 내신서 1통
   8) 자필 이력서(총회 양식) 2통

9) 반 명암판 사진 4매
2. 전무 교역 경력(정치 7장 44조)
노회 전도사 합격 후 당회장 관할하에서 교역에만 전무함을 말한다.

제 28 조 총대(정치 13장 81조)

1. 총회 총대는 4월 정기 노회에서 선택한다.
   총대는 3당회 1총대로 하고 노회장 서기는「당연총대」이며 조직 당회는 총대의 우선권을 가진다.
2. 새로 조직된 노회의 총대는 개회 후 임원 선거전에 그 노회 설립 보고서를 먼저 받고 총대로 허락한다.
3. 총대 될 장로 자격은 그 회에 속한 위임 장로다.
4. 각 기관 대표란 총회에서 인정하는 특별기구 또는 신학교의 각 기구별 대표 1 명씩을 말한다.

제 29 조 총대 교체

총회원 총대가 출석하였다가 자기 임의로 부 총대와 교체하지 못할 것이나 부득이한 때에는 총회의 허락으로 부 총대와 교체할 수 있다.

제 30 조 언권 회원

1. 본 총회의 파송으로 외국에서 선교하는 선교사
2. 파견 증서만 가지고 와서 본 총회 산하에서 선교에 종사하는 외국 선교사

제 31 조 총회 임원 및 상설 부서
1. 각 연합회는 상설 각국과의 관계에 있어 각국의 지도와 고문을 받는다.

제 7 장 의사규정(정치 17장)

제 32 조 의사규정
1. 의사는 예정한 시각에 의장이 착석하여 예배식으로 개최한다.
2. 의사는 회원을 점검한 후 성수가 되면 개회한다(속회시엔 전 회록을 낭독한다).
3. 개회 후 전 회기간의 경과 보고를 수리하고 임원을 선거한다.
4. 의장은 직접으로 각 위원이 될 수 있으며 필요상 자유로 각 부를 통괄한다.
5. 건의안이나 청원을 통상회에 제출 또는 접수하는 규례는 다음과 같다.
   1) 건의 및 청원자의 자격은 노회에서는 각 당회와 노회 각부 총회에서는 노회와 총회 임원회 실행위원회 각국 총회 산하 각 기관 결의로 건의 청원할 수 있다.
   2) 건의안이나 청원은 반드시 정한 기간까지 서기에게 접수시켜야 한다.
   3) 헌의국은 접수된 안건을 분류하여 해당 부서에 보내고 통상회에 보고 한다.
   4) 각 위원회와 각 국은 수리된 안건과 위원회와 국 결의안을 통상시에 제출하여 통과한다.

5) 건의안을 제출한 자 중에서 3인까지의 설명이 있은 후에 의장은 반대 의견이 있는가 물어서 3인까지의 반대 설명을 청취한 후에 의장은 신중히 가부를 물어 다수로 의결한다.
6. 회원의 발언 중에는 누구든지 방해하지 못하며 시간도 5분 이상을 사용하지 못하고 만일 그 언사가 탈선이 되거나 혹은 인신공격에 기울어지거나 무례한 언사이면 의장이 주의를 시키고 불복하면 언권을 중지시키고 불온한 행동을 하는 자는 퇴장을 명한다.
7. 의장이 어떠한 사건에 대하여 토의가 원만하게 진행이 곤란하다고 보는 때에는 유안을 시킬 수 있고 유안된 안건은 회기 중 적당한 시간에 상정해야 한다.
8. 의회의 기간을 연장하거나 기간 내에 폐, 정회하는 것은 의회의 결의에 의한다.
9. 누구든지 한 사건에 대하여 3번 이상 발언하지 못하며 발의자가 질문을 받을 때에는 얼마든지 답변할 수 있다.
10. 회원 중 발언코자 하는 자는 반드시 기립하여 의장을 부르고 허락을 받은 후에 발언하여야 한다.
11. 제 일 의안이 토의 중에는 다른 안건을 발의하지 못한다.
12. 결의된 사건이라도 교회에 해롭거나 모순이 되었거나 개인의 명예에 손상되는 일이면 회원 2/3 이상의 찬성으로 번안할 수 있다.
13. 의회 방문자를 의회에 소개하고자 하는 때에는 의장에게 알리고 의장은 회중의 허락을 받아 소개한다.
14. 동의 종류는 다음과 같다.
    1) 동의 – 재청이 있으면 성립된다.

2) 개의 – 재청이 있으면 성립된다.
   3) 재개의 – 재청이 있으면 성립된다.
      (단, 결의 순서는 ③ ② ① 순으로 한다)
   4) 긴급동의 – 재청이 있는 후 재석 2/3 이상의 찬성으로 성립된다.
   5) 보류동의 – 재청이 있으면 과반수 찬성으로 성립된다.
      가. 보류와 조건부 보류로 구분된다.
      나. 보류안은 차기회의에 자동 상정한다.
   6) 법안동의 – 재청이 있는 후 재석 2/3 이상으로 찬성으로 성립된다.
   7) 토론 종결 동의 – 재청이 있으면 과반수 찬성으로 성립된다.
15. 본 의사 규정에 명시되지 아니한 것은 일반 통상회의법에 준한다.

제 8 장 부칙

제 33 조 헌법 세칙 개정과 공포

　본 세칙 개정은 헌법위원회의 제안에 의거 총회의 2/3 이상 가표로 개정한다. 본 헌법 세칙은 개정하여 공포한 날로부터 효력이 있다.

교회행정의 이론과 교회법
교회행정학 개론

초판 1쇄 발행 / 2004년 8월 15일
초판 7쇄 발행 / 2019년 7월 20일

지은이 / 김 석 한
펴낸이 / 김 수 관
펴낸곳 / 도서출판 영문
122-070 서울시 은평구 역촌동 10-82
☎ (02) 357-8585
FAX • (02) 382-4411
E-mail • kskym49@daum.net

출판등록번호 / 제 03-01016호
출판등록일 / 1997. 7. 24

파본은 교환해 드립니다.
본 출판물은 저작권법으로 보호 받는
저작물이므로 출판사나 저자의 허락없이
무단 전재나 무단 복제를 할 수 없습니다.

정가 12,000원
ISBN 89-8487-153-2 03230
Printed in Korea